"河北经贸大学学术著作出版基金"资助出版

本成果系2024年度河北省高等学校科学研究专项任务（基础研究重点培育）项目：检察公益诉讼立法研究（JCZX2024011）阶段性成果

MINSHI FANSU ZHIDU YANJIU

民事反诉
制度研究

张亮 著

人民出版社

责任编辑：茅友生
封面设计：王春峥

图书在版编目（CIP）数据

民事反诉制度研究 ／ 张亮著. -- 北京 ：人民出版
社，2025. 2. -- ISBN 978－7－01－026729－6

Ⅰ. F279.23

中国国家版本馆 CIP 数据核字第 20240AN905 号

民事反诉制度研究

MINSHI FANSU ZHIDU YANJIU

张 亮 著

人民出版社 出版发行

（100706 北京市东城区隆福寺街 99 号）

北京新华印刷有限公司印刷　新华书店经销

2025 年 2 月第 1 版　2025 年 2 月北京第 1 次印刷
开本：710 毫米×1000 毫米 1/16　印张：19
字数：320 千字　印数：0,001－5,000 册

ISBN 978－7－01－026729－6　定价：118.00 元

邮购地址 100706　北京市东城区隆福寺街 99 号
人民东方图书销售中心　电话（010）65250042　65289539

目　　录

引　言

一、问题意识及研究意义

（一）问题意识

对于反诉问题，无论是实务上之裁判抑或学说上之讨论均屡见不鲜，原因在于其涉及本诉与反诉之复杂交错问题。举例而言，反诉之提起是本诉被告行使诉权的行为，学界通说认为，法律允许本诉被告提起反诉是为了平衡本诉与被告之诉权，但没有深入探讨诉权与提起反诉之关系，两者关系究竟如何？目前并没有明确答案。再如，反诉之性质为何？当前均简单地将反诉定性为独立之诉，但是深入研习则发现，反诉虽然在诉讼请求上与本诉相互独立，但是反诉对本诉存在牵连性和依附性，如果没有牵连性则反诉不成立①，如果没有本诉就无所谓有反诉，所以简单地将反诉认定为独立之诉欠妥，那么反诉之性质究竟为何？值得我们进一步探讨。当前学理上在反诉之类型化方面简单地分为强制反诉和任意反诉，如此简单地划分是否妥当？反诉的分类对司

---

① 仅以大陆法系国家反诉为例，英美法系国家之任意反诉不需要本诉与反诉之间存在牵连性。

法实践之指导意义何在？学理上对此未形成体系化的研究。在反诉审理程序方面，反诉的特殊性决定了其审理程序的特殊性，反诉提起的时间、方式特别是立案登记制下对其要件之审查等方面均与一般诉讼有较大差别，在审理规则、具体审理之实施及诉之撤回等问题上，理论研究对诸如此类问题并未提供足够的学理支撑，导致了实务部门在司法实践中，在类似问题的认识上存在较大分歧。例如，福建漳州某房地产开发公司与浙江杭州某实业公司股权转让协议纠纷案①、交通部某海上救助打捞局诉某市某拆船厂探摸测量施工合同费用纠纷案②，均涉及反诉受理后发现存在专属管辖问题。实务中所存在的上述争议，引发诸多连锁反应，导致法院对于反诉之审查、审理程序较为混乱，进而造成法院突袭裁判、审理迟延等问题，不利于提升司法机关的公信力。

除此之外，反诉在具体制度实施上亦存在很多问题。例如，当前部分学者积极主张在我国全面引入强制反诉制度③。如日本在 1996 年民诉法修改前，就对是否全面引入强制反诉进行了论证，虽然最终没有将该制度纳入到立法中来，但是引起了学界对该问题的高度关注。对此，日本等未将反诉制度纳入立法之原因何在？讨论我国是否应当引入强制反诉制度应当先厘清以下几个问题，例如，美国强制反诉制度之法理基础为何？在美国提起强制反诉的条件如何确定？是否存在例外情形？尤其是关于强制反诉与任意反诉区分的标准在司法实践中如何把握？对是否引入强制反诉之理由如何？笔者在分析两者的基础上，给出自己的观点——在我国建立有限强制反诉制度。第三反诉制度在

① 参见（2006）漳民终字第 460 号民事判决书。
② 参见（1992）鲁法经上字第 89 号民事判决书。
③ 主张全面引入强制反诉的代表性学者有乔欣、张晋红、张永泉等。

德国已经得到认可，美国等英美法系国家一直允许第三反诉。但是我国对此不予认可。在司法实践中，往往涉及案外第三人问题，为了实现反诉之功能，应当积极引入第三反诉制度。但面临诸多难题，例如，在我国建立第三反诉制度的民事诉讼理论基础为何？"诉讼标的合一确定之人"如何界定？第三反诉的范围究竟应当扩张到何种程度？再反诉问题一直是民诉界争论的话题，但是建立再反诉亦有诸多难题。例如，其理论基础何在？在我国建立再反诉的可行性如何？反诉原告对再反诉应如何应对？尤其是如何避免陷入再反诉之循环怪圈？带着这些问题本书将结合司法实践中的案例系统研究民事反诉理论，以期更好地指导司法实践，实现理论与实践的有机统一，同时亦为后者研究民事反诉制度提供知识增量。

（二）理论意义

民事反诉制度具有较强的理论性，其兼具当事人诉讼权利平等、诉之合并等诸多诉讼法重要理论，对其研究具有较强的理论价值，包括但不限于以下几点内容：

其一，为科学、理性、有生命力的民事反诉立法提供坚实的理论基础。科学的制度设计离不开理论的指导，民事反诉制度设计亦是如此，对民事反诉制度进行系统、全面的研究，有助于为完善我国相关立法提供坚实的理论基础。全面、系统、深入的民事反诉理论研究，以及丰富的司法实践经验是保障民事反诉立法具有科学性、前瞻性的基本前提。针对我国现有民事反诉理论研究不深入、不完善、不系统的现状，对其进行系统、全面的研究对完善我国现有民事反诉立法进而指导司法实践意义重大。

其二，有助于理顺司法实践与反诉理论之矛盾，实现理论与实践的有机统一。民事反诉理论与司法实践应当是有机的统一体，但是现有的民事反诉理论与司法实践之间存在逻辑矛盾和程序人为割裂之嫌疑。以第三反诉为例,我国学界通说认为反诉之性质为独立之诉①,那么被告在本诉程序中提起反诉,依照民诉第三人理论应当允许将涉及的案外第三人纳入到反诉程序中来形成第三反诉。但是我国立法不承认第三反诉即不允许反诉当事人进行扩张,这就与反诉属于独立之诉的理论相矛盾。基于反诉理论与司法实践之统一的要求,应当将第三反诉引入我国,在我国建立起第三反诉制度,消除人为造成的反诉理论和司法实践之间的矛盾。

其三,对反诉理论系统化研究,有利于克服我国反诉理论研究片段化、零星化的缺陷。我国大陆理论界对民事反诉理论关注度不够且研究范围狭窄,造成了对民事反诉理论之研究存在片段化、零星化之现状。例如,对强制反诉制度之研究,部分学者仅对该制度进行介绍,部分学者仅简单提出我国应当全面引入强制反诉制度,缺乏对我国是否应当全面引入强制反诉制度,建立什么样的强制反诉制度进行深入、全面的论证。对此,通过对民事反诉理论系统化研究,可以将这些片段化、零星化的研究成果整合,使其系统化,进而有助于完善我国的民事反诉理论。

其四,有助于我国民事反诉理论与国际民事反诉理论的有效对接,实现民事反诉理论研究跨越式发展。当前域外民事反诉理论研究突飞猛进,不断吸纳新的理念。例如,日本就曾将强制反诉纳入立法建议稿且形成了较为完整的理论,但我国只有零星的研讨②。截至目前,关于美国依照强制反诉理论结合司法实践确立的逻辑关系之强制反诉标

---

① 笔者认为反诉为对本诉存在依附性的特殊独立之诉。

② 乔欣、王克楠:《强制反诉与我国反诉制度之完善》,《法律科学》2003 年第 4 期;张晋红、冯湘妮:《论强制反诉》,《法学》1996 年第 7 期。

准,我国学者对其进行研讨的并不多见。又如,在再反诉问题上,对反诉制度持极为保守态度的法国依照诉讼文书理论对基于相同文书的诉讼请求认可再反诉制度,而我国对再反诉仅有零星且不成体系的探讨,更没有对再反诉之反诉进行研究。因此,对民事反诉理论的研究应当具备世界眼光,聚焦世界范围内民事反诉理论最新研究成果。将世界范围内最新理论研究成果与我国现有理论深入融合,有助于建立起我国特色的民事反诉理论(例如笔者所提出的有限强制反诉制度),实现我国民事反诉理论跨越式发展。

（三）实践意义

反诉案件于我国司法实务上一直以来皆具有较大分量,此类案件通常又呈现出案情复杂、卷证资料厚重、案件久悬不决等特点。然而司法实践中对反诉又存在一些错误认知和做法,故有必要对相关制度予以完善以维护当事人之合法权益。具体而言,本书的实践意义主要有以下几方面:

其一,本诉与反诉当事人之利益需在诉讼程序中保持平衡,尤其是程序利益。本研究对于反诉性质及类型化分析,将反诉依照各自的特点进行归类,有助于法院在司法实践中依照反诉的类型有针对性地制订审理计划,促进对反诉审理的专业化和迅速化,对司法实践中该类问题的正确处理有所帮助。

其二,有利于促使诉讼程序的顺利进行,提升诉讼效率。我国诉讼实务中存在反诉提起方式及反诉合法要件的审查问题,既有必要解决反诉提起方式及反诉审查内容不明确的难题,还需处理好反诉实体审理中的衔接问题,以便于反诉程序的顺利推进。对反诉撤回相关问题的分析,有助于解决司法实践中反诉撤回面临的难题,促使反诉顺利终结,实现民事纠纷的和谐解决。

其三,有助于维护相关当事人的合法权益。司法实践中关于是否提起强制反诉的问题,实务部门分歧较大,尤其当本诉与反诉之诉讼标的为同一时,如果本诉被告不提起反诉,其结果很可能会因"重复起诉禁止"理论导致失权,此时是否适用强制反诉制度? 本书的理论阐述可澄清司法实践中的诸多疑问。

其四,有助于解决反诉案外人利益保护问题。我国不承认第三反诉制度,但在司法实务中,已经对此进行了突破。① 从理论上对第三反诉进行解读,为第三反诉的司法实践提供理论基础和指导,为将第三反诉制度纳入立法提供基石,使第三反诉制度有法可依,更好地发挥该制度之功能,对案外第三人维护合法权益提供新的途径具有重要的实践意义。

其五,有助于消除立法和司法实践之矛盾。例如,我国对再反诉并未明确禁止,但是司法实践倾向于对再反诉不予受理而以另行起诉处理之②。在再反诉问题上,"法不禁止即可为"之原则与我国司法实践产生了冲突。为了避免该矛盾,笔者通过对不同国家和地区应对再反诉之模式分析,为在我国建立再反诉提供借鉴。结合我国司法实践和反诉理论建议我国建立再反诉制度,在提高诉讼效率、避免矛盾判决的基础上,使"法不禁止即可为"之原则有效落实。

二、国内外研究综述

(一)国外研究现状

16 世纪意大利 Post glassatoren 学派根据罗马法之相关理论建立了

---

① 详见本书第四章我国有关第三反诉的相关案例。
② 笔者在中华人民共和国最高人民法院裁判文书网进行检测,截至 2023 年 9 月 30 日,尚无受理再反诉之案例。

现代意义上的民事反诉学说,自此以后,就开始对民事反诉的原理和审理规则并对其中的一些特殊问题进行探讨,至今已有数百年的历史。但是对于该制度的性质、提起时间、提起方式、要件审查、第三反诉、再反诉等问题仍存在诸多争论,至今该制度仍是民诉理论界和司法实务界探讨的热点话题之一。

德国作为大陆法系国家之典型代表,其对民事反诉制度之发展有着巨大贡献,其主要表现在,德国立法将德国普通法时代 Saxen 法与意大利法学派 Duranfits 学说等各种有关本诉与反诉牵连性的学说进行融合,提出了本诉与反诉的牵连性标准,①至今该标准依然是大陆法系国家之通说。近年来,德国对反诉制度之研究愈发精细化,主要体现在对反诉的特殊形态之研究,例如汉斯-约阿希姆·穆泽拉克教授曾对第三反诉、再反诉制度进行了较为深入的研讨,针对司法实务中出现的问题,德国资深法官狄特·克罗林庚专门就相关问题结合案例进行详细评说。②

日本在 20 世纪 70 年代至 90 年代掀起了对民事反诉制度研究的热潮,大批学术成果涌现,但尚未出现专门研究民事反诉制度的著作,基本是以专章或专节进行论述,亦有大量的学术论文。主要学者有:小岛武司、井上治典、佐野裕志等。最突出的研究成果当属小岛武司教授在 1973 年就鲜明地提出全面引入英美法系的强制反诉制度,③虽然于1996 年修法时并未采纳该观点,④但却引起了日本学界和实务界对该

① 王锡三:《民事诉讼法研究》,重庆大学出版社 1996 年版,第 132 页。
② 狄特·克罗林庚:《德国民事诉讼法律与实务》,法律出版社 2000 年版,第 117 页。
③ 参见小岛武司:《寄于过失の法理の废弃》,《比较法杂志》1971 年第 34 期。
④ 参见日本法务省民事局参事官室编:《民事诉讼手续の检讨课题》,日本法务省民事局参事官室,1992 年版。

制度的关注。除此之外,日本对第三反诉制度进行了积极探索,出现了一大批研究成果。例如,佐野裕志教授结合相关案例对第三反诉运行之法理基础、当事人之范围等问题做了详细分析①。井上治典教授以被告将案外第三人纳入反诉程序为切入点对第三反诉之审理等进行了系统分析②。除此之外对第三反诉亦有其他学者予以论述。③

美国于 1938 年确立了民事反诉制度,其最典型的特点在于依据本诉与反诉是否存在牵连关系将反诉分为强制反诉与任意反诉。④ 美国学者理查德·D.弗里尔等在美国《民事诉讼法》中对美国现行反诉制度进行了整体的论述。就民事反诉具体研究而言,其重点在于强制反诉和第三反诉及再反诉。总之,美国对反诉持积极之态度,在强制反诉、第三反诉及再反诉之研究上有其鲜明特色。

（二）国内研究现状

我国学界对民事反诉制度的研究相对而言起步较晚,对其相关理论研究有待进一步加强。近年来,德、日、美等国家的民事反诉理论和实践不断发展,我国却未能很好地与时俱进。⑤ 所幸的是我国早有大批学者对民事反诉制度进行了基础性的研究。例如,田平安教授的《试论民事诉讼中的反诉》重点对反诉提起之条件进了论述,其也是较

---

① 参见佐野裕志:《第三者に対する反诉——西独判例·学说の动向》,《萩大辅·西冈久鞆·鲸冈稔雄三教授退职记念号》,鹿儿岛大学法文学部纪要,1982 年版。

② 参见井上治典:《被告による第三者の追加》,井上治典主编:《多数当事者诉讼之法理》,有斐阁 1981 年版,第 103 页。

③ 中野贞一郎:《判例民事诉讼法の理论(上)》,有斐阁 1995 年版,第 146 页。

④ Ioana-Andra plesa, "Counterclaim in the civil procedural law-comparative law issues", Perspectives of Business Law, vol. 4. Issue 1, November, 2015.

⑤ 主要体现在我国 2021 年新修订的《民事诉讼法》并未涉及反诉制度;2015 年出台的《民诉解释》对反诉制度固有理论没有进行突破;最近几年来对反诉理论之研究新的研究成果极少且没有进行理论创新等几个方面。

早对反诉制度进行研究的学术文章①。部分学者在著作中对反诉提起的条件、反诉的性质、反诉之价值基础等传统基本理论进行了论述,②也有学者对传统民事反诉制度进行了创新的研究③。对是否引入再反诉问题学者持不同观点,例如,有的学者认为我国不应当允许再反诉④;有的学者认为应当附条件允许再反诉制度⑤;有的学者认为应全面引入再反诉制度⑥。乔欣、王克楠谈及强制反诉制度并对我国建立强制反诉制度提出了初步构想⑦;夏璇论述了消极确认之诉反诉之形态并指出在消极确认之诉中建立强制反诉⑧;廖中洪教授撰文对反诉制度做了较为全面的论证,其对反诉当事人、提起反诉时间之确定、反诉牵连性、强制反诉、反诉的撤销、再反诉等诸多问题均有涉及⑨;另外,我国对反诉制度研究较为深入的当属张晋红教授⑩,其对民事反诉之牵连性的界定、对反诉之类型化、反诉之审理规则等基本理论进行了

---

① 田平安:《试论民事诉讼中的反诉》,《政法论坛》1985 年第 1 期;陈卫东:《对反诉的再反诉与二审中的反诉》,《河北法学》1986 年第 3 期;金友成:《反诉与再反诉》,《法学》1994 年第 6 期。

② 张永泉:《民事之诉合并研究》,北京大学出版社 2009 年版;房保国等:《论提起反诉的条件》,《河北法学》2001 年第 6 期。

③ 房保国:《论反诉》,《比较法研究》2002 年第 4 期。主张借鉴德国的再反诉制度并将其引入我国。

④ 柴发邦主编:《中国民事诉讼法学》,中国人民公安大学出版社 1992 年版,第 107 页。

⑤ 张晋红:《民事之诉研究》,法律出版社 1996 年版,第 63 页。

⑥ 陈卫东:《对反诉的再反诉与二审中的反诉》,《河北法学》1986 年第 3 期;金友成:《反诉与再反诉》,《法学》1994 年第 6 期。

⑦ 乔欣、王克楠:《强制反诉与我国反诉制度之完善》,《法律科学》2003 年第 4 期。

⑧ 夏璇:《消极确认诉讼之反诉研究——从司法解释与相关判例视野的再审视》,《学术界》2016 年第 3 期。

⑨ 廖中洪:《反诉立法完善若干问题研究》,《西南政法大学学报》2008 年第 6 期。

⑩ 张晋红:《对反诉理论与立法完善的思考》,《法律科学》1995 年第 3 期;张晋红、冯湘妮:《论强制反诉》,《法学》1996 年第 7 期;张晋红:《反诉制度适用之反思——兼论民事诉讼公正与效率的最大化融合之途径》,《法律科学》2002 年第 5 期。

分析;同时对民事反诉在司法实践中的现状及原因进行分析,最后提出反诉适用之制度保障;其还对美国的强制反诉制度特征、要件和适用范围及不提强制反诉之法律后果进行了深入论证。总而言之,虽然民事反诉制度之研究出现了上述具有代表性的研究成果,但当前我国对民事反诉制度之研究仍有待进一步加强,其仍处于民诉理论研究的边缘区域。因此,亟待强化民事反诉的理论以指导司法实践中出现的问题,并积极回应国际民事反诉制度之发展大势。

三、研究方法

"凡事均离不开方法,科学更是如此。"①对民事反诉制度研究亦应如此。本书拟以世界之眼光分析我国民事反诉制度,以未来之视觉引领民事反诉制度发展方向,扩宽该制度的适用空间、延长该制度的生命力。为此本书拟采取的研究方法有以下几种:

(一)文献分析法。通过收集国内外有关民事反诉制度之论著、期刊论文、学位论文、研究报告、相关议题之研讨会记录报告、相关判例资料,对民事反诉制度的议题加以分析、组织架构、归纳并善用于书稿中。

(二)实证研究法。我国实务上对于反诉问题已累积许多司法裁判,本书将系统化整理法院审理裁判文书中所表达之见解、倾向,以描绘其实际运作情形并得出与本书民事反诉基础理论相契合之结论。本研究拟集中对我国反诉制度中有限强制反诉,第三反诉等采用实证分析,系统考察法院在具体审理反诉制度时从何种角度加以考虑、需参考哪些因素、法院之自由裁量权的界限如何等。

---

① 梁慧星:《法学学位论文写作方法》,法律出版社 2012 年版,第 3 页。

（三）比较研究法。比较研究法为法学研究提供了可资借鉴的规则仓库。套用歌德的一句话，[①]可以说"不知别国'规则'者，对自己的'规则'便也一无所知"。对于反诉制度规则划分英美法系和大陆法系有着明显的区别，英美法系国家在反诉制度上持较为积极之态度，而大陆法系国家则较为保守。当前世界各国普遍注重诉讼效率之提高，为此对反诉持保守态度的大陆法系国家开始注意到，英美法系国家反诉制度在提高诉讼效率上的诸多优势。因此，近年来不断地探讨强制反诉并讨论将其引入到大陆法系国家的可能性。同时，在司法实践中尝试性地突破传统的反诉理论，允许第三反诉和再反诉。为此，在对反诉制度进行研究时就应当借鉴域外国家和地区成熟的经验，故而，运用比较法对其进行比较分析实有必要。

（四）价值衡量研究法。任何制度的设计都存在利益的取舍，民事反诉制度设计亦不例外。对是否引入再反诉、第三反诉制度的探讨中，反对派提出的一个重要论据就是再反诉和第三反诉制度会增加诉讼的复杂性进而拖延诉讼程序。但再反诉和第三反诉制度能够扩大民事程序解决纠纷的能力，促进纠纷一次性解决，有效避免矛盾判决。反诉自身法定关联性要求使得其仅在一定程度上增加诉讼程序的复杂性，多数情形不会致使诉讼程序过度迟延。如果再反诉、第三反诉导致诉讼程序过度迟延时，法院可以将其分开审理，以避免该情形之发生。总之，决定是否引入再反诉、第三反诉制度时需要将其自身的价值进行衡量，以决定是否引入再反诉与第三反诉制度，本书在对再反诉与第三反诉制度是否引入我国进行分析时，着重运用了价值衡量研究法。

---

① 　海因·克茨：《比较法总论》，潘汉典等译，法律出版社2003年版，第235页。

四、本书的创新之处

本书以民事诉讼基本原理及基本制度为树根,程序规则为树干,强制反诉、第三反诉、再反诉为主要枝干,形成"一树三花"的主体框架。具体而言本书可能的创新之处有如下几点:

其一,反诉制度的基础理论多有争议之处,本研究通过对相关学说的归纳梳理,厘清了反诉之内涵、性质、功能。针对当前反诉分类单一化的缺点,依照不同标准对反诉重新分类,为反诉之科学建构提供了重要前提。针对反诉实体审理的核心——合并辩论,指出本诉与反诉必须合并辩论的三种情形,并对反诉撤回契约、本诉撤回或按撤诉处理时的法律效果进行分析。

其二,强制反诉是英美法系特有制度。笔者查阅、分析了大量源于美国等国的第一手资料,对强制反诉之要件和例外情形进行分析后,结合案例分析了当前美国司法实践中法官更青睐的认定强制反诉之标准——逻辑关系标准。在对国内支持和反对全面引入强制反诉的观点进行分析后,结合我国立法和司法的实际,笔者提出在我国建立有限强制反诉制度的观点,即将强制反诉限定在重复起诉禁止与反诉交叉之范围内。为保证有限强制反诉顺利运行,本书对有限强制反诉的相关制度进行完善,为实现程序公正与实体公正的有机统一提供了制度保障。

其三,突破第三反诉制度的理论困境,结合我国立法和司法实践现状指出,我国具备建立第三反诉制度立法和司法实践基础。借鉴有关国家和地区第三反诉的立法和司法实践,为建立我国第三反诉提出建议,特别对何为需与诉讼标的合一确定之人进行界定。针对第三反诉之主体范围,本书依照有独立请求权第三人、无独立请求权第三人和需与诉讼标的合一确定之人分别结合案例进行实证研究。

其四,本研究对世界范围反诉原告应对反诉被告之反诉的四种模式进行分析,在对该四种模式进行分析后指出再反诉是当前之最佳模式。在分析了再反诉之理论基础及我国建立再反诉制度的可行性的基础上,笔者提出建构起我国的再反诉制度并对其重点问题进行分析:在再反诉当事人方面,再反诉当事人应当允许进行扩张,即可以将案外第三人纳入再反诉程序中;在再反诉牵连性方面,对再反诉之牵连性实行较为严格的标准;对再反诉是否可以提起反诉的问题,经论证后笔者认为应当允许对再反诉提起反诉。

第一章 民事反诉制度之基础理论

民事反诉制度的基础理论是建构民事反诉制度大厦之根基,直接影响着对民事反诉研究的广度、深度和高度。国内学者在对反诉制度进行研究时,大多沿袭既有的理论成果,鲜有全面、系统地描绘民事反诉制度基础理论的蓝图。本部分意在通过对民事反诉制度之内涵、性质、行使条件、价值功能、类型划分等进行厘清和分析研究,夯实民事反诉制度研究的理论根基。

第一节 民事反诉之概述

一、民事反诉之内涵

(一)民事反诉之内涵

1. 域外有关民事反诉之界定

民事反诉之内涵是研究反诉制度的基础,只有明确其内涵才能为反诉制度之建构和完善提供基石。由于不同国家和地区的法律制度、法律文件、司法环境等的不同致使不同的国家和地区对反诉有着不同的认识。在日本没有明确的反诉概念,被告通过本诉程序中诉讼请求的追加性合并来处理反诉,该诉讼请求的追加性合并必须在开始的诉讼程序中进行且只能由被告针对原告的诉讼请求进行追加,①其实质是我们通常所说的反诉。在法国,反诉被解释为:在诉讼过程中,被告提出主张其应得到某种利益的独立的诉讼请求。该请求需与原告的诉讼请求有充分联系,但应当将反诉与被告的辩护区别开,即被告提起反诉之目的在于使自己与原告争执的民事法律关系得到法院的司法救济,而不仅仅是对原告诉讼请求的驳回。② 在司法实践中也有将反诉界定为在原告提起的诉讼程序辩论终结前,被告对原告提起的独立之诉。俄罗斯民事诉讼法认为,反诉是指被告在法院作出判决前,为了抵销、排除原告之诉讼请求而提起的与本诉存在相互关联的独立之诉讼,以便法院一并审理的诉讼请求。③

在美国,反诉又称反请求(counterclaim),其有关反诉的规定除了各州外,主要集中在《美国联邦民事诉讼规则》第 13 条。美国将反诉看作是被告享有的对原告之诉讼请求进行防御和攻击兼备的诉答方式,因此被告无需单独表示要提起反诉,只要在诉答状中表明提起反诉的意思即可。美国反诉的显著特点就是将反诉分为强制反诉和任意反诉。在美国强制反诉是指本诉与反诉诉讼请求基于相同的事件、交易或法律关系,法院对该诉讼请求所有当事人有管辖权时,被告应当在诉答状中表明提起反诉的意愿。如果被告由于"疏忽大意"或其他过失

---

① 新堂幸司:《新民事诉讼法》,林剑锋译,法律出版社 2008 年版,第 534 页。
② 《法国新民事诉讼法典》,罗结珍译,法律出版社 2008 年版,第 131—133 页。
③ 《俄罗斯民事诉讼法》,黄道秀译,中国人民公安大学出版社 2003 年版,第 94 页。

没能在诉答状中提起反诉,在诉答期间可以向法院提出申请修改已提交的答辩状,法院主审法官应当同意被告的申请。如果被告在诉答期间没有提出申请亦无表示提起反诉则认为被告放弃了该请求权,不能另行提起诉讼,以主张该权利,即产生失权的法律效果。任意反诉是指原告提起诉讼后,被告在诉答状中可以提起任何反诉请求,该请求无需与原告之诉讼请求有任何联系,法院对该请求只需有管辖权即可。对于任意反诉,如果被告没有在诉答状中提出,不会产生失权的效果,其可以在其他诉讼中或单独提起诉讼来维护自己的利益。

2. 我国关于民事诉讼内涵之界定

关于反诉之内涵,我国学者对此也有不同的见解:我国民诉法奠基人之一常怡教授认为,反诉是本诉被告针对本诉原告向法院提起的一种独立之诉。江伟教授认为,民事反诉是本诉被告在诉讼进行过程中向本诉原告提起的意在减少、吞并原告诉讼请求的诉讼行为①。谭兵教授认为,反诉是在相同的诉讼程序中,本诉被告提起的与本诉原告之诉讼请求存在关联关系的诉讼。田平安教授认为,反诉是本诉被告利用本诉原告开启的诉讼程序通过审理案件的法院向本诉原告提起的独立之诉讼请求。关于反诉的内涵还有许多其他观点,在此不一一列举。尽管对其内涵的界定侧重点各有不同,一定程度上反映了反诉的本质特征。但是这些观点亦有共同之处:一是都认可反诉之当事人为本诉的原告和被告;二是都认可反诉只能在原告已开启诉讼程序后,程序终结前提起;三是都认可反诉的独立性,即反诉是一个独立的诉讼请求或独立之诉;四是都认可受理案件的法院对本诉和反诉均具有管辖权。

---

① 国内民事诉讼法学者蒋丽萍也持此观点。

从反诉产生的历史可以发现,反诉从罗马法时代的单纯的抗辩手段,逐步发展成为建立在抵销抗辩基础之上的单纯以抵销为目的的反诉。直到17世纪才不再将本诉与反诉局限于两者具有抵销之关系,但依然要求反诉与本诉之间具有牵连性。直到现代随着民事纠纷的不断增加,法治国家理念的深入人心,进入了"诉讼爆炸"的时代,国家司法资源不断增加的速度远远无法赶上诉讼案件之增长速度。为了提高解决纠纷的效率,各个国家在继续加大司法投入的基础上,努力发展诉讼外纠纷解决机制(ADR)等非诉纠纷解决机制,并逐步重视反诉机制在提高诉讼效率、避免矛盾判决等方面的优势,加大了对反诉制度的研究。[①] 为了扩大反诉解决纠纷的能力,以英美法系的美国为代表不断弱化甚至不要求反诉与本诉之间具有牵连关系,其将反诉分为强制反诉和任意反诉,进一步提高了反诉制度扩大解决纠纷的能力。大陆法系国家作为反诉制度渊源的继承者和传承者,一般要求反诉与本诉之间必须具有牵连性,否则不得提起反诉。鉴于反诉制度的优越性,现代法治国家几乎都在民事诉讼法中对其作了明确规定,并建立了自己的反诉制度。

3. 本书对民事反诉内涵之界定

就反诉制度而言,我国也经历了从无到有并不断完善和发展的过程。我国的反诉源于清末著名法学家沈家本主持的法律改革运动。其在《大清民事诉讼律草案》中第一次明确提出了反诉这一概念,《大清民事诉讼律草案》规定:被告于第一审之言词辩论终结前,得向本诉所属之审判衙门提起反诉,提起反诉应于本诉之言词辩论时为之;反诉不

---

① 廖中洪:《反诉立法完善若干问题研究》,《西南政法大学学报》2008年第6期。

因撤回本诉失其效力。① 民国时期的《民事诉讼法》也均包含了有关反诉的规定。新中国第一部《民事诉讼法》第 46 条也规定了被告享有反诉权(1991 年《民事诉讼法》之司法解释第一次规定了在上诉审民事诉讼程序中亦可以提起反诉)。直至 2012 年修改《民事诉讼法》和最高人民法院对其作出的《民诉解释》对反诉制度之规定越来越完善。但是对反诉之内涵到目前为止并没有一个统一的界定,学术界对其内涵的理解和界定之侧重点亦有不同,就该问题前面已有所论述,此处不再赘述。结合国内外学者对反诉内涵之界定,笔者认为反诉是指被告②在诉讼程序终结前针对原告(即合一确定之人)提出的法院有管辖权的与本诉(原告提起的诉讼程序成为本诉)有牵连性的特殊独立之诉。从该反诉之界定可以看出,反诉是基于本诉诉讼程序而产生的但又具有特殊性。其特殊性体现在:一是对当事人进行适当扩张。反诉之当事人不仅局限于本诉之原告和被告,还扩张到就诉讼标的必须合一确定之人及第三人,也即非本诉当事人亦可以成为反诉之被告。二是反诉之诉讼请求不限于本诉之诉讼请求。反诉之诉讼请求仅须与本诉之诉讼请求具有关联性即可,可以小于乃至超出本诉之诉讼请求,在对牵连性要求不严的英美法系甚至不要求反诉之诉讼请求与本诉之诉讼请求具有牵连性,只要反诉是一个适格之诉即可。三是反诉对本诉的依附性。反诉是以本诉的存在为前提的,离开了本诉,反诉就失去了其赖以存在的客体,其只能是一个普通之诉并不能将其称之为反诉,只有在本诉存在时其才可以称为反诉。

---

① 张晋藩:《中国民事诉讼制度》,巴蜀书社 1999 年版,第 230—247 页。

② 此处的被告包括或处于被告地位之人,即反诉之原告不仅限于本诉被告。

（二）反诉与相关概念之辨析

反诉作为本诉被告为对抗、吞并、抵销本诉原告之诉讼请求而提起的与本诉原告之诉讼请求相关联之独立诉讼。本诉被告提起反诉之目的民事诉讼法上相关概念在目的或表现形式上有类似之处甚至在具体的诉讼程序中容易相互混淆甚至很难区别。在具体的诉讼程序中，如果法院不严加辨别就可能造成适用之错误，不但会给当事人造成不便亦会造成"错案"，既增加了当事人的诉讼成本亦浪费了有限的司法资源。为了准确适用反诉及相关制度、更好地理解把握内涵，现将反诉与相关概念进行比较分析。

1. 反诉与抗辩之辨析

本诉被告提起反诉在于保护自己的实体权益不受侵害，对抗本诉原告之诉讼请求。抗辩分为民法上的抗辩和民事诉讼上的抗辩，这里我们主要研究民事诉讼上的抗辩。民事诉讼上的抗辩是指在民事诉讼过程中被告为了对抗原告的诉讼请求而向法院主张不认同原告的案件事实、证据或法律关系，以阻止或排斥原告之诉讼请求生效之诉讼行为。抗辩是民诉法赋予被告的法定防御方法，以维护自己合法权益不受侵犯。民事诉讼上之抗辩分为程序上之抗辩和实体上之抗辩，我们分别分析之。一是程序上之抗辩。德国和日本法理认为程序上之抗辩是指诉讼程序开始后被告以原告提起的诉讼欠缺诉讼要件、诉讼要件不合法或作为诉讼存在之前提法律关系、法律行为不存在、不合法，进而达到法院不会对该案进行实体审理之目的。德国、日本按照被告提起抗辩之目的不同将其程序性抗辩分为妨碍型抗辩和证据抗辩，又将妨碍型抗辩分为诉讼要件欠缺和诉讼阻碍之抗辩。依照德国、日本之法理，诉讼要件是指法院受理案件后，对原告之诉讼请求进行实体审理并作出判决的前提条件,如果该要件欠缺或不合法就会导致原告之诉讼因不合法被驳回,类似情形主要包括以下几种情况:当事人不适格、受案法院没有管辖权、该诉讼被法院认定为重复起诉、诉讼标的不合法或不存在等。诉讼阻碍之抗辩是指妨碍诉讼得以合法系属的事项,其主要情形有仲裁协议是否存在、诉讼担保有无提供等。综上,妨碍抗辩本质就是被告以程序性事项为依据,主张原告提起的诉不合法或不成立。① 证据抗辩是指被告提出原告证据来源不合法或证据效力不足以支持原告之诉讼请求,进而请求法院驳回原告诉讼请求。其中最典型的就是收集证据不合法被法院依法排除。二是实体上之抗辩。民事诉讼中实体抗辩是民事实体法上赋予被告对原告诉讼请求进行抗辩的权利在诉讼上的体现。本诉民诉法理论将实体抗辩分为权利抗辩和事实抗辩两大类。权利抗辩是被告在诉讼程序中行使民事实体法赋予其的权利,以该权利之行使对抗原告之诉讼请求使之不成立或无效。事实抗辩是被告依据民事实体法所规定的实体上与诉讼请求相反的事实对抗原告之诉讼请求。在对抗辩进行分析后,下面我们对抗辩和反诉进行比较分析:

一是两者功能、类型之比较分析。被告进行抗辩之目的在于使原告之诉讼请求以不合法、不成立被法院驳回,抗辩中往往是对原告之诉讼请求完全的否定。抗辩与原告诉讼是一个诉讼程序,仅是对原告诉讼请求之对抗。本诉被告提起反诉之目的在于对原告之诉讼请求进行吞并、抵销或减少,其往往在一定程度上认可本诉原告之诉讼请求,并且针对本诉原告的诉讼请求提出一个崭新的诉讼请求以对抗本诉原告

---

① 陈刚:《论我国民事诉讼抗辩制度的体系化建设》,《中国法学》2014 年第 5 期。

的诉讼请求以达到其提起诉讼的目的。其是将本诉被告与本诉原告之间的一个新的纠纷引入该诉讼程序以求一并予以解决。在部分给付之诉中,本诉被告对本诉原告之诉讼请求是完全认同的,其提起反诉在于对本诉原告之诉讼请求予以减少或吞并。我们举一个例子来对其进行说明:例如甲向法院提起诉讼,诉请被告乙向其支付1万元货款,如果乙指出甲所主张的1万元货款,乙全额支付了该货款或甲与乙之间没有货物买卖的事实,此时乙所作出的即为抗辩。如果是反诉即乙提起反诉请求,要求甲就货物质量问题对其造成的损失进行赔偿2万元。就其类型来说,上述就抗辩已经进行了论述,反诉之类型在本书也将专门进行分析,在此不再赘述。

二是两者的性质不同。抗辩是法律赋予被告的防御方法,以原告提起的诉讼违反实体法或程序法之规定或诉讼要件存在欠缺或不合法为由,以使原告诉讼之诉讼请求被法院驳回或不全部承认,以维护自己的利益,其本质是一种单纯的防御方法。反诉是本诉被告为了维护自己的利益,在同一诉讼程序中提起的一个新的独立之诉,如不提起反诉其亦可以向法院另行提起该诉讼,其本质是一个崭新的独立之诉,反诉与本诉在同一程序中处理本质是诉之合并审理。

三是提出抗辩和反诉的主体在诉讼上法律地位不同。虽然提起抗辩和反诉的初始主体是相同的即两者均为反诉被告,但是在被告在提起抗辩后其在诉讼中之地位依然是被告,其在诉讼程序中的地位不因提起抗辩而改变,其只能是被告。本诉被告提起反诉后,因反诉是针对本诉原告诉讼请求的一个独立的诉讼,因此本诉被告在提起反诉后其法律地位发生了变化,即本诉被告之法律地位成为反诉之原告,其拥有两个法律身份即本诉之被告和反诉之原告,并且同时拥有了被告和原告两种权利。

四是法院对两者的处理方式不同。诉讼开始后,被告提起抗辩的,法院应当对被告提起的抗辩是否有法律依据及是否有效进行审查,并由法院决定该抗辩是否有效,提出抗辩的当事人不需要向法院缴纳任何费用,法院决定是否采纳该抗辩不需要单独作出裁决,仅在判决书中予以说明。本诉被告提起反诉后法院须依照民事诉讼法审查本诉被告提起的反诉是否符合提起一个新诉的要求,如果不符合则需要作出裁定驳回反诉,如果符合则依照提起一个新诉的程序进行受理,法院受理反诉后提起反诉之本诉被告需要向法院缴纳相应的诉讼费用。在经过法院的审理后,需对反诉之诉讼请求作出判决,该判决可以单独作出,亦可以与本诉一并作出。

2. 反诉与民事诉讼中的抵销之辨析

抵销是民法上的概念,其作为债之法定消灭方式之一是指在民法上民事主体双方互享债权互负债务且双方债权与债务属于同种类之债,当互负之债务均到清偿期时,该双方当事人可以作出互负之债权债务相互消灭的意思表示。抵销权属于形成权,只要双方当事人进行了抵销的意思表示即发生法律效力。抵销分为诉讼外之抵销及诉讼中之抵销,诉讼外之抵销为民事司法行为,诉讼中之抵销也即民事诉讼中之抵销是抗辩的一种特殊形式,是指在民事诉讼程序启动后,被告认为自己对原告有符合抵销条件的债权而在诉讼中提出抵销抗辩,以期法院认可自己之抵销抗辩,待法院经审理后支持原告之诉讼请求时,以抵销抗辩减少甚至吞并原告之诉讼请求,进而达到维护自己合法权益之目的。①

---

① 陈桂明、李仕春:《论诉讼上的抵销》,《法学研究》2005 年第 5 期。

本书主要分析诉讼中之抵销与反诉之关系。

一是民事诉讼中之抵销与反诉的性质不同。在英国民事诉讼法理论中将民事诉讼中抵销作为被告一方当事人之诉讼上之权利,当诉讼标的为金钱或交付种类物等债权时,被告为减少、吞并原告之诉讼请求而享有的请求权。作为民事诉讼中的一种制度,反诉只有在诉讼程序开始后终结前,被告向审理案件的法官作出抵销的意思表示后,经法院审理并作出判决后方可发生抵销之实体法效果。其与一经意思表示就产生实体法效果之抵销有本质区别,因此民事诉讼中之抵销之本质为当事人之诉讼行为。[①] 我们前面已经对反诉进行了较为详细的分析,其性质为一个独立的诉讼,在反诉中当事人亦可以事实抵销行为。

二是原告之诉讼终止后的法律效果不同。原告提起诉讼后,被告在诉讼中提起抵销抗辩,当原告发现自己的诉讼请求很可能不被法院支持而向法院提起撤诉或法院在审理过程中发现其他情形需要终止原告启动的诉讼程序时,被告提出的抵销抗辩将与原告开启的诉讼程序一并终止,不会产生任何法律效果。在本诉被告针对原告的诉讼请求提起反诉时,因反诉是一个独立之诉,因此无论本诉是否被撤回或因为其他法定原因终止,反诉并不因本诉的变化而产生变化,其依然继续存在并继续被法院审理。

三是两者对本诉诉讼请求是或否有关联的要求不同。被告提起抵销之目的在于请求法院减少或吞并不履行自己债务原告之诉讼请求。只要双方当事人是互负债务且符合抵销之要件,就可以在诉讼程序中提起抵销。双方当事人互负之债务之间是或否有关联在所不问,只要符合

实体法上之抵销要件均可在诉讼中提起,经法院审理认可后发生法律效果。依据古罗马法精神,如果原告之诉讼请求与被告提出抵销之债权债务之间没有关联性则只能在诉讼中提起抵销,否则产生实体法之效果。这进一步证明了原告诉讼请求与被告提起抵销之间不需要有关联性。依照大陆法系理论本诉被告提起的反诉,反诉与本诉之间必须有牵连性,没有牵连性的反诉是不合法的反诉,不会被受理原告诉讼的法院受理。

二、民事反诉之性质辨析

事物的性质是该事物最本质的特征或内涵的反映,是该事物区别于其他事物最显著的特征。换言之,不同种类的事物有着不同的性质。反诉的内涵决定了反诉的性质和外延,前文我们对反诉的内涵和外延进行了分析,在此基础上我们应弄清反诉的本质属性即反诉的性质。对事物性质的准确把握有利于全面把握该事物并对其发展和建构进行有效的预测和指导。对民事反诉的性质的研究亦不例外,对民事反诉性质的研讨可以为民事反诉制度的理论建构和制度设计提供坚实的基础。民事反诉的内涵决定了反诉的性质,由于理论界对反诉内涵之界定存在不同见解,因此关于反诉之性质亦存在不同的学说。

(一)国内关于民事反诉性质之学说分析

我国理论界对于反诉之内涵界定存在多种学说,这就致使在关于民事反诉之性质问题上亦存在诸多学说。目前我国理论界关于反诉之性质主要有以下几种学说:第一,特殊之诉说;第二,特殊形式答辩说;第三,攻击方法说;第四,抗辩方法说;第五,特殊形式反驳说。[①] 从以

---

① 金友成等:《民事诉讼制度改革研究》,中国法制出版社 2001 年版,第 49—50 页。

上几种学说我们可以看出,我国理论界将反诉界定为一种特殊的程序,并没有将其作为普通的程序看待,下面我们详细分析之。

1. 特殊之诉说

该学说认为本诉被告在诉讼进行程序中提起的反诉是一种特殊的诉,是本诉被告为了维护自己的合法权益,依照法律的规定而提起的一种有别于本诉的特殊的诉讼请求。反诉与普通的诉讼请求有着本质的区别,反诉是一种具有特殊性质的诉讼请求,其特殊性体现在反诉是在已经开始的诉讼程序中提出的针对本诉诉讼请求的诉讼请求,如果本诉诉讼程序已经结束或尚未开始时就不可能提起反诉,也就没有反诉诉讼请求。而普通的诉仅需要启动诉讼程序的原告具有诉权并且有明确的被告就民事权益存在争议即可启动诉讼程序,不存在提起反诉所要求的特殊时间条件。其特殊性还体现在提起反诉主体的"特殊",即以我国民事反诉理论而言,提起反诉的主体只能是本诉的被告,本诉被告之外的人不能够提起反诉,而提起普通诉讼的主体则没有此限制。因此,我国理论界有学者将反诉之性质界定为特殊之诉。

2. 特殊形式答辩说

该学说认为反诉之本质属于民事诉讼程序中之答辩,是本诉被告针对本诉原告在起诉书中提起的诉讼请求、事实和理由进行答辩即对本诉原告之诉讼请求事实和理由进行否认和抗辩的诉讼行为。苏联有学者认为,在一定条件下被告可以在答辩状中以答辩的形式提起针对原告的独立诉讼请求。① 反诉与普通诉讼之答辩的特殊之处在于:反诉是针对原告的诉讼请求、事实和理由提出了新的有别于本诉的诉讼

---

① 阿布拉莫夫:《苏维埃民事诉讼(上)》,法律出版社 1950 年版,第 148 页。

请求。该学说与美国有关反诉之提起有密切的联系,在美国民事诉讼程序中反诉之提出必须在答辩状中予以表明且需明确表示提出反诉,否则不能产生提起反诉的法律效果,在诉答程序结束后,本诉被告就失去了提起反诉的机会,尤其是在强制反诉中,本诉被告的不作为将会产生失权的严厉法律后果,借鉴美国有关之经验我国有学者提出反诉是特殊形式之答辩。

3. 攻击方法说

该观点源于德国的民事诉讼法理论,该理论认为在诉讼程序进行中被告不仅仅只能处于防御状态,其亦可以运用法律赋予的权利进行攻击,被告利用原告开启的诉讼程序针对原告提起的诉讼即反诉就是攻击方法,我国也有很多学者持此观点。在民事诉讼程序中,诉讼双方当事人有着相同的诉讼权利和诉讼义务,如果将原告针对被告提起诉讼请求看作是攻击方法的话,被告亦应当享有该权利。因此,在诉讼程序中被告针对原告提起的诉讼请求、事实和理由除了进行抗辩等防御措施外,为了维护自己的合法权益不受侵犯,可以在已开启的诉讼程序中提起与原告诉讼请求、事实和理由相关联的新的诉讼,该诉讼就是反诉。反诉在此意义上就是民事诉讼中平等原则的体现,即赋予双方当事人同等的攻击防御方法。但该学说在我国亦有不同的声音,有法学理论者认为,反诉既然称之为诉,就理应是诉的一种,不论是特殊之诉还是普通之诉,而不能将其看作是攻击方法。①

4. 抗辩方法说

抗辩是源于民事实体法中的概念,意指在民事交往过程中一方当

---

① 柴发邦:《民事诉讼法讲座(上)》,西南政法学院编印,1983 年版,第 250 页。

事人要求另一方当事人履行民事义务时,另一方当事人以实体法所规定之事由不予履行该民事义务的权利,以产生实体法上的效果。民事诉讼中的抗辩以民事抗辩为基准发展而来,是指诉讼程序启动后被告依照民事实体法或民事程序法之规定阻碍原告之诉讼请求产生法律效力的主张。[①] 在原告启动诉讼程序后,被告为了阻止原告诉讼请求被法院认可而产生对己不利的法律效果,针对原告的诉讼请求以阻止、抵销乃至吞并原告诉讼请求为目的而提反诉,该反诉是以法律赋予被告提起反诉权为依据而提出的一个新的诉讼请求,在此意义上被告提起的反诉是以其作为抗辩方法而行使的,可以产生抗辩所能达到的法律效果。因此,国内理论界将反诉看作被告所享受的抗辩权的一部分,进而得出反诉之性质乃是一种抗辩方法的结论。

5. 特殊形式反驳说

该学说认为反诉是本诉被告为对抗本诉原告的诉讼请求而行使反驳的权利。反驳在民事诉讼中的应用是源于苏联 Возражение 一词,在王之相、王增润二位先生合译的苏联学者克列曼著述的《苏维埃民事诉讼》一书中有此表述:"这种附有理由的否认,如果被告人没有提出反面请求,就称为反驳"[②]。反驳是被告针对原告提起的诉讼进行防御的方法,依照苏联民事诉讼理论,被告针对原告的诉讼攻击可以进行的诉讼保护方法有两种,其中一种就是反驳,反驳是被告针对原告对其发动诉讼请求攻击进行防御的方法,被告进行反驳的主要目的在于通过提起反驳致使原告的诉讼行为或诉讼请求不被法院所认可,进而使提起反驳的被告实现程序或实体上的胜诉结果。我国民事诉讼法在前期

---

① 骆永家:《民事法研究(二)》,三民书局 1988 年版,第 97 页。
② 克列曼:《苏维埃民事诉讼》,王之相、王增润译,法律出版社 1957 年版,第 212 页。

的形成发展时期对苏联的民事诉讼理论的借鉴和移植,使得苏联民事诉讼理论在我国民诉理论界一直有着较高的地位,因此,兼具有实体和程序双重属性的反驳,就具有了反诉所具备的一些特征,因而国内部分学者认为反诉就是一种特殊形式的反驳。换言之,反诉就是一种特殊的反驳。

(二)国外关于民事反诉性质之学说分析

通过分析国内有关反诉性质的学说我们得知,国内关于反诉性质的诸多学说很大一部分是在借鉴域外学说的基础上吸收本土的理论养分而形成的自己的关于反诉性质的学说。除了我国借鉴的域外的几种学说外,域外关于反诉之性质还有几种代表性的学说:第一,英国的防御手段说;第二,法国的附带之诉说;第三,美国的独立诉讼说;第四,日本的诉讼请求追加性合并说。下面我们详细分析之。

1. 英国的防御手段说

英国作为英美法系的历史渊源地,其民事诉讼规则经过长时间的发展比较完善,但是反诉制度在英国确立的时间却比较短,直到1895年才逐步建立起反诉制度,并以成文法的形式在英国联邦民事诉讼法理论规则中予以确认。英国民诉法理论认为被告针对原告的诉讼请求提起的反请求(反诉)是法律赋予被告的一种防御手段以对抗原告对被告的攻击。由于英国民事诉讼理论和实务中始终所坚持的当事人主义,使得民事诉讼当事人在诉讼程序推进和进行中发挥着绝对的主体地位,法官仅作为居中裁判者不介入或很少介入当事人之间积极行使诉讼指挥权的权利。英国民事诉讼的当事人主义的传统使得整个诉讼程序突出当事人之间的对抗性,并将当事人之间的对抗性贯穿于整个民事诉讼过程中,因此当被告在诉讼程序中提起针对原告的反请求法院将其视为被告对原告诉讼请求的答辩或陈述,以对抗原告的诉讼请求,进而使原告提起的诉讼请求产生程序不成立或实体无效的法律效果。被告所提起的反请求在英国民诉理论界和实务界看来是被告对原告的诉讼请求进行防御的手段,其系为了使自己在诉讼中能够对抗原告的诉讼请求,进而使原告的诉讼请求不被法院认可。

2. 法国的附带之诉说

依照《法国民事诉讼法典》第 64 条规定对反诉之界定,本诉被告提起反诉应当具备两个目的:一是本诉被告提起的反诉应当具有"攻击"的功能,即反诉具有新的诉讼利益,不仅仅是为了驳回原告的诉讼请求。二是本诉被告提起的反诉应当具备"防御"功能,即反诉能够对抗、减少乃至吞并原告的诉讼请求。只有反诉具有"攻击"和"防御"两种功能或目的时反诉才能够成立。提起反诉不仅仅是为了对抗原告之诉讼请求,更是为了通过反诉请求法院确认被告新的诉讼请求,因此,反诉属于一个独立的诉讼。但是该独立之诉讼并非传统意义上的独立诉讼,法国民事诉讼理论认为,反诉与追加之诉和参加诉讼均属于法国附带诉讼之范畴。① 在英美法律词典中将附带诉讼(concomitant actions)界定为:当事人在诉讼中为了寻求法院对其民事权利的救济而将自己的诉讼请求一并向诉讼程序已启动的法院提起的诉讼。在法国提起附带之诉需依照与本诉之辩护理由相同的形式向诉讼之当事人提出。反诉作为本诉被告向本诉原告提起的旨在"攻击"和"防御"原告诉讼请求的诉请具备附带之诉之要件,因此在法国将反诉之性质认定为附带之诉。

---

① 参见《法国民事诉讼法典》第 63—68 条之规定。

3. 美国的独立诉讼说

美国联邦有关反请求(反诉)的规定集中在《美国联邦民事诉讼规则》第 12 条、第 13 条,其最典型的特征就是将反请求分为强制的反请求和任意的反请求。在美国,反诉制度在衡平法时期逐步建立起来,反诉制度建立初期其适用范围十分有限,仅适用于与本诉有一定牵连关系的情形,例如本诉与反诉由同一诉因产生也即现在我们所说的强制反诉。① 到 20 世纪初期,为了提高诉讼效率、降低诉讼成本,现代意义上的反诉才得以建立。美国民事诉讼理论认为,无论是强制反诉还是任意反诉在美国民事诉讼中都强调其独立性,尤其是任意反诉更是以独立性作为其典型特征。原告开启了诉讼程序后,被告可以针对原告的诉讼请求进行答辩,并在诉答程序中以答辩状的形式提出反诉。被告提出的反诉必须具备一个独立的诉所具备的所有要素,本诉被告提起的反诉是一个有别于本诉诉讼请求的独立之诉讼请求,反诉需以诉状(在美国答辩书相当于起诉书)或单独的申请来启动,其并不以减少、吞并原告的诉讼请求为要件,只要符合一个独立的诉讼请求即可以提起反诉。因此,美国民事诉讼理论界认为,反诉的本质特征就在于其独立性,不因本诉的终止或中止而受到影响。

4. 日本的诉讼请求追加性合并说

在日本关于反诉之性质有多种学说例如攻击方法说,但其中最为重要的一种学说为诉讼请求追加性合并说,该学说由日本民事诉讼法学者新堂幸司所创并为大部分学者所支持。在日本民事诉讼法中,反诉与请求的合并(固有的诉的客观合并)、诉的变更、中间确认之诉一

---

① 汤维建:《美国民事司法制度民事诉讼程序》,中国法制出版社 2001 年版,第 145 页。

并规定于复杂诉讼形态一节中,并将反诉看作是本诉被告通过原告开启的诉讼程序以诉中之诉的形式进行的诉讼请求追加性合并,其将反诉看作是诉中之诉,并以实现诉讼请求追加性合并为实现形式。在日本民事诉讼理论中,当事人诉讼权利平等亦是民事诉讼中最基础的理论之一,在民事诉讼中民诉法赋予了原告在诉讼程序开启后对诉讼请求进行追加并一起由原法院进行审理的权利。与之相对应,被告作为民事诉讼中的一方当事人亦应有权利对诉讼请求进行追加,被告对诉讼请求进行追加的方式就是提起反诉,被告利用原告开启的诉讼程序,以一个诉中之诉的方式提起一个针对原告诉讼请求的新诉讼请求并将该诉讼请求与原告的诉讼请求进行合并审理,以达到节约司法资源、避免矛盾判决之目的。[①] 鉴于将反诉之本质属性界定为诉讼请求追加性合并,其与一般性诉讼请求合并一样应当将其划分为单纯反诉(等同于单纯合并)和预备性反诉(等同于预备合并)。

(三)本书主张

对反诉性质的界定不应过于强调某一方面的表现或特征,而应通过反诉的表现形态和功能、目的这些表象,抓住这些表象的根源来界定其性质。上文通过对我国和域外反诉性质的学说进行分析可知,无论是国内还是域外的众多学说均有一定的理论支撑点,但都没有抓住反诉最本质的核心特性。我国民事法理论界和域外的诸多学说多将反诉之性质界定为一种"特殊"的形态,并且多侧重反诉之功能、具体表现形式、目的等某一方面或过于强调其特殊之处而对反诉之性质进行界定。其要么过于突出反诉的特殊之处忽略了其"普通的身份",要么过

---

① 新堂幸司:《新民事诉讼法》,林剑锋译,法律出版社 2008 年版,第 534 页。

于强调其功能属性而导致了工具之上的偏颇,要么将注意力集中在其外在表现形式上而将其表现形式作为其性质,要么过于强调其独立性而忽视了其依附的属性。笔者在借鉴上述学说理论的基础上,认为反诉的性质应界定为特殊的独立之诉,其特殊性主要体现在对本诉诉讼程序之依附关系。具体理由如下:

第一,反诉本质上是一个诉。民事中的诉是指民事纠纷的主体依照法律之规定向有管辖权的法院提起诉讼要求,法院居中裁决该民事纠纷,以保护民事纠纷主体实体民事权益的请求。反诉作为本诉被告向本诉原告提起的与本诉请求或防御方法相牵连之独立的新诉讼请求,既然反诉请求是一个有别于本诉请求的新请求,其就是一个独立条件的诉讼请求。从诉的要件方面考察,一个独立的诉必须符合诉的要件,即符合诉之所以是诉的构成要件,亦是一个诉区别于其他诉的最本质的条件:一个是当事人,另一个就是诉讼标的。依照我国现行的民诉理论,在反诉中,反诉之当事人依然是本诉的双方当事人,仅是该双方当事人之诉讼地位发生了互换,在此意义上,属于当事人相同。反诉与本诉的区别关键在于诉讼标的的不同。总之,反诉与本诉相比较,其双方当事人相同,但是其诉讼标的不同,这就意味着反诉符合一个诉的构成要件,其是一个诉,而不是所谓的抗辩、反驳等防御手段。

第二,反诉是一个独立的诉。大陆法系国家对反诉是否为独立之诉上,大部分认为其是一个独立之诉,我国亦不例外。反诉的独立性主要体现在以下几个方面:一是本诉终止后反诉并不因本诉的终止而终止。反诉虽然是在本诉的诉讼程序开启后,本诉被告利用该程序提起的,但是在反诉提起并被法院受理后,就具备了诉之特征,此时无论本诉终止还是继续进行,反诉之诉讼程序均不会受到影响。二是被告可选择开启新的诉讼程序。在本诉的诉讼程序中,本诉被告就反诉之诉讼请求有两个选择:一个是选择在本诉程序中提起反诉,将本诉与反诉置于同一诉讼程序中进行审理;另一个选择是在本诉程序中,被告并不提起反诉,本诉程序仅审理原告之诉讼请求,被告重新开启一个新的诉讼程序。此时如果本诉程序尚未终结,被告新开启的诉讼程序与本诉属于同一法院管辖的情形下,可能会发生诉之合并审理。三是本诉与反诉之位置可以互换。当本诉被告先行提起诉讼时,本诉与反诉之位置就发生了互换,此时本诉成为了反诉,而反诉却成为了本诉。从这个方面而言,反诉之独立性更加凸显。

第三,反诉具有较强的依附性。我们说反诉之一个独立之诉主要侧重于反诉的构成要件和程序上之独立,但是反诉与普通之诉相比还表现出很强的依附性,也正是在此意义上我们将反诉之性质界定为特殊的独立之诉。反诉之依附性主要表现在以下几点:一是反诉之提起以本诉程序开启为前提。关于反诉内涵之界定的诸多学说,无论是我国还是域外一个基本共性就是反诉必须在本诉原告开启诉讼程序后,本诉程序终止前提起。如果不存在本诉程序,就不存在反诉。如果反诉在本诉程序开启前终结后提起抑或不在本诉程序中提起而另行起诉其均不能称为反诉,其仅是一个普通的诉而已,反诉必须以已经开始的诉讼程序为前提。二是提起反诉的主体只能是被告。关于反诉的当事人不同的国家或地区有不同的规定,在对反诉持保守态度的国家或地区,例如法国、我国都将反诉局限于本诉当事人。持开明态度的国家或地区允许对反诉之当事人进行扩张,例如德国、英国、美国均允许对案外第三人提起反诉。美国甚至允许向案外人提起反诉,强制性地将其纳入诉讼程序中来。但是关于反诉之提起主体上,世界各国均将提起反诉的权利明确赋予被告,也即反诉只能由被告提起。在有独立请求权的第三人参与的诉讼中,由于将有独立请求权的第三人视为原告,原诉讼之当事人视为被告,此时原诉讼之原告法律地位变为被告,因此其有权对有独立请求权的第三人提起反诉。即原诉讼原告可以提起反诉是因为原诉讼的原告在有独立请求权的第三人参加诉讼后其法律地位转换成被告。三是反诉与本诉须同时存在或同时消亡。在本诉被告提起反诉并经法院审查合格后,反诉进入业已开始的诉讼程序,此时法院应当将本诉与反诉在同一诉讼程序中审理,也即将反诉与本诉进行合并审理。在法院对本诉与反诉合并审理的过程中,如果本诉诉讼请求被法院驳回、原告撤回本诉或因其他法定原因提前终止的,随着本诉终止反诉已不复存在。在各国民诉法典中虽然大部分都规定了,本诉终结后法院需继续审理反诉,但此时法院审理的不再是反诉而是一个普通的民事诉讼。反诉已经随着本诉的终结而失去了存在的必要和条件,转变为普通诉讼。各国立法要求法院继续审理该"反诉"是因为诉讼程序已经启动,利用该诉讼程序对该纠纷进行审理可以极大地节约有限的司法资源、降低法院和当事人解决纠纷的成本。[①]

综上可以看出,反诉虽然具备独立之诉的各种要素和特征,但是其不能离开本诉而独立存在。离开了本诉诉讼程序,反诉就会转化成一个普通的民事诉讼,就失去了其作为反诉存在的外在环境和必要性,正是在此意义上我们将反诉界定为一个特殊的独立之诉,称之为特殊的主要原因就在于其对本诉的依附性。

[①] 袁学红:《民事反诉概念辨析》,《云南大学学报(法学版)》2007年第6期。

三、民事反诉之提起条件

反诉作为诉权行使之特殊表现形式,提起应与行使诉权一样需要符合一定的条件,只有符合一定条件的反诉才能进入诉讼程序并被法院受理。如果反诉不符合相关条件,此时法院没有义务对本诉被告提起的反诉与本诉一并审理,将作出驳回反诉之决定。为了使反诉之提起能达到维护被告合法权益、节约司法资源之目的,对反诉权行使之限制进行分析:

第一,反诉权行使应为本诉被告对本诉原告提起。反诉之原告即行使反诉权之主体只能是本诉被告,本诉原告即与原告须合意确定之人即案外第三人只能是反诉之被告。依我国相关法律反诉之被告只能是本诉之原告,不能为案外第三人或本诉原告以外之人。反诉权的行使主体限定为本诉被告之目的是为了简化诉讼程序,以达到反诉权行使后不至于使诉讼程序过于复杂致使诉讼程序迟滞的目的。反诉权行使之目的在于提高诉讼效率,如果反诉之提起延滞了诉讼程序就无法达到设置该制度的初衷,正所谓"迟到的正义非正义",就要求诉讼程序对效率的追求亦是反诉权行使目的,因此将反诉权行使之范围限定在本诉原被告之间以避免反诉权的行使致使诉讼程序过于复杂。

第二,反诉权应当在本诉诉讼程序开始后终结前提起。反诉权作为启动反诉的"钥匙",只有在规定的时间段提起方可生效。如果于本诉开始前提起则为启动诉讼程序之诉权,如果在本诉终结后提起,则该诉讼亦为一个崭新的新诉,无法达到在同一诉讼程序将本诉与反诉合并审理之目的。关于本诉之开始时间,有诸多争议,有的认为以原告向法院提起诉讼为准,有的认为以法院受理为准,有的认为以被告收到起诉状为准。依照我国之通说,本诉之开始时间应以法院受理案件为准。关于本诉终结时间,亦有三种观点:一是认为法庭辩论终结即为诉讼终结;二是认为法院作出判决即为诉讼终结;三是认为被告收到法院判决书方为诉讼终结。在反诉权行使时,应当以法庭辩论终结作为诉讼终结之时间节点,这也是国际上的通说。本诉被告行使反诉权时应当在本诉诉讼程序开始后终结前提起,以保证反诉权之行使能起到启动反诉程序之目的。

第三,反诉权需向有管辖权之法院提起。诉权有效行使之前提在于原告须向有管辖权的法院提起,反诉权作为启动一个独立之诉的权利,应当与诉权一样须向有管辖权的法院提起。由于我国要求反诉诉讼请求与本诉诉讼请求必须具有牵连性,该牵连性使得本诉与反诉一般而言可以由同一个法院管辖。但是有一个例外就是如果本诉被告行使反诉权启动的反诉程序属于民诉法规定的专属管辖案件,此时受理本诉的法院对该反诉不能行使管辖,应当将反诉案件单独移送至有管辖权之专属法院,此时,法院应当驳回本诉被告之反诉也即反诉权行使不合法。但是如果本诉之管辖法院亦为专属管辖且与反诉专属管辖法院属于同一法院者则除外,此时受理本诉的法院亦可以将本诉与反诉合并审理且一并作出判决。

第四,本诉与反诉诉讼请求应具备法定的牵连性。在英美法系国家,通常将反诉分为强制反诉与任意反诉两种。任意反诉不要求本诉与反诉之间存在任何联系,只要满足本诉被告对本诉原告具有独立的诉讼请求即可。强制反诉要求本诉与反诉请求之间存在法定的牵连性——本诉与反诉请求基于相同的交易、事件或法律关系,否则其不属于强制反诉。大陆法系国家均要求反诉与本诉之诉讼请求应当具备法定的牵连性,否则法院将会驳回本诉被告之反诉。在我国本诉与反诉的牵连性主要体现在三个方面:一是本诉与反诉源于相同的法律关系;二是本诉与反诉源于相同的客观事实;三是反诉与本诉之间存在因果关系。只有具备法定牵连性的反诉法院才会受理,否则将会裁定驳回反诉。

第二节　民事反诉制度之价值功能

就整个民事诉讼程序而言,其价值功能是"程序价值主体依其内在尺度促使法院权力及其行为程序适合、满足和服务于程序价值主体的诉讼目的和诉讼需要的一种关系"[1]。作为民事诉讼制度重要组成部分的反诉制度也必然要以能反映、实现民事诉讼程序整体价值为首要目标,其次是反映、实现反诉之价值功能。民事反诉之价值功能主要体现在,通过反诉制度所特有的程序设计将民事诉讼制度本身所蕴含的公平正义与诉讼效率价值功能予以实现。具体而言,主要体现在以下几个方面:

一、诉讼程序效益之提高

公平正义和诉讼效率是民事诉讼法永恒的主题,在维护司法公正的前提下,尽可能地提高诉讼效率、节约司法资源、减少当事人诉累、以最少的司法资源投入取得最大的司法效果是民事诉讼程序的重要目标

---

[1]　肖建国:《民事诉讼程序价值论》,中国人民大学出版社 2000 年版,第 82 页。

之一。在不允许私力救济的今天,民事诉讼程序往往伴随着民事纠纷的产生而启动,正因为如此日本学者兼子一才将民事纠纷的解决作为民事诉讼之目的。但民事纠纷之解决并非民事诉讼程序之最终目的,其最终目的在于通过民事纠纷的解决为社会活动之成员建立一套具有导向作用的社会规范。因为民事诉讼程序对社会的导向作用和程序公正对实体公正的保障作用,民事诉讼程序必然会不断地提高程序的复杂化以保障实体公正。高度复杂的民事诉讼程序必然会带来诉讼程序的拖沓和效率低下,同时也会致使诉讼成本的不断增加,这在一定程度上抑制了纠纷双方通过诉讼程序解决纠纷的心理动机。

为了解决民事诉讼程序的上述困境,世界各国都在不断地进行民事诉讼程序改革,其中以英国沃尔夫勋爵主持的民事司法改革最为典型。面对英国民事诉讼程序存在的诉讼效率低下、费用高企、程序复杂等弊端,英国开启了对民事诉讼程序进行改革的大幕,其改革的目的主要体现在两个方面。

一方面,大力发展非诉纠纷解决机制(Alternative Dispute Resolution, ADR),开启多元化民事纠纷解决机制,尽可能避免开启诉讼程序。首先,1995 年英国颁布了《诉讼实务告示》(Practice Note)要求审理案件的法官在诉讼程序开始前尽可能地"劝导"①当事人使用 ADR 解决纠纷,并可以在最终裁定诉讼费用时根据实际情况予以考虑,通过诉讼费用这一杠杆促进 ADR 的使用。其次,允许 ADR 使用司法援助金。在司法改革前,在英国司法援助金只能够适用于诉讼案件,非诉案件禁止

---

① "劝导"是英国法官在司法实践中创造的一种新形式,其可以发布"劝导性命令"(persuasive order),其不具有强制性,但是如果当事人拒绝使用 ADR 或在使用 ADR 的过程中有不当行为的,法官可以据此在诉讼费用予以体现。参见齐树洁:《英国司法制度》,厦门大学出版社 2005 年版,第 212—213 页。

使用司法援助金,使部分 ADR 的潜在适用者只能选择诉讼程序。为了扩大 ADR 的适用范围,1998 年英国法律援助委员会的下属机构作出了"威尔金森决定",将司法援助金的范围扩大至调查、早期评估、调解、仲裁等在内的 ADR 方法。① 最后,大力推动非官方的 ADR 组织发展。在法院认可 ADR 前,英国民间的 ADR 组织就承担起了推动 ADR 运行的主力军这一角色。司法改革的《中期报告》尤其是《最终报告》更是明确要求发展 ADR 民间组织,全国律师 ADR 网络、ADR 集团等组织迅速发展起来。

另一方面,简化民事诉讼程序,提高民事诉讼效率。面对日益繁杂的民事诉讼程序,民事诉讼迟延加剧,加上民事案件剧增,使得本来就捉襟见肘的司法资源更加匮乏,严重制约了民事审判职能的发挥。澳大利亚通过民事证据制度统一化,大大加快了民事诉讼程序之进程。同时通过启用个案流程管理系统(Individual Docket System,IDS)大大优化了案件管理的程序,极大地提高了案件管理效率。德国实施的《简化并加快诉讼程序法》其目的也是为了提高民事诉讼程序之效率。

世界各国通过司法改革大力发展 ADR 和简化诉讼程序来提高诉讼效率,诉讼程序的简化和 ADR 的发展其实质是消减现有的诉讼程序使繁缛的诉讼程序简易化,如简易程序和小额诉讼程序或规避诉讼程序,如 ADR,以达到提高解决纠纷效率之目的。这一目的的实现是以损害纠纷双方当事人程序保护权为代价的,可以说一定程度上牺牲了民事诉讼程序的公正性。各国进行改革中面临的最大困难是如何平衡提高诉讼效率与当事人程序保障之间的关系,对于民事诉讼程序尚不

---

① Karl Mackie and others:The ADR Practice Guide:Commercial Dispute Resolution,Bloomsbury Professional.2007, p.79.

发达的我国该问题更加突出。是否有一种制度可以在保障当事人民事程序权利不受损害的前提下提高诉讼效率呢? 当事人确定选择诉讼程序解决纠纷时,在已开启的诉讼程序中如要提高诉讼效率最佳的选择就是利用该程序尽可能多地解决与之相关的纠纷,进而实现在保障当事人程序权益的基础上提高诉讼效率,而反诉制度恰恰符合此要求。追求诉讼效率的一个重要途径就是将与案件相关联的纠纷在同一个诉讼程序中一并解决,也即我们常说的"纠纷一次性解决"原则,其包含两种含义:其一,全部请求之合并规则,即某一当事人在向其他当事人提出请求时,应当提出与双方之间的纠纷有关的全部诉讼请求。其二,全部当事人之合并规则,对某项纠纷有请求或义务的人都应当作为本案的诉讼当事人。反诉制度正是"纠纷一次性解决原则"的集中体现,民事诉讼程序启动后本诉被告利用已开启的诉讼程序将与原告有牵连性的纠纷一并诉请法院审理以节约有限的司法资源。

反诉作为一个独立之诉,本诉被告完全可以选择在本诉程序结束之后另行起诉,但是其不可避免地会导致法院必须重新开启一个新的诉讼程序对与本诉相牵连的案件事实和相关证据重新进行调查、重新认定案件事实、对相关证人重新进行询问,这必然会导致诉讼程序重复利用,降低诉讼程序运行效率,还会增加双方当事人的诉累。正是为了避免此种情形的出现,美国民诉规则规定对没提起强制反诉的被告在本诉结束后不能利用新的诉讼程序进行新的诉讼。① 反诉制度可以使与本诉相牵连的民事纠纷一并进入已开启的诉讼程序,在同一诉讼程序中最大限度地将与本诉相牵连的纠纷一并解决,避免本诉被告再次

---

① Kevin Clermont.Principles of Civil Procedure.Thomson West.2005,p.374.

提起启动诉讼程序。反诉制度在保证诉讼程序不简化的基础上不仅优化了有限的司法资源,还有效降低了双方当事人的诉讼成本,有效地维护了诉讼的公正。对司法机关来说,反诉制度的利益使得司法机关仅需一次证据调查、传唤一次证人、认定一次案件事实、进行一次法庭辩论即可解决两个或以上的民事纠纷,使得司法资源能够最大限度地被利用,有效提高了司法机关的效益。对当事人来说,不仅节约了大量时间,还能在一定程度上节约金钱的开支,亦减少了诉累。对社会来说,民事诉讼程序结束后,使已发生破裂的社会经济秩序尽快得以恢复,有利于社会经济秩序的稳定和社会经济的发展。

反诉制度之所以可以从罗马法的抵销制度不断演化进而成为民事诉讼程序中重要的组成部分,有其本身独特的存在价值即在提高民事诉讼程序效益的模式上不是简单地通过简化民事诉讼程序自身的环节或步骤,而是通过在有限的诉讼程序内纳入尽可能多的诉讼案件,优化现有的诉讼程序空间配置来提高诉讼程序的运行效益,进而实现程序运行的效益,使实现程序、实体公正之间的激烈矛盾得到有效缓和。换言之,反诉制度使得民事诉讼程序保持完整性的同时,在占用同等乃至更少司法资源的情形下,通过改变诉讼程序的容量使得诉讼程序的配置得以优化,进而实现了诉讼程序效益之优化。

二、矛盾判决之避免

本诉当事人启动诉讼程序后,如果本诉被告不在本诉程序中提起反诉,而是选择在本诉程序终结后另行提起新的诉讼,不仅会导致有限司法资源的浪费,无端增加本诉原告之诉累,而且还可能导致不同法院或同一法院甚至同一法官在审理本诉被告后提起之诉时在询问证人、证据调查、事实认定、法律适用等方面出现矛盾，进而导致本诉判决与后诉判决出现矛盾。因此，民事反诉制度不仅能够有效提升民事诉讼程序之效益，节约有限的司法资源，还具有预防矛盾判决，确保司法裁判同一，提升司法公信力之作用。

　　民事判决之依据是法院所认定的案件事实和该案件所能适用的法律规定，矛盾判决是指法院在裁判案件时就案件事实认定和法律适用所作出的产生既判力之判决在内容上所出现的相互冲突或矛盾，其不仅不能发挥诉讼定分止争的作用，更会浪费司法资源、增加当事人诉累并严重影响司法之公信。在司法实践中，案件事实之认定是法院判决之基础，只有案件事实认定清楚、准确，才会为法院正确适用法律提供基础，案件事实认定不清、不准确，法院就无法正确适用法律，但是在法院审判案件时对案件事实认定之重要性往往不够重视。① 在民事诉讼程序中，法院在审理案件中所认定的事实并不是客观发生的事实，仅是法院依据双方当事人提供的证据，依法定程序而还原的事实，可能并不是客观发生的事实，仅是所谓的法律事实。法院认定案件事实的过程是法官的主观认识和客观发生的案件事实相结合的过程，在诉讼程序中当事人间所欲证明的事实是客观发生的案件事实，而经过法院证据调查后所认定的案件事实是法律事实，由于法律事实是法院依靠双方当事人通过一系列举证活动，法院询问证人、依职权调查证据后所得出

---

　　① 美国一位法官总结其多年办案经验时说，在其审理的案件中，有十分之九是关于认定事实的，关于适用法律的仅占十分之一。根据个人办案经验所得，事实认定占据了法官绝大部分的工作量，只要解决了事实认定问题，几乎等于解决了案件，因为绝大部分的民事案件在法律适用上都不会存在问题，只有少数新类型或疑难复杂案件才有可能涉及法律适用上的难题。See Abert S. Oborn, "Headnotes should Index Facts", 26 Journal of the American Judicature Society, 1943, P.153。

的结论,因此,法律事实是法院对于客观发生的案件事实的还原,其仅能是最大限度地恢复客观发生的事实,其与客观事实一定程度上还是存在不一致之处。法院对案件事实的认定过程是审理案件的法官对客观案件事实的主观认识过程,不同的法官对相同的客观事实在认定时会产生不同的认识结果,相同的法官在不同的时段对客观事实的认定亦可能会产生不同的认识。① 当本诉原告启动民事诉讼程序后,本诉被告选择将与本诉相牵连的其他纠纷另行起诉②,其导致的结果就是本诉被告将与本诉相牵连的诉讼请求提起诉讼后,双方当事人只能就与本诉有关联的证据再次举证,法院亦不得不再次就案件事实进行调查和认定。该种行为必然会增加双方当事人的诉累,亦会浪费宝贵的司法资源,不利于诉讼效益的提高。但其最大的缺陷是本诉与后诉极有可能由不同的法院或同一法院的不同法官进行审理,由于对案件事实认定的不同会导致本诉判决与后诉判决出现不一致甚至矛盾的判决,两个矛盾判决生效后会使双方当事人对判决的执行处于两难境地,其通过行使诉权欲取得的权益无法实现。

如果本诉被告在本诉启动后,通过已开启的诉讼程序提出与本诉请求相牵连的反诉,使得与本诉请求有关联的诉讼请求通过该诉讼程序一并予以解决。由相同的审判人员在同一诉讼程序调查证据、认定案件事实并适用法律,可以有效避免分别进行诉讼可能会出现矛盾判决的情形。虽然矛盾判决出现后,可以通过审判监督程序予以救济,但是其不仅救济成本较高而且由矛盾判决所产生的对司法公

---

① 毕玉谦:《民事证据法及其程序功能》,法律出版社1998年版,第76—78页。
② 此处所谓的牵连性是指《最高人民法院民事诉讼法司法解释》第233条第二款之规定,即反诉与本诉的诉讼请求基于相同法律关系、诉讼请求之间具有因果关系,或者反诉与本诉的诉讼请求基于相同事实的,人民法院应当合并审理。

信力的损害是无法消除的。反诉的提起则从根本上消除了矛盾判决形成的土壤,其不仅有效地避免了矛盾判决的出现,还可以节约纠正矛盾判决所需要的成本,也使得司法公信力不至于遭受到不必要的损害。

例如,甲男向法院起诉乙女请求法院判决离婚,乙女在离婚诉讼中没有提起婚姻无效的反诉,法院经过审理后认定甲、乙感情确属破裂遂依法判决甲、乙两人离婚。判决生效后,乙女遂向法院提起婚姻无效的诉讼请求,法院查明事实后,认定甲男与乙女之婚姻存在婚姻无效之事实,遂作出判决宣布甲男、乙女之婚姻无效。此时法院先后作出了甲男、乙女离婚和甲男、乙女婚姻无效两个判决,先后两个存在矛盾。乙女未在甲男提起离婚的诉讼程序中提起婚姻无效之诉,不仅浪费了宝贵的司法资源还使得法院前后两个判决出现了矛盾判决,增加了双方当事人的诉讼成本,损害了司法公信力。而如果乙女在本诉中提起了婚姻无效之诉很可能会出现另一种结果即法院在本诉中直接判决婚姻无效,不仅避免了矛盾判决而且能有效节约司法资源和当事人解决纠纷的成本,亦能有效维护司法公信力。

三、当事人处分权之尊重

当事人处分原则是我国民事诉讼法的基本原则之一,我国《民事诉讼法》第 13 条第二款对其作了明确规定。[①] 处分权是在民法意思自治的基础上逐渐发展起来的,是意思自治原则在民事诉讼中的具体化、法定化,体现了民事诉讼程序对当事人"私权"之尊重,其本质就是民

---

① 即当事人有权在法律规定的范围内处分自己的民事权利和诉讼权利。

事诉讼当事人有权依法自由处理自己的合法权益,包括实体权益和程序权益。当事人的处分权既包括当事人有权自主决定是否行使自己的权利,也包括自主选择何时以何种方式行使自己的权利。民事诉讼中对当事人处分权之尊重是民事诉讼程序的本质特征,集中体现了民事诉讼是处理平等之诉讼主体之间纠纷的程序,是民事诉讼程序区别于刑事诉讼程序和行政诉讼程序的显著标志。当事人的处分权主要体现在以下几个方面:有权自主决定是否向法院提起诉讼即行使诉权的自由;有权自主决定在何种范围内将纠纷交给法院处理即有权决定法院审理范围;有权自主决定是否与对方当事人和解;有权自主决定是否提起上诉即上诉权自由行使;有权自主决定是否申请法院强制执行等。当前我国民事诉讼法中虽然将当事人处分权作为一项基本原则,但是由于传统的职权主义影响,当事人处分权在行使的条件和范围上均受到一定程度的限制,尤其当当事人处分权与法院的审判权发生冲突时各个国家和地区对之处理亦有很大区别。

当事人处分权作为民事诉讼制度中当事人之核心权益,其贯穿民事诉讼程序始终,从当事人决定行使诉权开始至判决生效、执行终结处处体现了对当事人处分权之尊重。反诉制度作为民事诉讼之重要组成部分亦应体现对当事人处分权之尊重。一定程度而言,对当事人处分权之尊重是反诉程序启动之前提,如果在民事诉讼程序中不能很好地尊重当事人处分权,反诉制度就无法正常运行乃至启动。反诉程序是本诉进行过程中,本诉被告将与本诉原告诉讼请求相牵连之诉讼请求提请法院在同一诉讼程序予以审理的独立之诉。作为一个独立于本诉之诉,本诉被告有权决定是在本诉之中提起反诉还是待本诉终结之后提起独立之诉。当事人亦有权决定是在本诉一审中提起反诉还是在上诉审中提起反诉。当事人是否提起反诉是其行使处分权之表现,只有尊重当事人之处分权才能为反诉权之行使提供充分保障。当事人决定在本诉中提起反诉时,法院理应尊重当事人对自己权益作出的处分决定,应当在审查反诉后根据作出反诉或不受理反诉之决定,并及时通知本诉被告,当法院审查后认为符合反诉要件的应当及时受理并根据案件的实际情况决定是否合并审理。本诉被告在本诉程序中提起反诉意味着对其享有的实体权益和程序权益作出了处分,希望将反诉请求在本诉中一并解决,以达到明确双方当事人权利义务关系之目的,此时法院对本诉被告作出的处分决定应当尊重。只有真正地对当事人的处分权予以尊重反诉制度才可能顺利启动并真正发挥作用。但是当前由于受到法院考核机制、审理期限等的制约,部分审判者对本诉被告提起的反诉往往作出不予受理而另行起诉的决定,其不仅不利于反诉制度充分发挥作用,亦是对当事人处分权的不尊重。例如,本诉被告在上诉审行使反诉权当然是自己权益的自由处分,但是却侵害了本诉原告的审级利益,使得本该经过两级法院审理的案件只能经过上诉审一级审理。为了解决这个矛盾并尊重当事人的处分权,《德国民事诉讼法》第530条规定了在控诉审中提起反诉需经对方当事人同意方可提起,对方当事人同意这一条件不仅很好地解决了反诉被告的审级利益问题,也是尊重其处分权的表现。

四、双方当事人诉权之平衡

诉权是源于罗马法的一项权利,在罗马法时代,诉权的作用就是依据案件的性质而决定采取何种诉讼形式,类似于今天诉讼法之分类,其已经具备了启动诉讼程序之功能,但是并没有明确给予提起诉讼的当事人以何种地位。[①]　社会发展到今天,诉权成为民事诉讼中最重要的基础理论,成为民事诉讼程序启动之基础和前提。民事诉权是指平等的市场主体之间产生实体权利义务纠纷后,纠纷当事人请求法院行使审判权对该纠纷予以裁决,以保护其民事实体权益的权利。简言之,即民事纠纷当事人请求法院对其私权予以保护的权利。诉权是国家赋予当事人的基本权利,在我国诉权受到宪法的保护,国家不能以任何理由否定诉权,相反,国家还有义务采取积极行动切实保障和促进诉权的实现,排除妨碍和侵害诉权的行为。[②]　诉权作为当事人启动诉讼程序的基本权利,并不意味着诉权可以无限制地行使,就同一纠纷而言,双方当事人只有一次行使诉讼的机会,纠纷双方当事人任何一方行使诉权后,另一方当事人就失去了就该纠纷行使诉权的机会。诉权本身是赋予双方当事人的,纠纷任何一方均有权就该纠纷向审判机关提起诉讼。但是根据"诉权消耗理论",当事人所享有的诉权会随着当事人之纠纷进入诉讼系属而消耗,每个民事纠纷仅有一个诉权,当纠纷已经系属法院后,由该纠纷而产生的诉权就已经被"消耗",另一方当事人就该纠纷再次起诉时法院不应当受理该诉讼请求,但并不意味着该方当事人不享有诉权,只是该纠纷已经诉讼系属于法院,法院不予受理而已,对方当事人依然享有诉权,诉权乃是纠纷双方当事人都享有的权利。

　　诉权是当事人启动诉讼程序并请求审判机关对当事人之间的民事纠纷进行裁判,以定分止争的权利,作为双方当事人均享有的权利,在反诉制度中诉权体现为,本诉程序中本诉被告提起一个针对本诉原告、

---

　　① 谷口安平:《程序的正义与诉讼》,王亚新、刘荣军译,中国政法大学出版社1996年版,第79页。

　　② 吴英姿:《论诉权的人权属性——以历史演进为视角》,《中国社会科学》2015年第6期。

与本诉原告诉讼请求有密切关联性的新的独立之诉。反诉作为一个独立之诉，自法院受理后就完全独立于本诉，即使本诉原告撤回本诉，本诉被告所提起的反诉依然诉讼系属于法院，法院应当继续审判程序，直至诉讼程序终结。民事诉讼程序的本质特征是双方当事人的平等性，即双方当事人享有平等的诉讼权利和诉讼义务，享有平等的攻防武器。反诉制度契合了这种平等性的要求，赋予了本诉被告在已开启的诉讼程序中行使诉权的权利，体现了民事诉讼程序中当事人权利平等这一本质特征。反诉制度有助于维护当事人诉权平衡之价值主要体现在以下两个方面：就程序方面而言，反诉制度体现了民事诉讼程序中当事人诉讼权利平等这一理念。当事人诉讼权利义务平等是民事诉讼的本质特征，当事人诉讼权利义务平等要求当事人在诉讼中享有的平等的攻防武器，当事人的合法权益受到相同的保护。就诉权而言，在民事诉讼赋予本诉原告诉权的同时，亦应赋予本诉被告相应的诉权以维护其合法权益，允许本诉被告在本诉原告开启的诉讼程序中提起反诉，给予本诉被告行使诉权之机会，这就弥补了本诉被告与本诉原告诉权行使不均衡之弊端。从民事诉讼程序角度而言，就实现了本诉原告、本诉被告诉讼权利之平等亦实现了双方当事人诉权行使之平等。就实体方面而言，一方面表现为本诉被告产生纠纷之实体权利关系与本诉原告之诉讼请求相牵连时，本诉被告反诉权之赋予使得其能够与本诉原告之诉权相对应，以实现双方当事人诉权平衡。另一方面，反诉权之赋予使得本诉原告撤回本诉后，本诉被告之反诉能够继续得以存在以实现本诉被告反诉权对抗本诉原告诉权之意图。本诉原告行使诉权后，基于当事人的处分权其可以在法院作出裁决前撤回诉讼请求，亦可以在其他时间就该纠纷再次提起诉讼。就此而言，本诉被告作为本诉的相对方其面对的是一个无法确定之诉。本诉被告在得知本诉原告起诉后,花费了相当多的时间、精力、金钱准备应诉,本诉原告的撤诉使得本诉被告之付出付诸东流。面对此种情形,本诉被告反诉权的赋予使得其可以在本诉提起一个与本诉相牵连之诉,即使本诉原告撤回本诉,反诉也不受其影响可以继续被法院审理,不仅有利于相关纠纷的一次性解决,亦有利于本诉被告维护自己的合法权益,用反诉权制衡本诉原告之诉权,以实现本诉原被告诉讼权之平衡。

综上所述,将反诉权赋予本诉被告以实现双方当事人攻防武器平衡,以更好地保护双方当事人的合法权益。现在民事诉讼制度以被告抗辩权之赋予来体现双方当事人诉讼权利之平等,由于抗辩权的被动性及原告攻击和反抗辩之权能使得双方当事人并未实现真正的平等。本诉被告反诉权的引入使得本诉被告突破了只有原告才享有诉权这一藩篱,本诉被告拥有反诉权这一制度使得民事诉讼双方当事人实现了真正意义上的平等。

第三节 民事反诉的类型划分

根据不同的标准,可以将反诉划分为不同的类型。具体而言,按照反诉与本诉之间是否存在牵连为标准,可以将反诉分为强制反诉和任意反诉;按照反诉之提起是否附有条件,可以将反诉分为预备反诉和普通反诉;按照在同一诉讼程序中是否存在反诉,可以将反诉分为初次反诉和再反诉;按照反诉提起主体的不同,可以将反诉类型化为第三反诉和普通反诉。

一、强制反诉和任意反诉

英美法系国家,特别是美国是反诉类型化的典型代表。依照美国之反诉理论,在民事诉讼中,一旦原告对被告提起诉讼请求,被告就有权对本诉原告提出自己的诉讼请求。在美国,反诉不仅仅是一种防御方法,更是为了对抗甚至打败原告的诉讼请求,它是本诉被告寻求救济的一种形式。依照《美国联邦民事诉讼规则》第13条之规定,按照反诉与本诉是否存在牵连关系为标准,将民事反诉划分为强制反诉(compulsory counterclaim)和任意反诉(permissive counterclaim),均由联邦法院管辖。两者的区别主要在于,如果本诉被告提出的反诉请求与本诉原告的诉讼请求或诉讼标的源自相同的交易、相同的民事行为或者相同的民事事件,本诉被告对本诉原告的反请求必须在本诉原告开启的诉讼程序中提出,不能在本诉结束后另行起诉或在他诉提起。例如,在甲乙两个司机发生碰撞致甲乙双方人身伤害事件中,如果甲提起诉讼诉请乙对其人身损害进行赔偿,此时本诉被告乙必须在本诉提起诉讼诉请甲对其受到的人身损害进行赔偿,不能单独提起或在其他诉讼提起,否则将失去法律保护的机会。我国学者一般认为,强制反诉以外的其他反诉均为任意反诉,其特点就是在本诉原告开启诉讼程序后,如果本诉被告对本诉原告有一个债权或一个民事请求抑或一个其他民事权利但是该权利与本诉原告之诉讼请求并非出自相同的民事行为或民事事件时,本诉被告可以起诉提起反诉,亦可以以另行起诉的方式另行开启诉讼程序,抑或在其他诉讼程序提起反诉。故而,反诉与本诉是否基于相同的交易、相同的民事行为或相同的民事事件,是强制反诉与任意反诉的根本区别。

强制反诉与任意反诉的另一个明显区别在于如果不在本诉中提起反诉导致的法律后果不同。如果属于强制反诉,在原告开启的诉讼程序终结之后,本诉被告就失去了另行提起诉讼主张该权利或在其他诉讼程序主张该权利的权利。在任意反诉中,本诉被告在原告开启的诉讼程序中未提出反诉的,不会产生失权的法律效果,其依然可以在原告开启的诉讼程序结束以后另行提起新的诉讼主张该权利,或在其他诉讼程序中主张该权利。法律将是否提起反诉的权利完全交由本诉被告行使,这是有利于本诉被告的一种法律策略,当本诉被告认为在原告开启的诉讼程序中审理该诉讼请求不利时,其可以待本诉结束之后另行开启一个新的诉讼,让本诉被告可以将民事纠纷交给一个自己认为信任的法官审判,以更好地达到彻底解决纠纷之目的。

将反诉分为强制反诉和任意反诉在一定程度上可以达到强制解决两个或多个相关联的诉讼,以提高诉讼效率、节约司法资源、避免矛盾判决、平衡当事人诉讼权利。同时,对于没有必要一并强制解决的民事纠纷可以尊重当事人的意愿使其自由处分自己的民事权益,以达到使双方当事人真正服判息诉的目的。正是基于这些优点使得强制反诉与任意反诉之分类在我国得到了很多学者的支持。我国是否应当引入强制反诉这一概念,后面将进行详细深入的分析,在此不再赘述。

二、预备反诉和即时反诉

预备反诉与即时反诉是以反诉是否附有生效条件为标准进行的划分。一般而言,民事行为可以附条件例如附条件的合同,但就民事诉讼而言一般不允许附有条件,附条件之诉因不具有确定性而被各国所不接受。但是随着社会的发展和民事诉讼理论研究的深入,在一定条件下允许附条件的民事诉讼,目前比较典型的是附条件诉讼调解协议①,经法院确认后具有生效裁判的效力。在反诉制度中,当事人是否提起预备反诉? 该制度在德国、日本等大陆法系国家得到了承认,但何为预备反诉却仁者见仁智者见智,学术界对此有两种截然不同的学说。

第一种学说认为所谓预备反诉是指本诉被告预料到本诉诉讼请求有理由而被容忍或无理由而被法院驳回的情形下,以此为条件而提起的反诉。即本诉原告胜诉时,本诉被告请求法院就某一预备之反诉进行审理;本诉原告败诉时,本诉被告请求法院就另一预备之反诉进行审理。其又分为两种情形:第一,本诉被告同时提起两个预备反诉之情形,例如房屋租赁人 A 以房屋所有人 B 为被告提起诉讼诉请法院确认其租赁请求权存在,本诉被告 B 声明如果法院认为本诉有理由(即确认租赁权存在)则其提起本诉原告支付房屋租金之反诉;如果法院认为原告 A 之本诉无理由(即确认租赁权不存在)则提起返还房屋之反诉;第二,本诉被告仅提起一个预备反诉之情形,例如在买卖合同纠纷中原告 A 诉请法院判决被告 B 向其交付买卖标的物,被告 B 以法院判决原告胜诉为条件向法院提起反诉诉请本诉原告 A 支付买卖标的物价金。

另一种学说认为,预备反诉是指被告针对原告之诉讼请求先以原告诉讼请求不成立或无理由进行抗辩,但考虑到其抗辩可能不被法院采纳,作为先位抗辩之预备而提起的反诉。例如,原告 A 向法院提起诉讼诉请被告 B 支付买卖合同价金,被告 B 以买卖合同无效进行抗

---

① 附条件诉讼调解协议是指法院在调解过程中,允许当事人对于调解协议另行约定附条件生效或者失效条款,从而达成的调解协议。

辩,但又考虑到法院可能认定买卖合同有效,遂预备提起请求原告交付买卖标的物之反诉。

无论采取何种学说,预备反诉之本质特征在于本诉被告之先位抗辩是触发预备反诉之前提条件,也即预备反诉之提起与否或具体提起何种诉讼请求之预备反诉均建立在本诉被告先位抗辩基础之上。本诉被告之先位抗辩就是预备反诉启动之"条件"。与预备反诉相比,反诉诉讼请求是确定的且在本诉被告提起反诉时就立即启动反诉程序的反诉,也即为我们平时所研究之反诉。相对预备反诉而言称之为即时反诉亦有称之为不附条件反诉,通常我们更倾向于称之为即时反诉。即时反诉包括预备反诉之外的所有反诉,是反诉类型化中比较特殊的一种反诉。

三、第三反诉和普通反诉

第三反诉和普通反诉之分类主要基于反诉提起的主体不同而做的分类。依据我国《民诉解释》第 233 条的规定,不存在所谓的第三反诉,因为我国将反诉主体限定于本诉原、被告,也即只有本诉中之原告、被告(之所以将本诉原告作为适格当事人是因为本诉原告可以提起再反诉)方为提起反诉的适格当事人。本诉原告、被告以外之人不能提起反诉,因此在我国不存在所谓的第三反诉,仅有本诉原告和本诉被告提起的普通反诉。但是同为大陆法系国家的德国、日本等对第三反诉均有不同程度的承认,这和这些国家和地区对扩大反诉解决纠纷的积极态度有密切联系。

目前,无论国内还是国外均没有对第三反诉有一个明确的定义,因为此处的第三人并非仅限于民事诉讼之第三人(有独立请求权第三人和无独立请求权第三人)①,还包括就诉讼标的合一确定之第三人。德国、日本等在反诉构成要件中要求反诉之主体需为诉讼标的合一确定之人。例如,司法实践中往往认为:原告为某块土地共有人之一,其对丙提起返还该块土地给土地共有人甲、乙的诉讼中,本诉被告提起反诉主张其对该块土地有地上权时,作为该块土地合一确定之当事人乙,亦应当作为本诉被告丙所提起反诉之被告,此时本诉被告丙所提的反诉就应当称为第三反诉。据此,我们可以尝试对第三反诉的概念进行定义:第三反诉是指在民事诉讼过程中,本诉当事人针对本诉当事人以外的人所提起的反诉或本诉当事人以外之人针对本诉当事人所提起的反诉。从第三反诉的概念可以看出,第三反诉之主体包括与本诉被告需合一确定之当事人、本诉原告需合一确定之当事人、对本诉有独立请求权的案外第三人,只要反诉主体中涉及本诉当事人以外的人均为第三反诉之合法主体。

第三反诉对于扩大反诉解决纠纷具有积极作用,可以将本诉当事人以外的与诉讼有关之人及纠纷一并纳入已开始的诉讼程序中,不仅极大地提高了解决纠纷的效率也可以有效避免不同法官审理案件时对案件事实认定不一致而导致的矛盾判决,进而提高当事人对法院判决的认同感,有利于执行程序的顺利进行。基于第三反诉的这些优点,第三反诉成为了国外民诉法学界研究的热点。由于我国民事诉讼法理论的保守性使得国内立法仍然将反诉局限于本诉当事人之间,司法实践和立法的保守进一步束缚了理论界对第三反诉的研究。第三反诉作为

①　民事诉讼之第三人是指对他人争议的诉讼标的具有独立的请求权,或者虽然没有独立的请求权,但与他人案件的处理结果具有法律上的利害关系,因而参加到已经开始的诉讼当中来,以维护其合法权益的案外人。参见田平安、唐力:《民事诉讼法原理》,厦门大学出版社2015年版,第124—125页。

反诉之扩张的一种衍生反诉与普通反诉共同形成了反诉制度的完整体系,对反诉制度作用的发挥有着积极的促进意义。

四、再反诉和初次反诉

再反诉也就是我们学者讨论比较多的二次反诉,即在本诉被告针对本诉原告之诉讼请求提起反诉之后本诉原告针对本诉被告之反诉请求再次提起的反诉。再反诉是相较初次反诉而言的,初次反诉也即本诉被告针对本诉原告之诉讼请求所提出的反诉。关于再反诉问题,我国《民事诉讼法》和《民诉解释》对此均没有作出明确的规定,但是部分大陆法系国家和地区以及部分英美法系国家和地区允许本诉原告针对本诉被告之反诉再次提起反诉。例如,美国有些州不仅允许再反诉,而且在特定情况下,再反诉是强制性的。[①] 身为大陆法系国家之代表的德国亦允许本诉原告提再反诉,但是本诉原告提起的再反诉需与本诉被告提起的反诉之间存在牵连关系,这一要求与本诉被告针对本诉原告之诉讼请求提起反诉时需具备同样之标准。司法实践中也有允许提起再反诉之例,在修法过程中删除了本诉原告不得对本诉被告之反诉请求再次提起反诉的规定。法国在民诉法中较为保守,不允许在民事诉讼中提起再反诉,其民事诉讼法理论和法院判例均不允许本诉原告提起反诉,对本诉被告之反诉进行抗辩,也即不允许"以反诉对抗反诉"。我国澳门地区亦不允许提起再反诉。[②]

无论我国是否允许提起再反诉,再反诉作为反诉的一种已经得到

[①]　蔡彦敏、洪浩:《正当程序法律分析》,中国政法大学出版社 2000 年版,第 253 页。

[②]　澳门特别行政区《民事诉讼法》第 420 条第二款明确规定,原告不得对被告之反诉提出再反诉。

了民事诉讼法学界和司法实务界的重视。作为一种独立的反诉种类与之对应的初次反诉更是早就得到较为深入的研究,目前我国民事诉讼法学理论界和司法实务界对反诉的研究主要集中在初次反诉。其实民事诉讼学界并没有将初次反诉作为一种独立的反诉予以研究,因为初次反诉是本诉被告针对本诉原告之诉讼请求提出的反请求,只要在一个诉讼程序中是初次提起的反诉均可以称之为初次反诉,初次反诉包括任意反诉和强制反诉、预备反诉和普通反诉,亦包括第三反诉和普通反诉。只要本诉被告之反诉是在正在进行的诉讼程序中第一次提出就称之为初次反诉,由于初次反诉的范围过于广泛,在对初次反诉和再反诉的理论研究中往往将研究对象集中于再反诉。再反诉之提起虽然有利于提高诉讼效率和使相关纠纷一次性解决等优点,但常常伴随着使民事诉讼程序复杂化,对法官要求较高等附随要求,甚至可能会出现迟滞诉讼程序进程等弊端,使得各国对其态度各不相同。当前再反诉由于其自身的独特优点逐渐引起了民事诉讼法学界对其的关注,对其理论研究也在不断加深,因此对其单独分类有利于更加深入地对其进行理论研究,以指导司法实践,使再反诉之作用能够得到更大程度的发挥。

第二章　民事反诉制度的程序规则

"无规矩,不成方圆"。任何事物的发展都离不开一定规则,只有依照规则进行才能实现该制度最初设定之目的,民事反诉制度亦是如此。民事反诉制度自诞生之日起就承载了提升诉讼效率、避免矛盾判决之使命。为了更好地实现该使命,就应当理顺反诉制度的程序规则,使民事反诉制度高效运行。当前我国对民事反诉之程序规则立法不完善、不健全、不成体系,无法有效指导司法实践,一定程度上阻碍了民事反诉制度的高效运行。本部分以民事反诉程序运行为中轴,以民事反诉提起为起点,以民事反诉撤回为终点,针对民事反诉程序存在的特殊问题进行分析,以期能为民事反诉制度的高效运行提供理论支撑。

第一节　民事反诉提起时间之确定

在确定了反诉程序启动的主体后,反诉程序提起时间即被告应在何期间内提起反诉? 这个问题无论是在司法实务界还是理论界均有争议。在当前世界范围内关于提起反诉程序的时间问题,主要有以下三种观点:一是将反诉提起的时间限定在原告启动诉讼后诉答程序结束前,该观点以英美法系为代表;二是将反诉提起的时间限定在原告启动诉讼后法庭辩论终结前,该种观点以大陆法系的德国、日本和法国为代表;三是将反诉提起的时间限定在法院受理案件后判决作出以前,该观点以苏联民诉理论继承者的俄罗斯和大多数东欧国家为代表。上述三种观点对于反诉提起的开始时间几乎没有争议,均认为反诉之提起以原告已经开启诉讼程序为前提,即本诉已经系属于有管辖权法院。如果本诉尚未被法院受理,就没有所谓的反诉,只能是一个新的独立之诉。① 因此,反诉提起之起始点以本诉系属于法院为准。关于反诉提起的终结时间有以上三种不同观点,我们逐一分析之。

一、美国:提起反诉时间限定在诉答程序结束前

将提起反诉的时间确定在诉答程序结束前是英美法系的普遍做法,以美国和英国为代表。美国有关反诉提起时间的规定集中在《美国联邦民事诉讼规则》第 12 条和第 13 条,即本诉被告欲提起反诉的应当在提交的答辩状中予以表明,本诉原告在接到答辩通知后应当对被告之答辩状进行再答辩,直至诉答程序结束。《美国联邦民事诉讼规则》除了对反诉提起时间作出了一般规定外,还对特殊情况下提起反诉时间作出了规定。被告之答辩状送达原告后生效的,被告可以向法院提出申请对诉答文书进行补充,经法院许可后,被告可以在补充诉答文书中提出反诉。如果被告由于本人的疏忽大意或可原谅的过失没有

---

① 陈荣宗、林庆苗:《民事诉讼法》,三民书局 1997 年版,第 271 页。

在诉答文书中提出反诉,或者基于实体公正的需要,被告提出申请经法院许可后可以修改诉答文书,提出反诉。① 英国反诉提起期间的规定与美国类似,《英国民事诉讼规则》第 20 条集中规定了反诉提出时间。该条规定被告欲提起反诉的,应当在诉答程序结束前提出,在诉答程序结束后欲提起反诉的,应当得到本诉管辖法院的许可。

英美法系之所以将反诉提起的时间限定在诉答程序结束前,与其自身的法律制度和诉讼文化是分不开的。英美法系强调彻底的当事人主义,当事人主导着整个诉讼程序的进程,包括证据的收集等等,可以说英美法系民事诉讼程序就是双方当事人攻防的舞台,法官仅是消极的居中裁决,很少介入到属于当事人的领域内,以表示对当事人处分权的尊重和对当事人利益的保护。绝对的当事人主义使得英美法系十分注重对双方当事人权利义务的规定,其强调双方当事人攻防武器的绝对平等。另外,英美法系的陪审团制度,使得开庭审理只能集中在较短的时间内,这就使得双方当事人必须在开庭前将需要在法庭上主张的权利和提交的证据准备完毕。上述两个原因使得英美法系国家将被告提起反诉的时间限定在诉答程序中。在英美法系,当事人向法院提起诉讼,法院受理后并不是诉讼程序开始的时间,诉讼程序以起诉状送达被告时诉讼方系属于法院,产生诉讼系属的法律效果。诉答程序是使双方当事人知悉对方请求及支持请求证据的重要程序,基于攻防武器平等原则及长期形成的诉讼文化,原告提起诉讼后,被告也有权利对原告提起反诉,诉答程序恰好满足了这一时间段的需求。

---

① 白绿铉、卞建林:《美国联邦民事诉讼规则·证据规则》,中国法制出版社 2000 年版,第 33 页。

二、德国、日本:提起反诉时间限定在法庭辩论程序终结前

大部分大陆法系国家将反诉提起之期间限定在诉讼系属后,法庭辩论终结前。例如,德国将被告提起反诉之期间限定于最后一次实质言词辩论结束前,也即法庭辩论终结前。《德国民事诉讼法》规定,在作为判决基础的言词辩论终结后,双方当事人不能再提出新的攻击防御方法,反诉作为被告享有的对原告之攻击方法之一已包括在内。其民诉法还规定,在诉讼进行过程中,原被告对作为本诉裁判之前提的某法律关系是否存在争议时(即中间确认之诉),被告可以在中间确认之诉最后一次实体辩论终结前提起反诉即中间确认反诉。① 在德国,被告在诉讼的强制性言词辩论期日前,由于没有知晓原告提出的主张致使其不能在言词辩论中对其进行辩论的,被告如果提出申请的,法院可以另行裁定期间,令被告以书状形式进行补充辩论,被告在该书状辩论中可以提出反诉。此乃反诉提出期间之例外规定。日本民诉理论认为,原告之起诉被法院受理后,被告有权就与本诉诉讼标的有关联或与防御方法有关联的请求作为诉讼标的向受理本诉的法院提起反诉,但该反诉应在言词辩论终结前提出。② 司法实践中也有规定将提起反诉的期间限定在言词辩论终结前。

言词辩论是民事诉讼中辩论主义之具体化,即在民事诉讼中作为法院裁判基础的一切材料需要经过当事人在法庭上以言词的形式予以陈述并进行充分的辩论,没有经过言词辩论的诉讼资料不能作为法院裁判的基础。辩论主义具体表现为,法院对于双方当事人在民事诉讼

---

① 《德国民事诉讼法》第 256 条第二款之规定。
② 《日本民事诉讼法》第 146 条。

程序中还原案件事实的行为不能主动进行干涉,只有双方当事人主张的案件事实或证明案件事实的证据才能作为法官裁判的基础,法律禁止法官主动对案件事实的真实性进行探知。① 基于辩论主义原则的要求,当言词辩论程序结束后,当事人不能再提出新的攻击防御方法,如果当事人提出了新的攻击防御方法也不能作为法院裁判的基础,否则对方当事人可以以此为由提起上诉。当然如果非基于当事人的错误,而没能在言词辩论终结前提出的攻击防御方法,在得到法院的许可后可以提出并被法院认同,《德国民事诉讼法》第283条之规定即属于该种情形。正是在此意义上,大陆法系国家普遍认为,诉讼程序双方当事人提出攻击防御方法的期间在案件系属法院后至言词辩论终结前。作为被告对原告的重要攻击方法——反诉,也只能在言词辩论终结前提出,否则就失去了提出反诉的意义,法院不能对其进行审理。

三、俄罗斯:提起反诉时间限定在判决作出前

受苏联民事诉讼理论影响的地区,以俄罗斯和东欧国家为主要代表,其将被告提起反诉的期间限定在法院受理案件后作出判决以前,即使法院言词辩论终结后,只要审理案件的法院没有作出判决,被告依然有权利提起反诉,只要该反诉符合受理的条件即可以与本诉由法院一并审理并作出判决。苏联的主要继承者俄罗斯即采用该理论为其反诉的基本理论,《俄罗斯民事诉讼法》第137条对此作出了明确规定,即在法院作出判决前,被告可以依照普通诉讼的起诉规则提起反诉,并与本诉一并审理一并判决。

---

① 唐力:《辩论主义的嬗变与协同主义的兴起》,《现代法学》2005年第6期。

苏联地区采用该理论作为反诉提起的期间有着深刻的原因,苏联民事诉讼理论是典型的超职权主义模式,法院在民事诉讼中对案件事实的探知扮演着非常重要的角色。法院不但可以不经当事人申请直接调查取证,其调查取得的证据甚至可以不在法庭上进行辩论即作为法院判决的基础,其以追求案件的绝对真实为目标,而当事人的程序利益则位居次要位置。在这种思想的指导下,民事诉讼程序的终结必然以判决作出为标志,只要诉讼程序尚未结束,当事人均可以提出攻击防御方法。基于上述分析,苏联地区大部分国家将法院判决作出前作为提起反诉的最后时间就理所当然了。

四、中国反诉提起时间之确定

(一)对上述三种学说之评析

英美法系国家将被告提起反诉的时间限定在诉答程序中,其与英美法系的当事人主义诉讼模式密不可分,当事人主义的彻底贯彻使得当事人是诉讼程序绝对主导者,再配合以完备的诉前准备程序和陪审团机制,使得英美法系国家采用彻底的集中审理机制,才使得将反诉之提起限定在诉答程序中,是其最好的选择,能够发挥出反诉制度的最佳功效。大陆法系国家大部分将反诉之提起期间限定在言词辩论终结前,这与大陆法系国家非纯正的当事人主义诉讼模式相关。实行成文法制度的大陆法系国家,法官仅需依照法律之规定作出判决即可,在此意义上诉讼程序之主导权亦赋予了当事人,但是由于没有与之配套的诉前准备程序和陪审团制度,也就没有采纳所谓的绝对集中审理机制,使得诉讼程序的进行断断续续,也使得攻击防御方法的提出没有绝对地限定在一定期间内,囿于辩论主义的制约,其将反诉之提起限定在言词辩论终结前,未尝不是最好的选择。以俄罗斯为代表的苏联地区,受强职权主义的影响,把查明案件事实、还原案件真相作为自己的首要目标,使得当事人的程序权利没有得到充分的尊重,辩论主义亦没有得到贯彻。言词辩论终结后,当事人依然可以提出攻击防御方法,并被法院采纳,与此相对应的,其将反诉提起限定在法院作出判决前亦不意外。但是该种模式很容易造成对本诉原告的诉讼突袭,也容易造成诉讼的迟延,不利于整体诉讼程序的推进,不建议我国采用该模式。

（二）中国提起反诉时间之确定

我国民事诉讼法对反诉的提出没有作出明确规定,但是在随后的《民诉解释》第232条作出了明确规定,在案件系属于法院后,被告可以在言词辩论终结前提起反诉。而《最高人民法院关于民事诉讼证据的若干规定》第34条第三款却将被告提起反诉的期间限定在举证期限届满前。暂且将两个出自最高院的矛盾规定不予评论,提起反诉的时间采用何种为佳,应当首先考虑其与我国整个诉讼制度及社会文化的契合性。基于上述分析,结合我国的法治文化和民事诉讼制度,展望未来民事诉讼制度之发展,我国宜将被告提起反诉的时间确定以案件系属法院后举证期间届满前为一般规定,有法定缘由或非当事人之过失没能在举证期间届满前提起反诉的,法院许可延长至言词辩论结束前。即有法定事由或非因当事人之原因导致被告未能在答辩期间届满前提起反诉的,经当事人申请并提交相应证据后由法院进行审查,法院认为应当允许被告提起反诉的应当允许其在言词辩论终结前提出,否则被告只能另行提起诉讼。我国应采用该模式主要有以下三个方面的理由。

一是符合民事诉讼法基本逻辑。民事诉讼程序进行之基础在于案件事实的逐渐清晰,即民事案件的受理——当事人举证——言词辩论——法院判决。法院受理案件后,并不能确定原告之诉讼是否有理由,只要符合受理案件的基本要件即可。对其诉讼请求的支撑在于证据,提交证据的目的也在于争取法院对其诉讼请求的支持,举证期限届满后理论上不应当再提出攻击防御方法。言词辩论终结程序仅是法院通过双方当事人对其提交的证据效力进行确认,以便作出正确判决。因此,被告提出反诉之期间限定在举证期限届满前符合民事诉讼法之基本逻辑。

二是追求诉讼效率的必然要求。古罗马法谚语称"迟来的正义非正义"。公正与效率是民事诉讼法永恒的追求。举证期限一般由法律明确规定,当事人可以对举证期限进行协商,当协商不成时亦可以由审理案件的法官进行指定。但无论何种情形,举证期间均不会过长,这就使得被告必须积极地行使反诉权利,以免因自己行使权利的懈怠导致无法在已开启的诉讼程序中进行反诉。被告积极地行使反诉权必然会促使整个诉讼程序向前推进,进而使得诉讼效率有效提高。被告在举证期限届满前就提出反诉,可以避免提起反诉后导致已经进行过的诉讼程序重复进行,这在一定程度上也促进了纠纷的快速解决。

三是可以有效避免诉讼突袭。如果将被告提起反诉的期限规定得过于长,可能会导致被告明知其可以提起反诉或者其本欲提起反诉,但是为了给原告造成诉讼突袭,其故意直到诉讼程序将要结束时才提出反诉,致使本诉原告没有充足的心理预期及充分的期间予以应对,而导致不利后果之发生,至少会人为地造成拖延诉讼程序,致使诉讼程序复杂化,而使被告获得不当之诉讼利益。[①] 反诉提出期限的缩短可以极

---

① 杨艺红:《诉讼突袭及其法律规制》,西南政法大学 2008 年博士学位论文,第 40 页。

大地避免此种情形的出现,反诉被告有充足的心理预期和准备应对期间。

第二节　民事反诉提起之程序

本诉被告欲提起反诉时,应当以何种形式提起反诉?我国《民事诉讼法》及《民诉解释》并没有作出明确规定,仅在《民事诉讼法》第51条规定本诉被告有权提起反诉。既然反诉是借用本诉程序而将其与本诉原告的纠纷系属于本诉审理法院,作为一个特殊独立之诉其应当比照普通诉讼之提起形式。即反诉之提起以书面形式为原则,以口头形式为例外。

一、书面形式提起

反诉的独立性决定了反诉与普通诉讼相同,因此多数国家将本诉被告提起反诉之方式比照普通起诉对待,即以书面形式提起反诉。换言之,本诉被告应以反诉状的形式提起反诉。《韩国民事诉讼法》明确规定了反诉之提起准用本诉之相关规定,即韩国将反诉看作一个新的普通诉讼之提起。在韩国如果当事人欲提起反诉,其应当以反诉状(起诉状)的形式提出,并向法院提交。反诉状应当与起诉状一样写明反诉之当事人、诉讼请求及请求产生之原因。[①]　日本、俄罗斯提起反诉之规定与韩国相似,提起反诉亦准用起诉之规定。德国反诉之提起的

---

① 李汉奇:《韩国民事诉讼法导论》,陈刚审译,中国法制出版社2010年版,第441页。

法律依据规定在《德国民事诉讼法》第 216 条、第 253 条中。依照该规定本诉被告欲提起反诉的应当以书状即反诉状的形式向受理本诉之法院提起。在诉讼系属后，言词辩论中本诉被告提起反诉的，本诉被告可以以反诉状的形式向法院提起，但是需在反诉状送达本诉原告时方产生诉讼系属之法律效果。我国《澳门特别行政区民事诉讼法》明确规定，本诉被告欲提起反诉的应当在答辩中明确提出并且单独以反诉书状的形式向法院提交，由法院送达本诉原告。① 可以说我国澳门特别行政区之反诉提出方式是最为严格的，不仅要求在答辩状中表明，还必须在答辩状提交后，单独以反诉状的形式再次向法院提出方可。两者缺一不可。

　　与大陆法系不同，英美法系基于重视形式之诉讼文化传统，在反诉之提起上也表现为更加注重书状之形式。以美国为例，本诉被告无论是提出强制反诉还是提起任意反诉都必须在诉答程序中以答辩状的形式提起，本诉原告对本诉被告欲提起再反诉（美国允许原告对被告之反诉提起反诉）的应当以答辩的形式在答辩状中提起。如果由于当事人的疏忽未能在诉答文书中提起反诉，其可以向法院提出申请，对其诉答文书进行修正，以达到提起反诉之目的。可以说在美国不允许以口头的形式提起反诉。作为英美法系发源地的英国，对反诉之提起亦遵从书面原则，与美国不同的是，在英国提起反诉是本诉被告向法院提交反诉状明细的形式提起，而不是在诉答程序中以答辩状的形式提起。可见无论是在大陆法系还是在英美法系，均认可以书面的形式提起反诉。

二、口头形式提起

　　从有利于诉讼程序迅速进行的角度而言，在本诉系属于法院后举

---

① 《澳门特别行政区民事诉讼法》第 419 条第一款。

证期限届满前提出反诉最好,此时本诉原告有充分的时间对本诉被告之反诉请求进行抗辩,以实现庭审的集中审理和快速进行,英国和美国就是如此,其不允许在诉答程序结束后提起反诉。但是在大陆法系审理模式下,由于没有采取英美法系国家严格而规范的诉前准备程序,很多属于诉前准备程序中的事项在庭审时才提出,其更多的是考虑到方便当事人提出反诉。在此,英美法系所实行强制反诉制度的某些元素似乎被大陆法系这一显现"柔性"合并之诉的诉讼设计所吸纳。[1] 不但将提起反诉的时间延伸到言词辩论终结前,而且允许本诉被告以口头的形式提起反诉,其法律效果与书面形式相同。例如,德国民诉法上认可以言词形式即口头形式提起反诉,按照《德国民事诉讼法》第 261条、第 297 条的规定,在言词辩论中本诉被告口头提出申请表示其欲提出反诉的,即使该口头申请没有体现在答辩状中,法官亦应当允许本诉被告对该申请进行陈述并制作庭审笔录。本诉被告可以引用该庭审笔录代替反诉状,使其反诉系属于法院。换言之,法院认可言词辩论中本诉被告口头申请提出反诉之效力,其亦产生与反诉状相同之法律效果,即本诉被告申请欲提出之反诉系属于法院。[2] 司法实践中往往也认可本诉被告在言词辩论中以言词形式提起反诉。当本诉被告在言词辩论期间以言词形式提起反诉的,负责法庭记录的书记官应当将本诉被告提起反诉之意思表示,记录在言词辩论笔录中。如言词辩论期日反诉之被告未出庭,法院书记官应当将该言词辩论笔录副本送达反诉被告。据此可以得知,一些司法实践操作与德国一样,亦认同以口头形式提起

---

[1]　http://www.lawhdxs.com/Detail/684ddfab483342aa9b34e6bcecb6bcf6.html,访问日期:2023 年 9 月 5 日。

[2]　参见 Baur,Fritzt/Grunsky,Wolfgang,Zivilprozessrecht.10. Auf,2000,S.122。

反诉,并产生与书面形式提起反诉之相同法律效果。但各国均规定,在普通程序中以口头形式提起反诉的仅限于言词辩论期间,在准备程序中提起反诉的仍应以书面形式提起。

三、我国提起民事反诉形式之选择

依照我国民诉理论,纠纷中一方当事人欲提起诉讼的,提起诉讼的一方当事人即原告应当向法院提交起诉状,并且应当按照被告的人数,向法院提交数量相同之副本,以确保每一个被告能够知晓该纠纷系属于法院的事实,并使被告能够采取相应的措施维护自己的合法权利。但上述是一般性规定,我国民事理论亦允许在原告书写困难时以口头形式向法院提起诉讼,由法院书记员对该口头起诉进行记录,并将起诉内容以书面形式告知被告。在我国民事理论和民事诉讼法中,原告起诉,被告应诉答辩所用之文书无非起诉书和答辩书两种,并没有所谓的反诉状或反诉书。因此,当本诉被告提起反诉时应当使用何种文书就成了难题。面对此难题,有学者认为,反诉作为一种特殊独立之诉,其启动与普通之诉启动相同,普通之诉启动应采用起诉状,而反诉之启动应当以反诉状的形式提起。① 也有学者认为,既可以使用口头的方式,也可以在答辩状中提出,亦可用反诉状提出,因为无论用什么方式都属于形式问题,只要能表示反诉的意愿和理由,采用哪一个方式都行。② 依照我国起诉制度的相关规定,以书面起诉书形式和口头形式起诉均可,但以书面形式为原则以口头形式为例外,反诉亦应当比照起诉制度

---

① 张燕民:《析我国反诉制度的完善》,《人民法院报》2003 年 6 月 17 日第 6 版。
② 鲁济锋、梅涛:《谈民事诉讼中的反诉及处理》,https://www. chinacourt. org/article/detail/2003/07/id/68765. shtml,访问日期:2023 年 9 月 5 日。

之规定。英美法系不允许以口头形式提出反诉与该法系悠久的法律文化传统和整个诉讼制度关系密切,因为英美法系国家之诉前准备程序绝大部分以书面形式进行,本诉被告提起反诉只能在诉前准备程序中提起,这就使得在英美法系国家反诉须以书面形式提起。虽然笔者认为我国提起反诉期间与英美法系国家相同,限定在举证期限届满前提起,但考虑到我国之国情,在非当事人之过失或有其他法定事由时,亦可以在言词辩论终结前提起。在言词辩论中提起反诉如果过于纠结形式问题,必定会造成诉讼拖延,以言词形式提出,用法院之庭审笔录代替反诉状亦是不错之选择。笔者认为,提起反诉之规定较为合理,既体现了反诉作为独立之诉提起应当符合起诉制度之规范性,又一定程度上凸显了反诉提起之特殊性。综上所述,在确立我国反诉提起之形式时可以考虑参照相应规定,本诉被告提起反诉是比照起诉制度之规定进行的,应以反诉状形式提起反诉为原则,以口头形式为例外。在言词辩论中提起反诉的应当允许以口头形式提出,反诉被告未出庭的,应当由法院将庭审笔录副本按照被告人数送达。

第三节　立案登记制下民事反诉要件之审查

党的十八届四中全会明确提出,"改革法院案件受理制度,变立案审查制为立案登记制"。反诉亦应当遵循此规则,我国《民诉解释》第208条对立案登记制度作出了具体回应,其规定当事人向人民法院起诉的,人民法院在收到民事纠纷一方当事人之起诉状时,应当对其进行审查,符合民诉法规定立案条件的应当进行立案登记,对不能立刻确定是否符合立案条件的,应当接收当事人提交的起诉材料,并注明接收该起诉材料的日期。从该司法解释来看,其相关规定并没有放宽立案具体标准或改变立案条件,其仅是针对司法实务中一直以来践行的立案审查制度的一种补救措施,以适应所谓"立案登记制"。该规定只是将法院立案审查时的具体工作做法进行了规范化和补充,其具体审查范围并没有任何改变,依然以《民事诉讼法》第119条和第124条为基准。换言之,其实质是以"立案登记制"之名行"立案审查制"之实。[①] 民事反诉作为诉之一种,亦应当依照民诉法之规定,在立案前对其进行审查。民事反诉的特殊性决定了对其立案审查的特殊性。

一、民事反诉要件审查之必要性

民事诉讼程序开始后,双方当事人之诉讼法律地位已经确定,为了实现民事诉讼双方当事人诉讼权利的平等,尤其是为了实现攻击防御手段的平等,法律赋予被告亦有权利在开启的诉讼程序中针对原告提起诉讼——反诉。反诉作为一个独立制度与一般诉讼所产生之法律效果相同,如果不对本诉被告提起之反诉进行审查而任由其直接进入法院并进行审理,其很可能会出现我们不想看到的结果。例如,本诉被告出于拖延诉讼程序进行之目的,恶意提起反诉,如不加审查,很可能致使本诉被告之非法目的实现。除此之外,本诉被告作为本诉之相对人,其有天然的趋利避害本能。一般诉讼之提起亦存在滥用诉权,故意对另一方当事人进行诉讼骚扰,在原告提起诉讼程序后,已然处于利益对立状态的被告,其当然也存在利用提起反诉之权利对本诉原告进行诉

---

① 段文波:《起诉程序的理论基础与制度前景》,《中外法学》2015年第4期。

讼侵扰之可能。本诉被告滥用反诉权不仅会导致诉讼程序的迟延,还会造成有限司法资源之浪费,增加当事人不必要的诉累。实施立案登记后,意味着起诉条件降低。在 2011 年全韩提起诉讼的案件中,被法院按照不起诉处理的竟占 70.8%,其中,本意为方便大众的电子诉讼制度无形中更助长了韩国的诉讼过度现象。① 虽然我国相关民事法律对当事人滥用诉权规定了相应的惩罚措施,在法院经查证确系滥用诉权的,可以在裁定驳回起诉时对其进行罚款或行政拘留等措施予以惩罚,如果情形严重的甚至还可以追究其刑事责任,但在司法实务中,滥用诉权很难认定,其威慑作用不能充分发挥。为避免当事人滥用诉权,法院需要对起诉进行审查,对反诉亦是如此。通过对本诉被告提起之反诉进行审查,可以将不符合条件之反诉,关在诉讼程序大门外,以实现减少对本诉原告之诉讼侵扰并加快纠纷之顺利解决。

二、民事反诉要件之审查程序

反诉程序之开启以书面形式为原则,以口头形式为例外。反诉状是本诉被告开启反诉程序之钥匙,也是法院对反诉要件进行审查之最基本依据。本诉被告向法院提起反诉后,法院应当对反诉要件进行审查,此处反诉要件之审查不仅是对形式进行审查还需要对反诉之要件及反诉请求进行实质审查。就反诉状审查而言,反诉状与起诉状一样,其记载内容分为必要记载事项和任意记载事项。必要记载事项是反诉状中必须载明之事项否则法院不会受理该反诉,反诉状必要记载事项有三项内容:一是反诉之原告与被告及法定代理人(尤其是允许反诉

---

① 王刚:《"先起诉再说"渐成社会风气,韩总理牵头应对诉讼过度的现象》,《法制日报》2012 年 5 月 8 日第 11 版。

主体进行扩张时)。就我国立法而言,本诉之原告与被告就是反诉之被告和原告,其仅仅是法律地位进行互换而已;二是反诉之诉讼请求和产生该请求之原因事实。反诉请求即本诉被告对本诉原告就诉讼标的之诉讼请求或法律关系,所求判决之内容及范围;三是支持该诉讼请求的证据和证据来源。证据和证据来源为法院审查反诉请求是否有理由提供了基础,有利于法院审查反诉是否合法。为了使法院能够更好地了解反诉请求以便于审理的顺利进行,反诉状除记载必要事项外,还可以记载其他事项,例如,本诉适用简易程序审理时,反诉状可以记载反诉亦适用简易程序审理。对于任意记载事项,即使有所欠缺也不会影响反诉状之效力,亦不会对反诉状送达、诉讼系属产生任何影响,本诉被告可以在反诉程序开始后提交或说明。日本有观点认为,即使反诉已经系属于法院后,审理案件之法官仍然可以根据案件的需要对反诉状进行审查,本诉被告亦可以对反诉状之内容进行修正或补充。① 日本学者三月章认为,反诉以法院将反诉状送达被告即宣布成立,换言之,此时反诉状审查之诉讼阶段已经结束,法院与双方当事人之三角诉讼关系已经确立。退一步讲,即使此时允许法院对反诉状进行审查,如果反诉状存在必要记载事项欠缺,法院也只能裁定驳回反诉,而不能要求当事人进行补正。② 通说认为,法院对反诉状审查系收到反诉状至反诉状送达反诉被告之前,只要反诉状送达被告,反诉即成立,也即反诉系属于法院成立。反诉要件审查期间是法院要求本诉被告对反诉要件进行补正或驳回反诉之合法期间,超过此阶段纵然法院有权对反诉要件进行审查其也不能要求本诉被告进行补正,其只能作出驳回反诉

---

① 司法研究所编:《民事诉讼第一审程序的解说》,法曹会 1994 年版,第 24 页。
② 三月章:《民事诉讼法》,有斐阁 1959 年版,第 331 页。

之裁定。

综上所述,法院对反诉要件之审查应当限定于本诉被告向法院提交反诉状之后,法院向对方当事人送达反诉状以前,反诉要件审查期间以反诉被告签收反诉状为终结时间点。倘若法院在反诉被告签收反诉状后发现反诉要件不符合法定要求的,不能要求反诉原告进行补正,因为此时依然产生了反诉系属于法院的法律效果。倘若此时法院裁定驳回诉状,其不能产生消灭诉讼系属之效果,仅能终结诉状之审理程序。因此,法院用驳回起诉之裁定,以用来终结已经系属于法院的反诉法律关系,方为契合民事诉讼法基本原理。[①]

三、民事反诉要件瑕疵之补正程序

原告的起诉需要符合法定条件,法院方能受理当事人的起诉并开始案件的审理程序。就此而言,起诉条件即为法院受理案件的条件,也谓诉讼成立要件,这在中外民事诉讼制度中概无例外。[②]反诉的性质决定了本诉被告提起之反诉,其本质是本诉被告向法院提起了一个崭新的诉。反诉虽然是一个新的独立之诉但反诉亦是诉之一种,提起反诉不仅需要符合反诉之要件,亦需要符合一般之诉讼要件方可被受理。换言之,反诉必须符合一般诉讼与反诉双重要件方为合法之反诉。具体到诉讼程序中,收到本诉被告反诉之法院应当对本诉被告提起之反诉是否符合一般起诉要件及反诉之要件进行双重审查。

(一)反诉要件补正之告知程序

审理本诉之法院收到本诉被告的反诉状后,应当及时对反诉要件

---

① 段文波:《起诉程序的理论基础与制度前景》,《中外法学》2015 年第 4 期。
② 唐力:《民事诉讼立审程序结构再认识——基于立案登记制改革下的思考》,《法学评论》2017 年第 3 期。

是否符合法定要求进行审查,对于反诉要件符合法定要求的应当依照法律规定在法定期间内对该反诉进行受理,并将反诉状送达反诉被告,反诉系属于法院,产生相应的法律效果。经法院审查,认为本诉被告之反诉要件存在欠缺的,应当对其进行完全审查,指出该反诉欠缺的所有要件,以便于本诉被告在法院裁定的补正期间内对其进行补正。关于本诉被告补正反诉要件之期间,由审理本诉之法官根据需要补正事项的难易程度及事项多少,酌情裁定,但该期间应当以本诉被告有充裕之时间进行补正为限。如果本诉被告在法官裁定的期间内无法完成补正的,可以向法院提出申请延长补正期间,当事人提出申请后由法院进行审查,对于有充分理由的可以裁定延长补正期间,但本诉被告申请延长补正期间的次数以两次为限,以免造成诉讼程序的过度迟延。如果本诉被告对反诉要件之缺陷进行补正后,仍不符合要求,法院可以要求其再次进行补正,甚至可以要求其多次进行补正,[1]但以不过度迟延诉讼程序进行为限。否则法院可以以反诉要件不符合要求为由裁定不予受理。

(二)反诉要件补正后之效力

反诉原告向法院提起反诉后,法院尚未将反诉状送达被告之前,反诉并没有产生诉讼系属之法律效果,对反诉被告没有约束力。法院允许本诉被告在反诉要件出现瑕疵时进行补正,而不是直接裁定不予受理,是为了方便本诉被告提起反诉,以便于纠纷的一次性解决,同时亦给了本诉被告充分利用法院这一公权力解决纠纷这一权利的实现途径。在我国,当事人提起反诉的,反诉状送达反诉被告反诉即生效,反

---

① 新堂幸司、福永有利:《注释民事诉讼法》,有斐阁 1998 年版,第 194 页。

诉生效时间以本诉被告提交反诉状时间为准。如果反诉被告之反诉要件存在瑕疵的,经法院通知其补正后方可进入诉讼程序,其反诉系属时间如何确定? 换言之,法院通知本诉被告补正的,其补正之效力是否应当溯及至本诉被告提交反诉状之时? 学理界对其看法不一,日本学者小山升认为,反诉原告依照法院要求对反诉要件进行补正后生效的,补正行为具有溯及力,反诉生效时间以本诉被告向法院提交反诉状时为准。① 换言之,反诉原告之补正行为具有溯及力。我国民诉法傅郁林教授认为,本诉被告对反诉要件之补正行为不具有溯及力,即法院通知本诉被告对其所提交的反诉要件进行补正的,反诉生效时间以其补正后符合反诉要求的时间为准②。日本学者兼子一也持此观点。折中说认为,不能武断地说本诉被告对反诉要件之补正是否具有溯及力,应当以补正的事项为标准分情况对待。倘若本诉被告需要补正的反诉要件影响诉讼标的确定的,则该补正事项不具有溯及力;倘若补正事项不影响诉讼标的之确定的则该补正事项具有溯及力,该学说在日本民诉界属于主流学说。③

在本诉被告对反诉之补正行为之效力问题上,笔者赞同日本学者小山升的观点,即本诉被告对反诉要件之补正行为具有溯及力之效力,支持该观点的理由如下:

一是被告提起反诉表明了其将纠纷交由法院解决的意愿。本诉被告在本诉程序中,向法院提起反诉,意味着其希望将本诉原告的纠纷在本诉已开启的诉讼程序中一并予以解决。对于其提起的反诉要

---

① 小山升:《民事诉讼法》,青林书院 1986 年版,第 202 页。

② 傅郁林:《再论民事诉讼立案程序的功能与结构》,《上海大学学报(社会科学版)》2014 年第 1 期。

③ 段文波:《起诉程序的理论基础与制度前景》,《中外法学》2015 年第 4 期。

件是否存在瑕疵,和本诉被告之诉讼经验和参与诉讼的实际能力有关,只要本诉被告提起了反诉,反诉要件之瑕疵不能影响其提起反诉的意愿。

二是认可反诉要件补正之溯及力出于保护本诉被告诉权之目的。诉权是民事诉讼中当事人之基本权利,每个当事人都平等地享有行使诉权的权利。在司法实务中,当事人往往因为各种原因而失去了行使诉权的权利。例如,甲乙两人于 2016 年 3 月 15 日,在某路段发生刮蹭,双方车辆均有不同程度受损,2017 年 3 月 12 日甲起诉乙要求乙承担车辆损失费用,法院于 3 月 14 日将甲之起诉状送达至乙,乙于 3 月 15 日向法院提起反诉,反诉甲赔偿其车辆损失,但乙之反诉要件因存在瑕疵,法院于 3 月 19 日告知乙进行补正,3 月 21 日乙将法院告知之补正事项补正后法院受理该反诉,当天法院将反诉状送达本诉原告甲。甲在诉讼中提出乙提起之反诉超过诉讼时效,应当驳回反诉请求。此种情形下,倘若法院裁定驳回反诉请求,将不利于本诉被告诉权之保护。在此意义上,为了更好地保护本诉被告之诉权,应当赋予反诉要件补正事项之溯及力。

三是法院对反诉要件之审查,亦存在很大程度的主观性。因为由不同的法官对同一反诉要件进行审查可能得出不同的结论。因此只要本诉被告客观上向法院提起了反诉就意味着其希望法院于其提起反诉时产生法律效果,即使反诉要件存在瑕疵亦不能因此而否定其提起反诉之主观愿望,出于保护本诉被告之诉权,促进纠纷一次性解决之目的,应当承认本诉被告补正反诉要件行为之溯及力。《俄罗斯民事诉讼法》第 136 条规定,如当事人提交法院之诉讼要件有瑕疵者,法院可以通知当事人在指定期间内对瑕疵事项进行补正,经补正后符合起诉条件的,法院就应当认定该起诉之效力溯及至当事人提起诉讼之日,并产生相应之诉讼效果。①

第四节　民事反诉程序审理规则

民事反诉作为民事诉讼程序中的一项重要制度,在本诉被告提起反诉后,法院往往需要根据案件的具体情形对案件进行审理,以达到纠纷公平、迅速地解决,进而实现平息纠纷,恢复正常的社会经济秩序的目的。但是由于反诉的特殊性,对其审理不仅应当遵循一般案件之审判规则,还应当遵循反诉案件特有的审理规则。关于审理规则德国拉伦茨认为,作为规范社会秩序的法律其自身包含着特定的规则——该规则要求受到该规则约束的人,都应在其规则允许的范围内行动。作为审判机关审理案件的规则,为解决纠纷,具体审理案件的法官就应当依照该规则审理案件,以达到平息纠纷之目的。② 英国学者哈特认为,审理规则就是用以确定纠纷由谁来进行审判及审判者在解决该纠纷中应当遵循的原则。③ 我们认为民事反诉审理规则就是作为国家审判机关之法院在审理民事反诉案件时,在审理过程中所应当遵循的基本规范。依据民事反诉案件的特点,我们认为在审理民事反诉案件时法院应当遵循以下三个基本规则:一是牵连性规则;二是平衡规则;三是诉讼迅速规则。下面对这三个基本规则逐一详细分析。

---

①　《俄罗斯联邦民事诉讼法典》,黄道秀译,中国人民公安大学出版社 2003 年版,第93 页。

②　卡尔·拉伦茨:《法学方法论》,陈爱娥译,商务印书馆 2003 年版,第 132 页。

③　哈特:《法律的概念》,许家馨、李冠宜译,法律出版社 2005 年版,第 91—92 页。

一、牵连性规则

本诉被告提起反诉后,法院在对其进行审理时,一个基本规则就是判断本诉被告提起的"反诉"是否为符合法律规定的反诉。只有符合反诉标准的"反诉"才能进入所谓的反诉审理程序,法院也才能将其以反诉对待。因此,确定"反诉"是否符合反诉的条件是至关重要的。本部分无意深入探讨反诉牵连性之具体标准或批判我国反诉当前牵连性规定是否妥当,仅分析法院在审理现有法律规定下反诉应当遵循的规则——牵连性规则。依照我国民事诉讼理论及司法实务,反诉与本诉之间的牵连性是反诉最核心的构成要件,是反诉区别于诉之合并与诉之追加、变更最显著的特征。所谓民事反诉之牵连性指的是反诉与本诉在诉讼请求或诉讼标的之间存在某种联系,该联系既包括事实上的联系如诉讼请求基于同一侵权事实,亦包括法律上的联系如诉讼标的是由同一合同法律关系确定的①。只有民事反诉与本诉存在该牵连性,反诉才能成立。法院对反诉案件进行审理时必须对反诉与本诉之间是否具有牵连性进行确认。符合法律规定的本诉与反诉之牵连关系的就将其按反诉对待,反之亦然。由于英美法系对反诉执行的是较为宽松的政策,尤其是任意反诉,其任意反诉对本诉与反诉的牵连性不做要求,只要原告开启诉讼程序,本诉被告可以提起任何样式的反诉,只要反诉是一个独立诉讼请求即可。但是英美国家的强制反诉制度就要求反诉与本诉之间存在牵连关系。当前大陆法系国家均要求反诉与本诉之间应当具备牵连性关系,但是由于法治传统和文化差异使得对其

---

① (2015)北一中民终字第 07485 号民事判决书。

牵连性的具体标准有不同规定。例如在德国要求反诉之诉讼请求与本诉之诉讼请求或防御方法有关联。民诉法学者狄特·克罗林庚对其做了具体的解释,即当本诉与反诉诉讼请求或诉讼标的源于相同的法律关系时就可以认定本诉与反诉有牵连关系,而若这些请求所依据的是具有内在联系的、形成一个统一整体的客观事实,使得若仅仅主张现实中的一项请求而不考虑另外的请求将有悖于诚实信用原则时,则这一条件即得到满足。①

　　在我国关于本诉与反诉的牵连性有二牵连说、三牵连说、四牵连说、五牵连说等几种学说②。我们主要分析二牵连说和三牵连说,并就抵销是否属于反诉这一难题进行解答。依照我国民诉理论主流观点,我们通常称之为二牵连说,反诉本诉的牵连关系就是反诉与本诉的诉讼请求或诉讼标的基于同一法律事实或同一法律关系③,体现在立法上就是《民诉解释》第233条第二款④。对牵连关系之认定除了上述主流观点外,三牵连说得到越来越多的认同。该观点认为,反诉之牵连关系应当在二牵连说的基础上加上行使抵销权这一情形。⑤ 因为依照现在的立法标准,被告无法通过提起反诉的方式实现行使抵销权这一民事实体法上的权利。抵销权的行使有利于扩大纠纷解决范围,将与本

① 狄特·克罗林庚:《德国民事诉讼法律与实务》,刘汉富译,法律出版社2000年版,第246页。

② 张琳:《反诉牵连性基础理论探析》,《理论前沿》2014年第9期。

③ 李浩:《民事诉讼法学》,法律出版社2016年版,第127页。

④ 《最高人民法院关于适用〈中华人民共和国民事诉讼法〉的解释》第233条第二款:反诉与本诉的诉讼请求基于相同法律关系、诉讼请求之间具有因果关系,或者反诉与本诉的诉讼请求基于相同事实的,人民法院应当合并审理。

⑤ 肖建华:《论反诉牵连要件之缓和》,《诉讼法理论与实践(下)》,中国政法大学出版社2002年版,第358页;刘学在:《美国民事诉讼中的反诉、交叉诉讼与引入诉讼介评》,《华东政法学院学报》2003年第6期;张晋红:《反诉制度适用之反思——兼论民事诉讼公正与效率的最大化融合之途径》,《法律科学》2002年第5期。

诉联系不密切的纠纷在同一诉讼程序中予以解决。基于此目的持三牵连说的学者主张应当对反诉牵连性予以扩张,将抵销权纳入反诉牵连性之范围。与三牵连说相呼应,许多研究抵销权的学者基于反诉牵连性扩张的理论将抵销纳入反诉的范围。[①] 但当前无论是三牵连说还是抵销反诉说均不能合理解释在何种情形中应当将抵销纳入反诉之范围。

依照民诉法理论,抵销是一种债消灭的法定事由,就此方面而言,被告在法院判决败诉后,向胜诉之原告主张抵销以实现对原告债务之消灭并无不可。在民事诉讼程序中,法院还应当尊重被告在何时行使抵销之权利,如果被告在民事诉讼程序开始后就主张进行抵销的,该抵销其实是独立于原告诉讼请求的独立诉讼请求,其与原告之诉讼请求联系并不密切,其实质是诉之客观合并。法院在同一诉讼程序中进行审理是为了扩大诉讼解决纠纷之机能。抵销的本质决定了抵销额不能超过被告应承担的额度范围。当在被告败诉的情形下,被告主张抵销之债权额小于法院判决其应当承担的额度时,当然没有任何问题。当被告主张抵销之债权额大于法院判决其应当承担的额度时,对于超过其应当承担部分如何处理? 笔者认为,被告在诉讼程序中提出了抵销,意味着被告希望将该抵销与原告之诉讼请求一并予以审理,但是被告在提出抵销时并不知道其是否应当承担败诉结果更不知承担的额度,基于扩大纠纷解决机能这一诉讼程序之应有属性,法院应当对被告之抵销与原告之诉讼请求一并审理,即依照诉之客观合并这一原则对被告之抵销进行审理,并在被告应当承担的额度内对原告之诉讼请求额

---

① 陈桂明、李仕春:《论诉讼上的抵销》,《法学研究》2005 年第 5 期;肖建华、唐玉富:《抵销诉讼及其判决的效力》,《政法论坛》2005 年第 6 期。

实现抵销。当被告提出抵销之债权额度小于其应承担的额度,被告提出抵销之债权自然归于消灭。[1] 当被告承担之额度小于其提出抵销之额度时,基于抵销已经经过了法院之审理,被告不能再次基于相同之理由对原告提起诉讼请求,否则违背了"重复起诉之禁止"这一民诉法上的基本原则,此时抵销超出其应承担的部分,法院也不妨予以审理,因为法院不能超出当事人要求审理之范围进行审理,这是审判权自身的性质决定的,此时抵销超出部分之合理解决渠道乃是将其纳入反诉之范围。即对被告抵销额超出其应承担的部分,法院应当将其看作是被告提起的反诉对其进行审理,以避免诉讼程序结束后,被告就抵销超出部分无法再次主张权利。关于将抵销超出部分看作反诉是否违背反诉牵连性原则? 笔者认为,被告在诉讼中提出抵销,法院将抵销与原告之诉讼请求一并审理,可以对其做扩充性解释,即将其看作系同一诉讼请求之间具有因果关系。原告之诉讼请求与被告主张的抵销是原因,抵销超出部分属于结果。被告之抵销与原告之诉讼请求经过审理在实现抵销后仍有部分额度属于被告,其既然在原告的诉讼程序中主张了抵销,就超出部分亦应当作出归属判决,此时可以将被告主张抵销超出部分看作是主张抵销后的结果,以此为根据可以将被告主张抵销后超出部分以反诉形式予以审理,并作出判决。

二、平衡规则

当前,我国民事反诉理论研究者将研究的中心放在了如何更好地发挥反诉权对本诉被告之保护上,忽视了反诉权的另一面——对审判

---

① 高桥宏志:《民事诉讼法制度与理论的深层分析》,林剑锋译,法律出版社 2003 年版,第 501 页。

权的平衡即实现反诉权与审判权的平衡。民事反诉审理之平衡规则就是法院在审理民事反诉的过程中,当事人所享有的反诉权与法院所享有的审判权相互制约、相互促进以达到一种平衡状态,进而实现民事反诉所追求的公平、效率之目的。

在民事反诉制度中,法院审判权能是作为民事法律关系主体之一的审判机关,在审理民事诉讼案件过程中所享有的权利如诉讼指挥权、依法及时作出裁判权等,及这些权利在民事诉讼审理程序中所发挥的功能。[①] 与之相对应的是民事反诉权能,民事反诉权能的实施及实现程度是民事反诉制度之诉讼价值实现的关键。在以往的研究中,我们的关注点往往集中于反诉制度提高解决纠纷效率功能之上,对其另一功能即通过制约审判权能实现诉讼程序、结果公正没有给予足够的关注。因此有必要在民事反诉制度中确立平衡规则,以确保审判权和反诉权不能恣意,进而实现公正与效率之双赢。

当前,在司法实践中,法官对待反诉还存在一定程度的恣意,例如,当本诉被告提起反诉时,审理案件的法官往往基于考核或绩效的需要对该反诉是否为不可分开审理之反诉进行审查,如果不是必须合并审理的,其往往会裁定被告另行起诉,使反诉之功能无法充分发挥。这固然与我国反诉之立法缺失有关,但更是法官审判权恣意之结果。例如,甲公司与乙公司签订一起汽车买卖合同,约定甲公司购买乙公司 A 型号运输汽车 30 台并支付了购车款,在甲公司去乙公司提车时发现乙公司又新推出了 B 型运输汽车,于是当天又提了 10 台 B 型运输车并签订了买卖合同,注明一周后甲公司支付购车款。后来甲公司一直未支

[①]　刘家兴:《民事诉讼原理与实务》,北京大学出版社 1996 年版,第 39 页。

付购车款,乙公司将甲公司起诉至法院,甲公司提起反诉诉请 A 型车辆存在瑕疵,要求乙公司予以赔偿。法院以甲公司之反诉不具牵连性决定不予受理,告知其另行起诉。笔者认为,甲公司提起反诉的本质在于对本诉诉讼请求的抵销,依上述关于抵销与反诉之理论应当将其作为反诉合并审理。如果另行起诉不仅会无端增加当事人诉累也不利于对甲公司利益之保护。[①]　当事人反诉权对法院审判权失衡还表现在当事人对法院审判权之制约的缺失。当法院对本诉被告提起的反诉决定不予受理时,本诉被告往往没有足够的救济措施予以对抗法院的审判权。因为在我国现行法律下,法院不予受理反诉的决定仅仅是口头的,并没有所谓的裁定书。本诉被告对法院不予受理的决定只能束手无策,其无法以申请复查或上诉等方式进行救济。对本诉被告而言,其仅能依照法院的意愿另行提起诉讼以维护自己的合法权益。

审判权的恣意还表现在法院对自由裁量权的滥用,体现在反诉审理程序中,就是法院经过审查认为本诉被告提起的反诉符合法律要求受理该反诉的,法院应当对该反诉与本诉分开审理还是合并审理? 可否一并作出判决? 对案件处理采用何种法律文书? 均需要法院运用自由裁量权,法律上并无明确规定。例如,法院是否受理反诉与反诉应当与本诉合并审理还是分开审理本是两个不同的问题,但在司法实践中,法院往往把是否将本诉与反诉合并审理作为是否受理该反诉的前提条件予以考虑,认为只有反诉与本诉需要合并审理时才受理反诉,否则法院将不予受理。虽然该做法在司法实践中便于操作,但是该做法并不符合反诉之法律规定,因为反诉是否合并审理取决于合并审理是否过

---

① 马新彦:《论反诉与本诉的牵连性》,《政治与法律》1992 年第 3 期。

度延迟诉讼程序或是否致使诉讼程序过于复杂。只要本诉被告提起之反诉符合法律之规定要件法院就应当受理,否则有违反法律之嫌。

正如德国学者冯·萨维尼所言,每一个公民都渴望国家能够提供一套完整的法律体系,以抵制公权力的恣意、专制与伪善对公民个体造成的伤害。① 防止民事反诉制度中审判权的恣意以实现反诉权与审判权之平衡,比较有效的方法就是对法院受理反诉权能的制约。换言之,当本诉被告提起反诉时,法院对是否受理该反诉不能由法院依其主观意志决定,而应当以法院是否具有对该反诉提供法律保障的权能决定是否受理该反诉。反诉权防止审判权的恣意功能,即反诉权对审判权的约束功能在于防止审判权对本诉被告提起的反诉处理之恣意。② 具体而言,当本诉被告提起反诉时,只要该反诉符合法律规定之要件法院就应当受理,将该反诉与本诉合并审理时以不过度延迟诉讼程序和不致使诉讼程序过度复杂为前提,法院不能随意决定是否与本诉合并审理。法院认为反诉不符合法定要件决定不予受理或决定将反诉与本诉分开审理的应当对当事人说明理由并提供适当的救济渠道。

在司法实务中,恣意的不仅仅是审判权,民事反诉权之恣意也时常发生。例如,依照我国现有法律本诉被告在法院受理本诉后言词辩论终结前任何时间内均可提起反诉,但是当本诉被告在法院受理本诉后就知晓自己可以提起反诉,但是为了达到诉讼突袭或延迟诉讼程序等非法目的而故意不提起反诉,直到最后临近言词辩论终结方提起反诉。再如,被告明知自己应当提起反诉却故意不在本诉中提起,而待本诉结

---

① 弗里德里希·卡尔·冯·萨维尼:《论立法与法学的当代使命》,许章润译,中国法制出版社 2001 年版,第 121 页。

② 王福华:《论反诉制度中的诉讼权能平衡——完善我国反诉制度的一个新视角》,《法学论坛》2000 年第 2 期。

束后,另行向法院提起反诉,这不仅无端增加本诉之诉累也容易导致矛盾判决,不能真正发挥反诉制度之优势。面对类似反诉权行使之恣意,审判权亦应当对当事人之反诉权予以制约,以平衡反诉权与审判权之权能。针对第一个问题,笔者已经论述过即通过缩短本诉被告提起反诉之期间,将反诉提起期间限定在法院受理本诉后举证期限届满前,如果出现法定事由或不可归责于本诉被告之原因方可在言词辩论终结前提起,但是需经过本诉被告提出申请并经法院审查并同意。对于第二个问题,一般认为应当将强制反诉引入我国民事反诉制度中,对于强制反诉本诉被告必须提起,如果本诉被告不提起法院有义务对其释明,经过法院释明后其仍不提起反诉的,产生失权之法律效果。

　　总之,在民事反诉审理程序中,为了实现审判权与反诉权之平衡,还应当做到以下两点:其一,明确法院对当事人的释明义务,由积极行使释明义务促使被告及时提出反诉,以促进纠纷之解决、反诉制度功能之发挥;其二,应当畅通当事人之救济渠道,当事人提起反诉遭遇到法院审判权之恣意时,使其能够得到必要的救济。只有实现反诉权对审判权之制约,同时审判权亦能制衡反诉权时,才能达到反诉权与审判权在民事反诉审理程序中的动态平衡。

三、诉讼迅速规则

　　诉讼迅速规则是法治社会最基本的要求,也是民事诉讼程序中最基本的原则,其与公正共同构成民事诉讼程序之基石,但在司法实务中往往陷入无法两全之窘境。虽然促进诉讼迅速之方法有很多,但是以牺牲当事人程序利益之促进诉讼迅速之方法在各国民事立法和司法实践中偶有所见,不管该立法或司法实践中不得不如此的具体原因如何,也未必会导致错误判决之出现，但此"锯箭法"，对依法治国之危害，我们不能视而不见，毕竟保障当事人程序权利是依法治国之基本要求。① 如何在实现诉讼迅速规则的同时保障当事人诉讼程序权利，不仅是司法实务者努力的方向，也是立法者孜孜以求之目的。立法者可以通过立法实现对此目的之直接回应，司法实务者可以通过司法解释与实践落实立法之要求。

具体到民事反诉而言，其要求审理案件的法院和参与诉讼的当事人必须在确保查明案件事实、保证程序公正的前提下，共同努力迅速推进事实程序进行。本诉被告在诉讼程序开始后提起反诉之目的是希望法院能够将本诉与反诉一并审理进而实现纠纷快速解决。为了实现上述目的，一般而言法院应当将本诉与反诉一并审理并一起作出判决，但是当合并审理、判决会导致诉讼程序过度延迟时，法院可裁定将本诉与反诉分开审理、判决。迅速而公正的审判是当事人和审判机关进行诉讼程序之共同目的。

（一）反诉程序促进诉讼迅速之义务

促进诉讼迅速之义务是民事反诉程序之参与主体在反诉程序进行过程中，通过积极地行使诉讼权利或履行法定之义务，以推进民事反诉程序进行得更为顺利更为有效，以减少反诉程序中法院和当事人付出的时间、费用。② 依照参与诉讼程序主体及承担的责任不同，一般将反诉程序促进义务之主体分为：审判者——法院承担的诉讼促进义务及诉讼程序主要参与者——当事人承担的诉讼促进义务。

法院作为民事本诉与反诉的审理者，其在促进反诉诉讼程序迅速

---

① 何赖杰：《诉讼迅速原则之具体实践》，《月旦法学杂志》2014年第229期。
② 邱联恭：《司法现代化与程序法》，三民书局1992年版，第126页。

进行的作用主要体现在以下两个方面。

一方面是积极行使诉讼指挥权。法院在反诉程序中所承担的重要职能之一就是通过对诉讼程序进程的控制权能,依照法律规定针对诉讼程序中不同情形作出各种推动诉讼程序顺利进行的决定。① 其实质是通过法官对诉讼程序过程的管理实现减少诉讼损耗、推动诉讼顺利进行,进而提升诉讼效率。为了实现诉讼迅速之目的,各国均不同程度地强化法院的诉讼指挥权,例如,美国的"管理型司法",德国和日本实施的"计划审理""集中化审理"。在美国,其传统的诉讼理念是将诉讼事宜交由当事人和律师负责,法官处于消极被动之居中裁判者地位,由此产生的严重后果就是诉讼程序的拖沓冗长、诉讼费用居高不下。为了解决这些问题,20 世纪 90 年代美国开始了以促进诉讼程序迅速推进为目的的司法改革。② 此次改革的主要目的在于减少诉讼中不必要的成本和避免诉讼迟延。在《民事司法改革法》(*Civil Justice Reform Act*)中,针对当事人滥用开示程序,加强法官在开示程序中的作用,改变以往完全由当事人发挥绝对主导作用的局面。针对法官对诉讼程序推动不力、管理手段不足的问题,赋予法官更多的权利以促进诉讼程序之顺利推进。且不论美国司法改革的成效如何,从其侧面可以看出世界各国积极强化法官之诉讼指挥权以促进诉讼迅速推进的理念正在不断加强。在民事反诉程序中亦是如此,法官需要积极、正确地行使诉讼指挥权,以推动诉讼程序之快速推进。

另一方面是及时行使释明义务。关于释明义务,有的国家将其作

---

① 兼子一、竹下守夫:《民事诉讼法》,白绿铉译,法律出版社 1995 年版,第 69 页。

② Edward D.Cavanagh,The Civil Justice Reform Act of 1990:Requiescat in Pace,173 F.R. D.565,606. 1997,pp.576-578.

为法官的权利即释明权,在德国就将其作为法官的权利看待,但无论是义务还是权利其均为法官促进诉讼程序迅速推进的重要手段。法官及时、正确地行使释明义务可以有效补充辩论主义和当事人主义之不足,保障当事人听审之权利,防止裁判突袭,最终实现促进诉讼之效果。当前大部分国家均赋予了法官释明义务,但是英美法系国家基于自身的司法传统和文化,并没有明确赋予法官释明义务。2000 年修正的《美国联邦民事诉讼规则》虽然强化了法官对案件管理(the case management)之权能,但仍没有明文确定法官之释明义务,法官在审理案件中是否行使释明权,交由法官自由裁量。① 由此可以看出,虽然民诉规则没有明确规定法官享有释明义务,但法律将是否行使、何时行使释明义务的权利交由法官处理。从这个角度而言,英美法系国家亦存在法官之释明义务,以促进诉讼之迅速顺利进行。德国民诉理论认为,法官精通法律及诉讼程序,是诉讼程序之指挥者,在审理过程中发现问题时,如当事人意思表达不准确或不完整,该提出申请时未提出申请,对案件事实陈述不清时应当告知当事人对其存在的问题予以补充或说明。日本民诉理论认为,法官之释明权既是权利亦是义务,在面对当事人推进诉讼程序中出现困难时法官释明是义务。与之相对应法官释明是权利,可以由法官自由裁量,但法官之释明应当以不违背辩论主义为限,否则可能构成违法。②

当事人作为反诉程序之主要参与主体,自身亦希望诉讼程序能够快速终结,以实现纠纷顺利解决,因此,其所承担的诉讼促进义务既是

---

① Fleming James & Geoffrey C.Hazard:Civil Procedure, Foundation Press, 5th ed.2001, pp.113-116.

② 参见谷口安平:《程序的正义与诉讼》(增补本),王亚新、刘荣军译,中国政法大学出版社 2002 年版,第 149 页。

本身的需求也是诉讼程序之内在需要。正如德国学者 AdolfSchÖnke 所言,参与民事诉讼之当事人天然地对另一方当事人负有促进诉讼程序迅速、顺利推进之义务,不能因自身过失或大意等原因致使对方当事人承担不必要的劳力和金钱支出。①

　　当事人在法律规定的期间内,积极行使法律赋予其的各种诉讼权利履行法定义务,促使诉讼程序能够及时、高效地运行,此时就是当事人积极履行促进诉讼义务的表现。反之,因当事人本身的原因致使没能及时行使诉讼权利或履行诉讼义务将会承担相应的不利后果,最为严重的可能会产生失权之效果,即当事人丧失某种权利。德国民事诉讼理论认为,当事人诉讼促进义务主要包括但不限于以下几点:一是在诉讼前准备程序中适时提出证据和主张的义务。在反诉中体现为,如果本诉被告知道自己有权提起反诉后,应当及时地提出,不能为了实现诉讼突袭之目的而故意不提出,直到言词辩论终结后方才提出。同理,在本诉被告提出反诉后,本诉原告也应当积极地对反诉进行答辩,及时提交证据。二是积极促进争点整理工作,以便确定诉讼争点。在诉讼进入庭审前,为了促使争点的明确,法院会组织当事人进行庭审前交流,方便双方当事人就案件争议的问题达成共识,以便双方当事人针对案件争议的焦点收集提供证据,就没有争议的部分不必再浪费精力。同时亦促进庭审的顺利进行。日本的计划审理制度中,多项改革措施涉及当事人之间共同协作促进诉讼程序顺利开展的制度②,如当事人照会制度,该制度是一方当事人对于自己的诉讼请求或支持诉讼请求

---

　　① Schönke Avilprozeβrecht:Einesystematische Darstellung,Neue Juristiche Wochenschrift,v.79,2001,S.938.

　　② 唐力:《有序与效率:日本民事诉讼"计划审理制度"介评》,《法学评论》2005 年第5 期。

的证据,可以通过书面的形式向对方当事人提出,对方当事人必须在法定的期间内予以回复,对其诉讼请求是否承认或持有的支持对方当事人诉讼请求的证据予以出示。该制度要求双方当事人必须相互坦诚地公开自己所掌握的证据或信息,并彼此负有诚实守信义务,否则可能会产生失权之效果。除此之外,日本民诉法在开庭审理前还依照争点整理和出示证据的方式不同将其分为三种审前准备程序。其目的不外乎促使双方当事人在庭审前加强沟通,了解对方当事人诉求和相关证据及争议焦点,以便在正式法庭审理中提高审理效率。三是在开庭审理中,双方当事人积极参与庭审以促进庭审顺利进行。原告起诉之目的在于解决纠纷,本诉被告提起反诉之目的亦在于解决纠纷,因此在庭审时本诉与反诉之当事人或委托代理人应当及时参与庭审,表明自己的诉讼请求,出示支持诉讼请求的证据,并就相关证据进行质证,以便法院查明案件事实,作出正确判决。当事人积极参与庭审既是其诉讼促进义务的题中之义,亦是保障其诉讼权利的必要行为。如果当事人不积极参与庭审,既无法维护自身权益,亦是对对方当事人权益的侵害,其行为致使诉讼的对抗性无法充分展现,亦不利于法院查明案件事实,更会造成诉讼程序无法顺利进行,降低诉讼效率。因此,对于当事人不积极参与庭审的,法律一般会给予其惩罚,以促使当事人参与庭审。

本诉被告在民事诉讼中提出反诉时,法院经审查受理的并决定合并审理的,与仅审理本诉相比必然会使案件变得更加复杂进而增加了审理的难度。在日本,反诉与诉之追加、变更、诉之合并、中间确认之诉等一并归于复杂诉讼形态,一定程度上就源于反诉之提出使得同一诉讼程序中需解决多个民事纠纷,无形中使得诉讼程序变得更为复杂。案件的复杂必然会耗费法官更多的劳力、时间。为了实现诉讼公正与诉讼效率之双赢,就必须强调法院和当事人之诉讼促进义务,实现由对抗型诉讼模式向协同型诉讼模式转变。在确保程序公正、保障当事人诉讼权利的基础上,加强当事人之间的协同合作和法院运用诉讼指挥权和释明义务对诉讼进程之推进,是民事反诉审理中必须坚持的基本规则。

(二)违反诉讼迅速之后果

法院或当事人不积极履行诉讼促进义务,不仅会造成诉讼程序的拖沓冗长,造成当事人、法院不必要的诉讼成本增加,而且会损害法院的司法公信力。但更直接的后果是导致诉讼迟延。诉讼迟延不仅危及诉讼判决之迅速性,也可能危及判决之正确性。因为诉讼迟延,可能导致证据灭失或证据价值减损。例如证人死亡或不复记忆等,而证据灭失或证据价值减损,很可能危及案件事实的查明而导致判决不正确,特别是查明案件事实之直接证据因法院或当事人没有积极履行诉讼促进义务而导致证据价值减损或灭失的,必须让该当事人、法院承担一定的不利后果以惩罚其不当行为。

1. 法院违反诉讼迅速规则所应承担之不利后果

法院违反诉讼促进义务的,既然推进诉讼顺利进行是法院之义务,当其违反时就应承担不利结果。换言之,当法官没有正确或及时行使诉讼指挥权、释明义务的,应当承担一定不利的法律后果。法官释明义务之前提是法官中立性或者说是非偏颇性,法官之中立性要求审理案件的法官必须是中立的,不能对当事人厚此薄彼,否则其就背离了其基本地位,正如 Grunsky 所言,一个失去中立性的审判者已不再是《德国基本法》第 101 条第一项意义下的法定审判者。[1] 当法官利用其审判

---

[1]　Grunsky, Grundlagen des Verfahrensrechts, 2. Aufl, 1974, S.116.

者的身份过度行使释明义务而致使偏颇一方当事人或诉讼迟延的,就构成了违反法院释明义务的情形。德国法官审理案件时违背了诉讼促进义务,即没有正确及时行使诉讼指挥权或释明权的应当承担与之对应的不利法律后果。其承担法律不利后果的形式有两种:一是以程序违法为由撤销一审判决,由控诉审法院裁定撤销原判决发回原审法院重新审理。对于撤销原判决,由控诉审法院裁定发回重审作为法官违反诉讼促进义务的制裁措施,得到了理论界和司法实务界的普遍认同。二是当事人对法官违反诉讼促进义务之行为提出异议。例如,《德国民事诉讼法》第40条规定,民事诉讼参与主体在庭审过程中认为法官行使诉讼指挥权的决定或者审判人员向参与庭审的主体提问不利于诉讼程序顺利进行或有违中立性而提出异议时,应当由法院对其行为是否违法作出裁定。①

2. 当事人违反诉讼迅速规则所应承担之不利后果

当事人作为诉讼程序的启动者与主要参与者,不论是本诉原告还是反诉原告,都要求诉讼程序能够公正、迅速地结束,以解决两者之间的民事纠纷。本诉被告提起反诉的一个重要目的亦在于在同一诉讼程序中将其与本诉原告之纠纷一并解决,以节省诉讼成本和时间耗费。因此,本诉与反诉之当事人有着共同的利益,这也就构成了协同型司法根基。协同型司法要求双方当事人在对抗型的诉讼程序中本着诚实信用的原则,为了共同之利益相互让步、相互妥协,以实现共赢之目的。诉讼程序顺利之推进就是双方当事人共赢的体现。协同型司法不必然要承担责任,但是当此协同被课以义务时如果违反就要承担相应的责

---

① 参见《德国民事诉讼法》第40条。

任。一般而言,违反协同义务之当事人应当承担对其不利之法律后果:

一是失去本应当享有的民事权利,即失权。失权有广义和狭义两种。广义上的失权包括失去民事实体权利和失去民事程序权利。狭义的失权即民事程序法上的失权,是指由于当事人明知自己享有某项民事权利并且可以行使该权利,但该当事人怠于行使该民事权利,以法律规定或某种事由之发生而致使该权利失去效力。例如当事人因怠于提起攻击防御方法而失权(《德国民事诉讼法》第 296 条规定之情形)。诉讼程序是双方当事人和法院三方的共同行为,如果一方当事人出于延迟诉讼等非法目的故意不行使权利或滥用诉讼权利导致诉讼拖延,就难以实现诉讼迅速之目的。为了阻却当事人滥用诉讼权利或故意不作为,应当对其行为进行惩罚,该惩罚中较为严厉的一种就是失权。例如,上诉人主张其与被上诉人之间的土地租赁关系终止,经法院判决上诉人胜诉,但是未支持上诉人所主张的土地补偿及相应之利息。被上诉人否认两者之间存在土地租赁协议,认为不存在补偿之基础。并在上诉审中提出抗辩,假如存在赔偿基础,但也业已超过诉讼时效。司法实践中,上诉审法院经过判决,被上诉人抗辩未能在上诉审准备程序中提出,抗辩无效。该案件就是因为当事人未在法律规定的时间内提出攻击防御方法而导致的失权制裁,因此,为了促进诉讼程序的顺利进行,参与诉讼时当事人应当积极行使自己的权利。在民事反诉程序中,假如本诉被告提起反诉的时间超过了法定期间(取证期限届满前),如果是本人过失导致超过提起反诉期间的,就不能在该诉讼中提起反诉,也即对被告怠于行使反诉权之失权惩罚。又如,如果本诉被告提起反诉之目的在于迟延诉讼程序,法院亦可裁定不予受理,告知被告另行起诉。以不受理被告之反诉作为其迟延诉讼之非法目的之惩罚。

二是缺席判决。缺席判决又称一造辩论判决,是指在言词辩论期日,一方当事人无法定理由没有到庭参与法庭辩论,审理案件的法院依出席法庭的一方当事人之辩论所作出的判决。一般而言,诉讼程序由原被告双方当事人共同推动,在言词辩论期日,双方当事人应共同到庭并就双方在庭审前准备程序中整理之证据进行出示,围绕争议焦点进行辩论,法院在言词辩论的基础上作出判决。但是在言词辩论期日仅有一方当事人到场,对方当事人无正当理由不到场的,法院亦应当主持言词辩论程序,以免造成诉讼程序的迟延。由于缺席判决对未出席一方当事人权利损害极大,为此应当谨慎对待之。例如,德国出席言词辩论的一方当事人必须于缺席之言词辩论期日向法院提出缺席判决的申请。如果申请缺席判决的内容为判处缺席一方实体败诉的,仅此申请还不够,申请缺席判决一方当事人还需要提出内容为"以缺席判决的形式判处缺席一方当事人败诉"的特别申请。对于缺席判决有两种立法例:一种为缺席判决主义,即辩论期日不到庭者判决其败诉。如原告不到庭拟制为放弃诉讼请求,被告不到场拟制为对原告诉讼请求之自认。德国、日本等国民事诉讼法均采此立法例,中国当前亦采此立法例;另一种为一造辩论判决,即法院在一方当事人未到场时,由到庭一方当事人进行辩论,法院对其参照其已掌握的诉讼资料,迳行判决。缺席判决作为对一方当事人不积极履行诉讼促进义务之惩罚,在于促使双方当事人积极履行出庭进行言词辩论之义务,促进诉讼程序迅速进行。但是当当事人不积极履行该义务时,为了提高诉讼效率,保障另一方当事人程序利益,作为惩罚措施就应当由法院作出缺席判决。作为极为严厉的惩罚措施,在作出缺席判决时应当十分谨慎。司法实践中,如果延迟辩论期日,一方当事人未到场,法院不经到庭一方当事人申请径直作出缺席判决的,属于诉讼程序重大瑕疵。控诉审法院可以不经言词辩论直接裁定发回重审。一审判决虽有此瑕疵,但是缺席一方当事人在控诉审中出庭并辩论者,控诉审法院可以就该案件无理由而未判决,缺席者不得再以此瑕疵为由申请再审。

第五节　民事反诉程序之实体审理

经过补正程序本诉被告之反诉状符合法定要求的,法院应当及时将反诉状送达反诉被告,反诉被告签收反诉状后,反诉自本诉被告提交反诉状时起系属于法院,产生诉讼系属之相应法律效果,本诉被告之反诉进入审理程序。一般而言,由本诉之法院对反诉适用本诉之审理程序与本诉一并审理,一并作出判决。

一、程序选择之合意

本诉被告之反诉被法院受理后,依照法律规定其应当与本诉适用同一诉讼程序进行合并审理。我国民诉法对此并没有规定,但是《民诉解释》作出了相应规定,本诉被告提起反诉的,可以与本诉一并审理的法院应当一并审理,虽然该条款没有明确规定本诉与反诉适用同一种程序,但是本诉与反诉的一并审理必然需要适用同一程序,即本诉适用普通程序审理的,反诉亦应当适用普通程序进行审理,本诉适用简易程序进行审理的反诉亦然要适用简易程序。我国为了体现对当事人处分权的尊重,在程序适用上充分尊重当事人的意愿,例如《民事诉讼法》第 157 条第二款就规定了当事人对应当适用普通程序进行审理的案件可约定适用简易程序进行审理。当事人可否在起诉前以诉讼契约的形式约定,提起反诉时同样适用简易程序? 当本诉适用小额诉讼程序或简易程序进行审理时,本诉被告提起反诉的当事人是否可以约定继续适用本诉所适用之诉讼程序进行审理? 带着这些问题,我们以当事人程序选择合意为主线进行分析。

诉讼契约是民事案件双方当事人在诉讼系属后就处分自己实体权益和程序权益所达成的合意,诉讼契约成立后可以产生相应的诉讼法上的法律效果。在当今各国普遍重视双方当事人程序主体地位、纠纷的自主解决,诉讼契约合法性的范围和类型也不断地得到法律的认可。[①] 就诉讼程序的选择而言,当前世界各国民诉法均允许当事人依照自己的意愿,对诉讼程序进行自主选择,这种自主选择仅是在不违背公益的前提下进行的,例如不能违背专属管辖,不能将法定适用简易程序的案件协议适用普通程序。对当事人合意的尊重使得当事人可以根据自己的实际情况对诉讼程序进行选择。就反诉而言,原本法院对本诉适用简易程序进行,但是当本诉被告提起反诉后,诉讼标的额超出了适用简易程序的范围,依照法律规定本诉与反诉应当一并适用普通程序进行审理。法院应当依法通知本诉与反诉之当事人将适用普通程序进行审理,如果双方当事人达成诉讼契约或达成适用简易程序合意的,在不违背法律和公益的前提下法院应当尊重当事人的选择。例如,李某提起诉讼以刘某侵害其健康权为由诉请刘某赔偿其损失 10 万元,湖北某基层法院以简易程序对其审理。在法院送达起诉状后本诉被告刘某提起反诉,诉请李某侵害其名誉权及健康权,要求本诉原告李某赔偿

---

① 沈冠伶:《诉讼权保障与裁判外纷争处理》,北京大学出版社 2008 年版,第 209—210 页。

其精神损失及健康损害 40 万元,其诉讼标的额超出了简易程序之适用范围,法院告知其依照民诉法规定将转为普通程序对其进行审理,但是本诉原告李某与本诉被告刘某达成合意适用简易程序审理本诉与反诉。随后李某对反诉状进行了答辩,法院以简易程序对该本诉反诉进行了审理,并一并作出了判决,①这体现了对当事人合意之尊重。倘若法院未向双方当事人通知将适用普通程序对本诉反诉进行审理,本诉原告对反诉进行答辩或言词辩论的,是否可以默认为双方当事人达成了合意? 司法实践中,如果案件应当适用普通程序审理当事人合意适用简易程序进行审理的,应当出示双方当事人达成合意之书面证明,否则法院依然会适用普通程序进行审理。其中,当事人进行答辩或言词辩论的视为当事人达成适用简易的合意,法院应适用简易程序进行审理。但是我国《民诉解释》对此没有规定,其第 280 条仅规定了在本诉被告提起反诉后不适用小额诉讼程序的,法院则适用简易程序的其他规定审理或裁定适用普通程序审理。从尊重当事人处分权的角度看,我国应当赋予当事人默认的程序选择权,在不违背法律和公益时选择适用简易程序而非普通程序对本诉和反诉进行审理,是当事人双方对自己合法之民事程序权利进行处分的结果。双方当事人虽然没有达成书面协议,但是本诉原告对反诉之答辩或言词辩论行为默认了适用简易程序审理该案件,而本诉被告对本诉原告的答辩或言词辩论给予积极回应,也证明了本诉被告对其程序权利进行了处理。我国法律之立法初衷在于,为了避免法院判决后双方当事人以应当适用普通程序审理案件却适用简易程序进行审理进行上诉,从而导致浪费有限的司法

---

① 参见(2014)鄂来凤民初字第 00474 号民事判决书。

资源,增加不必要的诉累。为了避免这种情形的发生,可以增加法院的释明权,当原本适用简易程序进行审理的案件,本诉被告提起反诉后应当适用普通程序审理的,审理案件的法院应对此予以释明并进行记录,双方当事人依然进行相应的诉讼行为的可以认定为双方当事人达成了选择简易程序对本诉和反诉进行审理的合意,法院可以适用简易程序对其进行审理。

还有一点需要说明的是,当本诉适用简易程序审理,本诉被告提起反诉,该反诉需要适用普通程序进行审理的,本诉一并适用普通程序进行审理之法理基础。民事诉讼是利用国家之公权力对私人之民事纠纷进行救济之措施,作为公权力其应当尽力为双方当事人提供公平、公正、高效、便捷的服务,以保证民事纠纷的彻底解决,并在此过程中提升法院裁判之公信力。当一方当事人提起诉讼即将纠纷解决权交由代表国家公权力的法院予以裁决时,法院应当为其提供充分的程序保障,"程序作为看得见的正义"有利于提升法院裁判的公信力进而实现案结事了的理想结果。本诉适用简易程序审理时,为了促使纠纷的一次性解决、提升诉讼程序解决纠纷的容量,避免矛盾判决,各国法律均允许本诉被告提起反诉。只是当反诉应当适用普通程序时,本诉与反诉并不适用同一种程序,此时本诉与反诉在法理上是可以分开审理的。但是允许提起反诉之目的在于提升诉讼效率,避免矛盾判决,如果分开审理就会无法达到该目的。反诉与本诉分开审理的法定情形主要有以下几种:本诉与反诉合并审理会过度迟延诉讼程序之进行,出于诉讼效率之目的不能合并审理;反诉属于专属管辖;出于公益之目的不能合并审理等几种情形。由此可以看出,本诉与反诉不适用同一种诉讼程序并非分开审理之法定事由,经过上面分析适用普通程序之反诉尚能通过当事人合意实现简易程序审理。而反诉适用普通程序审理时，原本适用简易程序审理的本诉如与反诉一并适用普通程序是对本诉纠纷程序保护的加强。在削减当事人之程序保障时应当取得当事人的同意，并尊重当事人选择的权利。简易程序本是为了提高诉讼效率，将诉讼标的额较小、案件简单、证据充分的案件在简化普通程序、弱化对当事人程序保护的基础上而设定的纠纷解决程序。① 经本应适用简易程序的本诉与反诉一并适用普通程序进行审理，强化了对本诉之程序保障，给予了本诉纠纷更加全面的诉讼程序保障，有利于实现诉讼程序的公正，因此不需要经过当事人同意。将本诉与反诉一并审理还有利于避免矛盾判决之产生，亦能将本诉与反诉之诉讼纠纷在同一诉讼程序予以解决，提升了诉讼程序解决纠纷的容量和能力，实乃对本诉和反诉当事人有利之举。

二、合并审理——以合并辩论为中心

本诉被告在本诉开启的诉讼程序中提起反诉，因反诉之目的之一在于利用本诉已启动的诉讼程序，将与本诉相关之民事纠纷一并予以解决，进而使得诉讼程序扩大解决纠纷之功能得以发挥。有学者认为，反诉之提起，在其能与本诉合并审理，倘若本诉与反诉不能适用相同的诉讼程序，那么本诉与反诉就没有合并审理的可能性，此时不得提起反诉。② 因此，原则上本诉被告提起反诉的，本诉与反诉应当合并辩论及裁判。但合并辩论及裁判会过度迟延诉讼或反诉属于专属管辖的抑或

---

① 姜世明：《民事诉讼法第二讲：简易诉讼程序及小额诉讼程序》，《月旦法学教室》2008 年第 63 期。

② 例如请求同居之诉与请求确认婚姻无效之诉；给付抚养费之诉与请求离婚之诉不能行同种之诉讼程序。

有其他情形不宜合并辩论及裁判的应当分开辩论及裁判。如果本诉程序开启后,本诉之被告没有提起反诉而是另行提起诉讼,受理该诉讼的法院在得知该情形后,应当裁定将后诉与前诉合并审理合并辩论。针对提起反诉之基础不同,将反诉与本诉合并辩论分情形分析。

(一)本诉与反诉请求基于相同的事实

立法者为了扩大诉讼程序解决纠纷之功能,避免当事人就相同之诉讼材料另行提起诉讼,浪费法院、当事人的时间、劳力、费用。各国民诉法均规定本诉被告对本诉原告存在基于相同的事实之纠纷者,可以提起反诉,法院应当受理并与本诉合并辩论合并判决。因此,何为基于相同的事实之解释直接决定反诉提起及合并辩论范围。

关于"基于相同的事实"之判断标准,学说上有以下三种观点。第一种观点认为,作为诉讼请求基础的事实是指纷争事实关系,并不是审判中的诉讼材料。因此,本诉与反诉请求基于同一事实应当是指引起本诉与反诉请求的事实关系相同或原因事实相同,其特指社会事实。[①]第二种观点认为,诉讼请求的基础事实与原因事实不同,原因事实更加偏重于民事实体法上之规定,在民事实体法上原因事实是以某权利发生之事实的面目出现的。而诉讼请求之基础事实更加偏重民事程序法之规定,基础事实在民事程序法中以法院判决所依据的事实形式出现。因此,本诉与反诉诉讼请求基于相同的事实应当理解为法院作出判决时所依据的事实相同;[②]第三种观点认为,本诉与反诉(即先诉与后诉)前后两诉之主要争议点相同,而先诉之诉讼材料和证据材料,很有可能在后诉审理中被采用。先诉与后诉之诉讼请求在社会生活上是基于相

[①] 吕太郎:《原因事实与基础事实》,《法学杂志》2000 年第 11 期。
[②] 邱联恭:《争点整理方法论序》,元照出版有限公司 2001 年版,第 66 页。

同的或连续的纷争事实,应当属于诉讼请求之事实基础相同。[①]

以上三种观点均有其合理性,就扩大程序解决纠纷之功能、考虑本诉与反诉之牵连性,笔者赞同第二种观点。具体理由如下:若依第一种观点作为提起反诉并合并审理之基础,就会出现牵连性范围过于狭窄,很多情形下本诉被告无法提起反诉,更不用说合并审理了。不仅不能充分发挥反诉基础类型化之功能,而且也忽略了诉讼法上事实相同的观点,致使提起反诉之范围限制在很小之范围,进而使合并审理扩大解决纠纷之功能受到限制。而第二种观点以动态的视角看待整个诉讼程序,不受原告起诉时原因事实的限制,契合了反诉制度与程序进行中具体考虑以决定是否允许提起反诉进而实现本诉与反诉之合并审理。[②]依照诉讼程序进程之情形、法院判决之基础事实之重合性。如果法院在审理过程中发现本诉被告有与本诉相牵连之其他诉讼请求,该请求与本诉判决所依据之基础事实相同时,本诉被告没有提出反诉的,法院得行使释明义务,告知本诉被告提起反诉,以便于法院在同一诉讼程序中将基于相同事实之纠纷一并予以解决,确保程序公正。纵使本诉被告因疏忽大意或不知道可以提起反诉,亦可以经法院释明义务而实现本诉与反诉之合并审理。因此,以第二种观点作为本诉与反诉诉讼请求基础事实相同,较为妥当。第三种观点,需要本诉与反诉之间具备的主要争点具有共同性、诉讼请求之主张在社会生活上可认为相同或有密切关联、本诉请求之诉讼材料及证据材料于诉讼程序进行中在相当程度范围内与反诉具有相同性或一体性,且能够被反诉利用等诸多要

---

① 王甲乙等:《民事诉讼法新论》,三民书局 2003 年版,第 353 页。
② 魏大晓:《民事纷争强制解决机制之客体论》,《法学杂志》2004 年第 56 期。

件,才能被认定为基础事实相同,倘若将该标准作为认定"基于相同事实"的标准,不仅在实践操作中难度较大,而且也会使反诉提起之范围限缩,①无法发挥合并审理本诉与反诉之作用,不宜采纳。

(二)反诉以本诉法律关系为前提

原告向法院提起的本诉被法院受理后,在本诉的审理过程中,原告据以提起本诉之法律关系是否存在争议时,本诉被告就该法律关系不存在为诉讼请求提起反诉的,法院应当受理,并将其与本诉一并审理。② 例如,甲起诉乙,诉请乙归还属于其所有的房屋,乙主张其与原告甲之间存在租赁关系,不予返还。并提起反诉请求法院确认其与本诉原告甲之间的租赁关系存在。民诉学理界将本诉被告乙所提的反诉称为中间确认反诉。法院之所以允许本诉被告在诉讼进行中提起确认租赁关系存在的反诉,是因为法院对本诉之审理并判决,需要对作为本诉前提之法律关系存在与否进行确定,否则无法对本诉进行审理并判决。法院允许本诉被告提起该中间确认反诉亦可以利用已开启的本诉程序及双方当事人提交的诉讼资料和证据对中间确认反诉所需确认之法律关系存否,一并审理并判决。这样做不仅可以避免两个请求裁判之矛盾,亦可以达到追求程序上之利益,实现集中审理之目标。③ 对本诉被告之防御权亦没有伤害,亦可以避免相同之当事人就相同之诉讼请求及诉讼资料、证据重新起诉,进而节约宝贵的司法资源。

此类以先诉法律关系为基础或为其先决关系之诉讼,就诉讼经济而言,不宜允许本诉被告另外开启一个诉讼程序。允许本诉被告提起

① 许士宦:《请求之基础事实、原因事实与诉之变更、追加》,《法学杂志》2002 年第 33 期。
② 新堂幸司:《新民事诉讼法》,林剑锋译,法律出版社 2008 年版,第 660 页。
③ 许士宦:《反诉之扩张》,《台大法学论丛》2002 年第 5 期。

此类反诉,即希望促使本诉被告将与本诉相关联之纠纷合并审理,进而实现根本、彻底地将纷争一次性解决。倘若此情形下,本诉被告不利用本诉程序提起反诉,而是另行起诉,本诉被告另行起诉之行为不仅会无端地增加本诉原告诉累,使其承受程序上之不利,违背了当事人之间实质公正的程序要求。[①] 此时法院应当向本诉被告释明,促使本诉被告在本诉程序中提起反诉,以法院主导的方式促使本诉与反诉合并审理,维护双方当事人程序利益、维护司法之公正程序请求权。

此种以本诉法律关系为依据之诉讼,如果本诉被告另行提起诉讼时,法院必须在本诉所依据之反诉作出有效判决前停止本诉之诉讼程序。此消极方式可以有效地避免矛盾裁判之产生,但本诉之停止很可能致使本诉之诉讼程序的极端迟延,对于促使本诉被告提起中间确认反诉而言,其实在难以保证能够落实诉讼法程序之保障功能。综上所述,以本诉法律关系为前提之中间确认反诉法院应当积极地行使释明权以实现本诉与反诉之合并审理,促使诉讼程序保障功能的实现。

(三)就同一诉讼标的或基础事实提起反诉者

本诉被告对本诉原告之诉讼标的有诉讼利益的,本诉被告有权在本诉诉讼程序中针对该标的提起反诉,在上诉审中提起反诉亦无需经过本诉原告的同意(详见本书上诉审反诉制度之建构部分)。例如,本诉原告甲提起消极确认之诉,请求法院确认其与本诉被告乙之间的债务关系不存在,本诉被告乙提起反诉请求法院判决本诉原告履行该债务。该案例与中间确认反诉有类似之处,在该情形下,受理本诉之法院本应就甲与乙之间债权债务关系存否作出判决。出于扩大诉讼程序解

---

① 许士宦:《重复起诉禁止原则与既判力客观范围》,《台大法学论丛》2001 年第 6 期。

决纠纷之范围的目的考虑,使当事人利用同一诉讼程序就本诉被告乙请求本诉原告甲履行该债务之反诉一并予以审理。此情形下本诉被告提起之反诉必须具有诉讼利益,否则不能被法院受理,是否具有反诉利益应当由法院根据具体情形确定。[①] 例如,将上述案例进行变更,即原告甲提起消极确认之诉,请求法院确认其与被告乙之间的债务关系不存在。被告乙并没有在本诉中提起反诉,而是向法院另行提起诉讼请求,诉请甲履行对乙所欠之债务。此时,后诉原告(前诉之被告)乙之诉讼请求包含了前诉原告之诉讼请求即确认与乙之间的债务关系不存在。在司法实践中,法院往往会以前诉欠缺诉讼利益而将其驳回,仅对后诉进行审理。[②] 但是法院认为有诉讼利益的,可以将前诉与后诉一并审理,一并作出判决。

司法实践中,为了充分发挥确认之诉解决和预防纠纷之功能,应当放宽对确认之诉的诉讼标的。倘若双方当事人对法律关系之基础有争议,且法院对该事实是否存在确认之诉进行裁判,有利于民事纠纷之预防、解决或避免纠纷扩大时,法院应当受理该确认之诉并及时作出判决。[③] 为了避免滥用诉权、疏减案源,司法实践中往往规定,当事人就法律关系之基础事实提起确认之诉的同时,提起形成之诉、给付之诉或直接就该法律是否存在提起确认之诉时,可以认定当事人提起法律关系基础事实是否存在的确认之诉没有诉讼利益,法院应当直接驳回该诉。倘若某一基础事实,可能派生出两个以上之权利义务关系,如果当事人提起确认该基础事实是否存在的确认之诉以预防其派生之权利义

---

① 许士宦:《反诉之扩张》,《台大法学论丛》2002 年第 5 期。

② 关于消极确认之诉是否可以提起反诉?可参见夏璇:《消极确认诉讼之反诉研究——从司法解释与相关判例视野的再审视》,《学术界》2016 年第 3 期。

③ 许士宦:《民事诉讼法》(上),新学林出版股份有限公司 2016 年版,第 361 页。

务关系引起的纠纷,此时如果其中一项权利义务关系当事人就该项权利义务纠纷提起给付之诉或形成之诉时,法官一般情形下不应驳回该确认之诉。[①] 进而,倘若一方当事人提起确认该基础事实关系存在与否的确认之诉,在案件审理中,本诉被告提起该基础事实派生法律关系之反诉或本诉被告另行提起诉讼时,法院不应将其分别审理,应当一并审理并判决,以实现预防或解决纠纷,扩大确认之诉适用范围之目的。

第六节　民事反诉之撤回

原告向法院提起诉讼的,在法院作出判决前一般允许原告作出撤回起诉之意思表示。法院或被告可以决定是否允许其撤回该起诉,在原告起诉状送达被告前,原告要求撤回起诉的,法院应当允许,因为此时原告之起诉并未产生法律系属之效果。但是在法庭辩论终结后法院作出判决前,原告申请撤诉的,因为被告已经为诉讼做了大量工作,付出了很多心血,此时是否准许撤回起诉,需要尊重被告之意见,被告不允许撤回的,法院应当作出不予撤回之决定。倘若被告同意原告撤回起诉的,法院应当准许之。反诉作为一个有着独立诉讼请求的准独立之诉,其提起后法院作出判决前是否准许撤回? 依照大多数国家的规定,应当允许提起反诉之当事人撤回反诉。例如,我国《民诉解释》第239 条就对反诉之撤回作出了规定,并且明确了提起反诉之被告可以撤回反诉。在我国司法实践中亦允许撤回反诉,在我国裁判文书

---

① 许士宦:《诉之追加、变更与阐明》,《台大法学论丛》2002 年第 3 期。

网上搜索"撤回反诉"可以显示出 14386 份相关法律文书,其中判决书 5289 份;裁决书 9190 份;调解书 3 份;通知书 4 份。按审判程序来区分,一审涉及 13351 份;二审 2210 份;再审 151 份;再审审查与审判监督 51 份;其他 24 份。[①] 反诉作为民事诉讼程序中的重要组成部分,关于反诉之撤回,并没有引起学理界、司法实务界应有的关注。本部分就反诉之撤回主要就反诉撤回之条件和法律效果进行研究分析。

在法院受理反诉后作出判决前,提起反诉之本诉被告向法院作出的不希望法院就其提起之反诉予以审判之意思表示,我们称之为反诉之撤回。提起反诉之被告所作出的意思表示效力止于其向法院所提起的请求法院予以判决之范围,反诉之撤回对提起反诉被告之实体权益不产生任何影响。撤回反诉之意思表示是提起反诉之被告向法院作出,无须通知反诉之对方当事人,亦无须得到受理反诉之法院许可。只要撤回反诉之意思表示到达法院即视为完成,其不允许作出撤回反诉意思表示之当事人随意撤回该表示。至于法院或反诉之被告是否同意撤回该反诉对其没有影响。作出撤销反诉之主体对于诉讼标的而言必须合一确定的必须由提起反诉之全体作出方可生效,其中一人或数人作出撤回反诉的,不产生相应的法律效果。

一、民事反诉撤回之诉讼契约

法院受理反诉后,在判决作出前提起反诉之被告有权撤回反诉,这点无需争议。撤回反诉是提起反诉之被告所享有的诉讼权利。一般而

---

① 中国裁判文书网,https://wenshu.court.gov.cn/website/wenshu/181217BMTKHNT2W0/index.html? s8=03&pageId=0.7323280360867053,访问日期:2017 年 12 月 10 日。

言,撤回反诉之意思表示需要以书面形式向法院作出,在言词辩论期间可以以口头形式向法院作出,书记员应当将其意思表示记录在庭审笔录中,作为撤回反诉之凭据。如果提起反诉之被告在诉讼程序之外,向反诉被告作出撤回反诉之意思表示,不论其意思表示真实与否均不产生撤回反诉之法律效果。但是如果提起反诉之被告在诉讼程序外与反诉被告达成撤回反诉之契约其效力如何? 各国法律对其均没有规定,司法实践中做法亦各不相同,学理界的对其见解也不一致。但归结起来主要有以下三种观点:

一是无效说。该观点认为,提起反诉之被告与反诉被告在诉讼程序之外就撤回该反诉达成诉讼契约是对当事人诉讼法上诉讼权能之限制的约定。当事人诉讼法上的权能是国家法律赋予当事人保护其合法权益的权利,具有公益之属性,不能由当事人依照自己的意思随意处置。例如,当事人之间就不得起诉之契约在学理界和司法实务界均不认可。因此,出于限制当事人诉讼法上之诉讼权能之目的撤回,反诉契约亦不能产生相应的法律效果。当事人在诉讼外达成的此契约应属于绝对无效契约,绝对不能产生撤回反诉之诉讼法上的法律效果。①

二是有效说。该观点认为,当事人在诉讼外就自己的诉讼权利之处分与对方当事人达成合意,是双方当事人就自己民事诉讼权利行使处分权之表现,应当尊重当事人对自己权利处分的意思表示。因此反诉之被告可以在诉讼中以双方当事人存在反诉撤回契约为由进行抗辩,经法院查证该撤回反诉之契约是双方当事人真实意思表示的,应当

---

① 细野长良:《民事诉讼法要义(二)》,弘文堂1991年版,第159页;中岛弘道:《日本民事诉讼法(一)》,弘文堂1991年版,第947页。

认可反诉被告之抗辩。如法院允许提起反诉之被告继续进行诉讼的，有违诚实信用这一基本原则，因此法院应当以双方当事人之间存在该撤回反诉之契约为由驳回反诉。①

三是折中说。该观点认为，不能简单地说该契约是否具有诉讼法上之效力。一般而言，根据诉讼法原理，是否撤回反诉是当事人之诉讼权利，因诉讼权利涉及公益不能任由当事人随意处置，其在审理程序之外所作出的意思表示，一般认为其不产生诉讼法上之效果。但撤回反诉之契约是当事人之间的协议，即就诉之撤回达成的合意。根据民法自愿之原则，只要是双方当事人真实的意思表示，在不违反法律、公共利益和第三人合法权益的前提下，应当赋予其效力。因此当双方当事人就撤回反诉达成契约时，在诉讼法上不应当产生效力，但是当提起反诉之被告不履行该契约时，反诉之被告可以就反诉撤回契约以对方当事人不履行该契约为由提起一个新的诉讼，请求提起反诉之被告履行该契约。经法院审理后，判决该撤回反诉之契约有效的，可依据民事诉讼法强制执行相关之规定执行。②

就反诉撤回之契约效力而言，笔者认为，民事诉讼程序一个重要目的在于对民事纠纷主体之合法权益，以国家公权力即司法权予以保护，但在诉讼程序外作出的行为，不应当直接产生诉讼法上的法律效果。即撤回反诉之诉讼契约不能直接产生撤回反诉之效果。民事诉讼一个最基本的原则即对双方当事人合法处分自己民事权益的处分行为予以尊重和保护。而双方当事人亦应当遵守契约精神，履行双方当事人在

---

① 吴明轩:《民事诉讼法》(中册)，三民书局 1986 年版，第 769—771 页。

② Baumgärtel, Wesen und Begriff der Prozesshandlung einer Partei im Zivilprozess, 1972, S.190.

契约中的义务。既然当事人双方在诉讼外达成了撤回反诉之诉讼契约,那么提起反诉之被告就应当履行该契约之义务,在诉讼中向法院作出撤回反诉之意思表示,契约精神不允许提起反诉之被告在诉讼中作出与撤回反诉契约相反之诉讼行为。但是基于该撤回反诉之诉讼契约是诉讼外之行为,法院不宜直接干涉,只有该诉讼契约之对方当事人在诉讼中提起双方当事人直接有撤回反诉之诉讼契约的抗辩时,法院方可对该契约是否有效进行认定。倘若法院经审查认定该撤回反诉之诉讼契约存在且生效时,法院应当认定该反诉欠缺诉讼保护之要件,进而以判决的形式驳回该反诉。

二、本诉撤回或按撤诉处理时民事反诉之处理

反诉是依附于本诉开启之诉讼程序而存在的独立于本诉的诉讼,当本诉撤回时,反诉赖以存在的基础即反诉程序终结,此时反诉不再是反诉,虽然系属于受理反诉之法院。随着本诉的消失,反诉自此转化为一个独立之诉。日本民事诉讼法对本诉撤回后反诉如何处理作出了规定,在本诉撤回后,提起反诉之被告人欲撤回反诉的,可以直接向法院作出撤回反诉的意思表示即可,待该意思表示到达法院即产生反诉撤回之效果,无需经过反诉之对方当事人同意,无论该反诉程序进行至何种阶段。有民诉法学者认为,该规定之诉讼法理在于,当本诉被告提起反诉后,反诉即受本诉程序之拘束,依存于本诉程序而将诉讼程序向前推进,虽然因本诉之撤回及和解或确定判决等原因而终结,但是本诉系属之法律效果是面向将来发生的,因此本诉诉讼程序是否终结不会影响到反诉程序之继续进行。倘若本诉系属法院之法律效果,因本诉撤回,所产生的效力溯及至起诉时,所有起诉之效果均溯及于最初起诉时

消灭,与未提起诉讼之效果相同。① 此时反诉是否亦因本诉之撤回而丧失效力,对此学者之间存在争议。但是基于反诉之独立性即反诉就是一个相对独立之诉(起诉时请求不依赖于本诉诉讼请求而存在,其依附性仅仅表现为对本诉程序之借用)。因此,反诉不受本诉系属效力之约束,故当本诉撤回时,虽然产生了溯及至起诉时的法律效果,但是借用本诉程序启动的反诉不因本诉之撤回而丧失其效力,其依然脱离本诉后,作为一个独立之诉单独存在。正因为如此,在日本等国法律才将本诉撤回后反诉需要撤诉的单独处理,不因本诉的撤回而丧失效力,需要提起反诉之被告单独作出意思表示方可产生撤回反诉之法律效果。

在德国和意大利对于本诉撤回后,就提起反诉之被告是否撤回反诉及如何撤回反诉并没有单独作出规定,之所以在德国和意大利没有此规定,与这两个国家对反诉之认知有着密切联系。意大利民诉理论界认为,反诉与本诉一样不论是在反诉的提起还是反诉审理程序均将其看作一个独立之诉,意大利民事诉讼法甚至认为,反诉与本诉之牵连性不是反诉之必备要件,即本诉被告可以基于原告诉讼请求所依据之相同权利或基于可以对抗原告诉讼请求的一项权利而提起反诉。② 由此可以看出意大利反诉之第二种情形与英美法系任意反诉有相似之处,即反诉与本诉不需要存在牵连关系,反诉与本诉一样是一个纯粹独立之诉。也正是在此意义上使得意大利民事理论界和司法实务界并没有将反诉之撤回与本诉之撤回关联起来,体现在民事诉讼法中就是对

---

① 骆永家:《诉之撤回》,《台大法学论丛》1979 年第 1 期。
② 《意大利民事诉讼法典》,白绹、李一娴译,中国政法大学出版社 2017 年版,第 12 页。

反诉之撤回没有作出特殊规定,反诉撤回适用本诉撤回之程序及法律规定,即将反诉作为一个独立之诉看待在本诉撤回后反诉之撤回比照普通诉之撤回程序进行。德国亦将反诉看作一个高度独立之诉,甚至允许案外第三人针对本诉当事人提起反诉,亦正是德国和意大利将反诉看作真正意义上的独立之诉,才没有对反诉之撤回作出特殊的规定。德国和意大利将反诉看作完全独立之诉,其在诉讼法理上也就不存在本诉撤回时所产生之溯及效力对反诉之影响了。

我国澳门特别行政区对本诉撤回后,反诉之撤回处理有别于大陆法系的做法。其在《澳门特别行政区民事诉讼法》第238条规定,本诉是否撤回取决于提起本诉原告之意愿,其有撤回本诉之自由,但是撤回本诉对反诉不产生任何影响,例外情形是倘若反诉之诉讼请求取决于本诉诉讼请求的不在此限。反诉请求取决于本诉之诉讼请求,即反诉对本诉存在依附关系,当本诉消失时反诉无法独立存在,但是当本诉存在时,反诉请求是独立于本诉请求的。这种反诉有其特殊性,因此不能一概而论。例如,甲向法院提起诉讼,诉请法院确认甲与被告之间买卖合同关系不成立,乙提起反诉,诉请甲对其为准备该买卖合同而受到的损失予以赔偿,在法院尚未进入审理前,本诉原告甲申请撤回起诉,法院予以许可,此时建立在本诉请求之上的反诉,因为本诉的撤回使得其失去了独立存在的价值,因而反诉也随着本诉的撤回而消失。此观点是澳门特别行政区不同于一般大陆法系国家之规定。

针对本诉撤回后反诉如何处理,我国《民诉解释》第239条作了规定,当本诉原告申请撤回本诉时,经法院审查后许可的,可以撤回。但本诉之撤回对反诉没有任何影响,法院应当继续对反诉进行审理,倘若提起反诉之被告作出撤回反诉之意思表示的,法院应当准许,与撤回本诉相比,反诉之撤回法院不需要对其作出审查而直接准许即可。《民诉解释》如此规定之原因,笔者认为主要在于,《民诉解释》第238条对本诉申请撤诉时或按撤诉处理时作出了规定,经法院审查认为本诉存在违法情形或撤诉有损国家利益、社会公共利益或第三人合法权益的不应当准许撤诉。法院经审查不存在上述情形的,即可以准许本诉原告撤回本诉。依照第239条前半段规定,经法院审查后准许本诉原告撤回诉讼的,即可以认定本诉没有违法情形。基于我国对反诉牵连性之规定,此时反诉亦应当没有违法情形,因此当本诉撤回后,提起反诉之被告申请撤回反诉的,法院没有必要再次对其进行审查,应当予以准许,这充分体现了法律对当事人处分权之尊重,亦有利于纠纷的解决。① 总体而言,在本诉撤回或按撤诉处理后我国之做法与世界其他国家之做法类似,虽然其依据的法理有所区别,但整体而言有着共同的法理基础。在具体司法实践中,我国对本诉撤回后反诉处理之规定还有所欠缺,应当考虑到反诉诉讼请求对于本诉诉讼请求存在依存关系这一特殊情形。司法机关可以通过司法解释的形式对其明确和细化,待再次修法时应当对此漏洞予以弥补。

提起本诉之原告没有申请撤诉时,提起反诉之被告先行申请撤回反诉的,依据反诉之独立性,将反诉之撤回比照普通诉讼之撤回对待即可,无需另做特殊规定。

三、民事反诉撤回之法律效果

反诉撤回之效果是指反诉之被告在反诉受理后作出判决前向法院

---

① 王杏飞:《对民事二审中撤回起诉的再认识》,《中国法学》2017年第3期。

作出撤回反诉之意思表示后,经法定程序撤回反诉所产生的对当事人之约束效力。反诉依照法律的规定撤回后,将产生诉讼法上和实体法上两种效果。

(一)反诉撤回之诉讼法上的效果

反诉经法定程序撤回后,将视反诉自始未提起过,并且该效力追溯到反诉提起前之状态,所有效果恢复到反诉未提起时之相同状态。例如当事人在诉讼中提出的攻击防御方法、法院对反诉之管辖,均归于消灭,法院为审理反诉所做之调查亦归于无效。如果提起反诉之被告是在法院作出判决前撤回反诉的,法院不得就反诉进行判决,仅需对本诉作出判决即可。如果是在判决作出后上诉审中撤回反诉的,法院对该反诉所作出的判决不生效。但是应当注意的是在案件已经开始审理,甚至在审理基本结束之后,宣判之前撤回起诉,侵害了被追诉者的合法权利,浪费了司法资源,也削弱了法院审判的权威性和终局性。[1] 法院此时作出撤回反诉之行为应当谨慎为之。反诉之撤回使得一切均归于反诉提起前之状态。例外的是,韩国民诉理论认为,法院在审理反诉过程中所做之庭审笔录和法律文书可以作为书证在其他诉讼中予以引用,并不因反诉之撤回而归于无效。[2] 其法理根据在于,反诉提起后,反诉之请求系属于法院后与其他诉讼请求产生的关联审判关系。由于在反诉被提起时前者请求系处于系属之中的,因而作为管辖判断之基准的后者请求,不因前诉即反诉的撤回而消灭。[3]

一般而言,提起反诉之被告撤回反诉的视为反诉自始没有提出,因

① 杨宇冠:《以审判为中心与撤回起诉》,《人民法院报》2017 年 5 月 15 日第 2 版。
② 金洪奎、姜泰源:《民事诉讼法》,三英社 2008 年版,第 541 页。
③ 新堂幸司:《新民事诉讼法》,林剑锋译,法律出版社 2008 年版,第 245—246 页。

此该被告依然有权就该反诉再次提起反诉。由于反诉是在本诉开启的诉讼程序中提出的,反诉一经撤回,在本诉诉讼程序尚未结束前,其当然可以再次提起该反诉。本诉诉讼程序结束后,此时不具备提出反诉之条件,提起反诉之被告欲重新就该纠纷交由法院审理的,应当重新开启新诉讼程序,以一个新的独立之诉由法院就该纠纷进行审理。倘若本诉诉讼程序一审结束后,本诉当事人提起上诉的,依照我国《民诉解释》其依然可以在上诉审中提起该反诉。但各国均作出了一个例外规定,即当事人在本诉终局判决作出后,申请撤回反诉经法定程序予以准许的不得再次就该纠纷提起诉讼①,亦包括反诉,否则构成重复起诉。各国之所以如此规定其根据在于:法院作为国家的司法机关为了审理反诉付出了大量司法资源,反诉被告也为此付出了大量心血和劳力,如果在法院作出终局判决后,允许提起反诉之被告再次起诉,不仅会浪费有限的司法资源,对反诉之对方当事人亦不公平。甚至还会让别有用心之当事人利用该制度另行起诉而逃避法律责任,还可能会造成审理程序的重复和矛盾判决。为了避免上述情形之出现,各国均作了禁止性规定即当撤回之反诉与后来之诉属于同一诉讼的,提起反诉之被告在判决作出后再次就该纠纷起诉的,法院不予受理。

(二)反诉撤回之实体法上的效果

关于反诉撤回之实体法上的效果,一直以来颇有争议。韩国民诉理论界对该问题一直争论不休。不过,随着韩国民诉法的修改,其在撤回反诉引起的诉讼时效中断和诉讼中相关起诉期间之遵守将归于消灭,不产生溯及力。但是对于在反诉进行程序中的形成权之行使(如

---

① 《韩国民事诉讼法》第 267 条第二款,《日本民事诉讼法》第 262 条第二款。

催告、解除、撤销、抵销等)之效果是否消灭问题,尚未有定论。日本的民事判例认为,履行的请求①、解除②,不因反诉的撤回而消灭,而抵销③的效果则因反诉撤回亦归于消灭。不过在多数情形下,当事人之间就达成和解后,作为和解内容之反诉撤回、本诉撤回,此时如何对待其司法上效果(让司法效果消灭还是保留),往往由当事人之间诉讼和解协议的内容决定。倘若当事人之和解协议并没有明确涉及反诉撤回后形成权之司法效果的,此时应当从和解协议达成之目的作出合理解释。在没有当事人之间的和解协议而由提起反诉之被告出于其他考虑撤回反诉的,此时宜将反诉之撤回准用驳回起诉之法律效果对待。

(三)关于反诉之撤回效力有无问题的争议

1. 反诉撤回效力有无争议之情形

一是提起反诉之被告意思表示之瑕疵与撤回或同意之效力。反诉之撤回属于纯粹的一方诉讼行为,如果撤回反诉是被告欲申请该反诉撤回行为无效的,应当向法院提出申请,法院经审查认为该申请符合要求的,应当将该申请送达对方当事人并指定辩论期日,于辩论期日内由双方当事人就撤回反诉之申请是否有效进行辩论,法院以查明该反诉撤回意思表示是否有效。经查明法院认为存在反诉撤回无效情形的,应当准予撤回反诉无效之请求,使反诉程序恢复到撤回前的状态。当请求撤回反诉之主体意思表示存在瑕疵,如意思表示有错误、存在受人欺诈或胁迫之情形,如果该意思表示瑕疵没有达到法定情形的,④不能据此主张撤回反诉无效,进而保证法律程序之安定性,但如果达到法定

---

① 参见大审院 1913 年 4 月 19 日判决,《大审院民事审判录》第 19 辑。
② 大审院 1933 年 1 月 24 日判决,《法学》第 2 卷第 9 号。
③ 参见大审院 1934 年 7 月 11 日判决,《判例评论》第 23 卷。
④ 《日本民法典》第 147—151 条。

情形的,应当予以准许,日本以是否承担刑事责任为标准。日本最高法院判决认为,在法院作出终局判决后申请反诉撤回无效的,提起反诉之被告是因为受欺诈、胁迫等原因而且该行为应当承担刑事责任的,此时依照《日本民事诉讼法》第402条第一款之规定,应当认可反诉撤回无效之主张,使反诉恢复至撤回申请前之状态。①

2. 当事人可否达成合意使已经撤销之反诉重新回到诉讼程序

法院准许当事人撤回反诉后,反诉之当事人可否达成合意使本已终结的诉讼程序恢复至撤回前状态? 持肯定意见的观点认为,在法院作出终局判决前,申请撤回反诉并准许的,当事人可以达成合意,使该反诉恢复至撤回前之状态。在本诉尚未结束时,提起原反诉之被告无需通过重新提起反诉,本诉程序结束后,则需要另行提起诉讼,但如果审查后法院准许的,则恢复至诉讼撤回前之状态。这样做可以使已经经过的诉讼程序继续有效,进而避免诉讼程序不必要的重复,可以大量节省法院及当事人之劳力,亦可避免法院在事实认定等方面的矛盾。故而在双方当事人达成合意时,应当恢复至反诉撤回前之状态。但是在法院作出终局判决后,则不能恢复,因为法律明确规定了法院已经作出终局判决而撤回反诉的不能再次起诉,亦就使其失去了达成协议的前提。持否定意见的观点认为,在法院作出终局判决前,经申请反诉已经通过法定程序准予撤回,并恢复至未起诉前之状态,其乃诉讼法上之效果,不能由双方当事人自由处分。再者,如双方当事人达成协议,欲恢复诉讼,该诉讼之本质在于提起一个新的反诉或新的独立之诉,其并非使旧的反诉诉讼系属复活。倘若依照当事人之间的合意使已经撤回

---

① 参见日本最高法院1971年6月25日判决,《民集》第25卷。

之反诉重新进入诉讼程序,会导致因反诉之撤回而失去审理对象的旧诉成为重复起诉抗辩之对象。提起反诉之被告能否另行起诉亦成为新的问题,因此肯定意见之观点不妥。① 反诉在法院作出终局判决后撤回的,法律明确规定不能再次起诉,因此也就不存在所谓的恢复到诉讼程序之状态。

3. 反诉撤回效力有无之法院审查程序

当提起反诉之被告或对方当事人主张反诉撤回无效时,即双方当事人就反诉撤回效力产生争议时,该问题属于取得反诉诉讼系属有无之问题,属于程序法即公法的范围,不能由当事人自行决定,而应当由法院对其进行审查并裁决(不允许当事人以另行起诉的方式提起一个新诉以确认该反诉撤回无效或不成立)。主张反诉撤回无效之当事人应当向管辖法院提出申请,并提供相关证据,法院在收到申请后将该申请即证据送达对方当事人并指定辩论期日,在辩论期日由双方当事人主张证据进行辩论,在此基础上由法院作出裁判。② 经法院裁判认为反诉之撤回有效的,法院应当据此作出反诉因撤回有效而终结之判决。如当事人不服的,可以依照中间确认之诉之解决方法予以解决。如法院经审查认为反诉撤回无效的,法院可以以中间确认判决之形式作出反诉撤回无效,③而继续对反诉进行审理。如果法院没有作出中间确认判决的,可以直接决定原反诉继续审理,在最后的终局判决中以判决理由之形式予以体现。④

---

① 岩松三郎、兼子一:《法律务实讲座民事诉讼编(二)》,弘文堂1998年版,第233页。

② 参见大审院1933年7月11日判决,《大审院民事判例集》第12卷。

③ 最高裁判所第三小法庭1955年7月5日判决,《最高裁判所民事判例集》第9卷。

④ 岩松三郎、兼子一:《法律务实讲座民事诉讼编(二)》,弘文堂1998年版,第254页。

　　在法院作出终局判决后,若提起反诉之被告欲向法院主张反诉之撤回无效的,其只能通过提起上诉之方法进行救济。在上诉审中如果经法院认定撤回反诉之行为有效的,上诉审法院应当以终局判决的形式作出判决宣告反诉之撤回有效,原反诉因撤回而终结,并在判决中驳回上诉。当法院认定该撤回反诉行为无效,应当继续进行上诉审,并最终就该民事纠纷作出判决。倘若一审中提起反诉之被告被认定为反诉之胜诉方并且由其提起上诉审主张反诉之撤回无效的。如果上诉审法院经审理认定反诉之撤回无效的,应当直接作出判决宣告反诉之撤回无效,上诉审无需对反诉进行审理。因为提起上诉之反诉获胜者(即提起反诉之被告)没有提起上诉审之诉讼利益(胜诉当事人不具有上诉之利益)。① 另外,为了保障反诉被告对第一审民事判决所享有的提起上诉审的权利,自上诉审法院作出反诉撤回无效的判决之日起的法定期间内,应当允许其针对第一审之判决提起上诉,以维护其合法利益。

---

① 新堂幸司:《新民事诉讼法》,林剑锋译,法律出版社 2008 年版,第 248—249 页。

第三章 民事反诉制度之强制反诉

第一节 问题之提出

在人类社会经济发展过程中,其整体趋势是社会经济发展越来越快,整个社会人口流动的速度不断提升,体现在民事诉讼制度中就是——民事案件变得越来越复杂,涉及的当事人越来越多,尤其相同的民事事件往往涉及多个当事人和数个诉讼请求。民事案件的复杂化,必然会导致诉讼程序的迟延,法院和当事人为解决该民事纠纷投入的精力和金钱会大幅增加。为了降低诉讼成本,提高诉讼效率,实现公正与效率兼得之目的,各国纷纷掀起了民事诉讼制度改革的浪潮。在众多的民事诉讼制度改革中,以英美法系代表国家的美国之诉讼改革较为成功。美国司法改革最典型的成功经验就是强制反诉制度的建立。在民事纠纷数量急剧增长,民事纠纷复杂化的美国,在司法资源的投入增长上远远无法满足国民对司法的需求,为了缓解司法供需之间的矛盾,《美国联邦民事诉讼规则》第13条以成文法的形式将强制反诉制度确定下来,随后美国各州在看到强制反诉制度的优点后多数州亦采纳该制度,使得强制反诉制度在美国得以推广。

强制反诉制度之所以能够得到美国司法界承认和推广,与该制度自身的独特优势密不可分。美国强制反诉制度不是孤立地存在,其离不开与之相关的配套制度,例如,完备的审前准备程序、充分的法官释明等。强制反诉制度最为有力的制度保障就是不提起强制反诉而导致的失权,强制反诉的失权制度促使本诉被告在诉讼中必须提出与本诉存在法定关联性的反诉,否则其将失去提起诉讼要求法院维护其合法民事权益的机会。因此,为了避免失权情形的发生,在当事人无法确认该请求是否属于强制反诉范围之请求时,本诉被告往往倾向于提起反诉,本诉被告的做法无疑有利于扩大本诉诉讼程序解决民事纠纷的能力。综上所述,强制反诉能够在很大程度上提升民事诉讼程序解决民事纠纷的能力,并有效提升诉讼效率,避免矛盾判决。同时,对于当事人而言其是否提起反诉由其自主决定,亦在一定程度尊重了当事人的程序选择权。就美国强制反诉制度而言,其与任意反诉一样,允许将案外第三人引入到反诉程序中来,进一步扩大强制反诉程序解决民事纠纷的能力。强制反诉的性质使得法院需对其一并审理、一并作出判决,这就使得法院在实行阶段可以凭借同一执行名义将本诉与反诉之诉讼请求一并予以执行,极大地提升了执行的效率,为有效解决"执行难"提供了全新路径。

大陆法系国家也曾尝试建立强制反诉制度,但是最终稿中却因为种种原因将该规定予以删除。但是强制反诉制度的众多优点依然吸引了我国司法实务界和民诉理论界对其进行研究,并不断探讨我国引入该制度的可行性。我国作为传统的大陆法系国家,特别注重对当事人民事权益的处理和民事诉讼程序选择权的尊重,这就使得我国目前只有所谓的任意反诉,即将是否提起反诉的权利交由本诉被告自主选择。除此之外,我国目前并没有建立起与强制反诉相衔接的相关制度,例如失权制度,法官释明义务、审前准备程序不完善,更为重要的是强制反诉的法理基础在我国民事诉讼制度中尚存在欠缺。在讨论我国是否应当引入强制反诉制度时我们首先搞清楚以下几个问题:美国强制反诉的历史渊源如何? 其对美国现行强制反诉制度之形成有何影响? 美国强制反诉制度之法理基础为何? 当事人不提起强制反诉之失权之法理基础何在? 在美国提起强制反诉的条件如何确定? 尤其是关于强制反诉与任意反诉区分的标准在司法实践中如何把握? 其次,重点分析我国是否应当引入强制反诉制度? 反对我国引入强制反诉制度的理由如何? 支持我国引入强制反诉制度的理由如何? 笔者在分析两者理由的基础上,给出自己的观点——在我国建立有限强制反诉制度。最后,详细介绍域外国家或地区(大陆法系国家或地区)有关强制反诉制度在立法和司法实践中如何运作? 并分析我国建立有限强制反诉制度的合理性基础为何? 在此基础上提出我国有限强制反诉制度应当如何建构? 提出“有限强制反诉”的范围和标准如何? 分析何种情形下为“有限强制反诉”之例外情形? 为了保障有限强制反诉制度在我国顺利运行,是否应当完善相关配套措施? 本部分将对上述问题逐一进行解答。

第二节　强制反诉制度之理论基石

任何一种制度的建立和运行,都离不开理论的指导,实践反过来又完善理论,实现理论和实践的有机结合,形成相互促进、相互完善的有机整体。强制反诉制度亦是如此,美国强制反诉制度的发展离不开民事诉讼理论作为其顺利运行的基础,美国强制反诉制度的理论主要体现在以下三个方面:一是禁反言原则;二是诉因禁止分割原则;三是民事权益之失权理论。本节通过对美国强制反诉理论基础之分析希望能对我国强制反诉制度之建立提供些许启发。

一、禁反言原则

美国法学家约翰·罗尔斯在其代表作《正义论》中指出:正义是人类社会中各种制度追求的最终目的,其犹如人类的整个思想体系将真理作为最终目的一样。[①] 源于衡平法之公平正义理念的禁反言原则是英美法系国家一项重要的民事诉讼原则,其目的亦不外乎追求民事诉讼的公正。禁反言原则本义是指在民事诉讼进行中,一方当事人的行为或言词使得对方当事人对其产生信赖,当该当事人在后续程序中发现该行为或言词会对其产生不利后果时,不得作出与先前行为或言词相矛盾的行为。[②] 禁反言原则保护的利益为产生信赖方之合法权益,其本质上是禁止民事诉讼当事人作出前后相互矛盾的行为或言词,在此意义上而言,其与我国的诚实信用原则有共通之处。美国禁反言制度相较于我国而言其特色主要在于其对允诺性禁反言的高度认可[③],这与美国司法制度中强调实用主义而忽略理论指导的司法文化密切相关。允诺性禁反言是对当事人一方在民事诉讼中向对方当事人作出允诺,对方当事人基于对该允诺产生信赖而作出的相应的行为或选择,该

---

① 参见约翰·罗尔斯:《正义论》,何怀宏等译,中国社会科学出版社 2006 年版,第 3 页。

② Peter Barnett, Res Judicata, Estoppel and Foreign Judgment, Oxford University Press, 2001. p.177.

③ 娄家杭:《英美法上的禁反言规则研究》,《国际法与比较法论丛》2004 年第 10 辑。

信赖为作出允诺方当事人可以有效地预见之信赖,此时法院不允许作出允诺之一方当事人否定该允诺。但是在美国的司法实践中,禁反言原则之作用在于维护当事人之合法权益,其是当事人维护合法权益之"盾"而非当事人进行攻击之"矛"。[①]

具体到强制反诉制度中,禁反言原则要求参与诉讼的当事人在诉讼进行中应当遵守其在诉讼中所作出的行为和言词。如果诉讼当事人在诉讼中所作出的行为和言词使得对方当事人有充足的理由对其真实性产生信赖,此时对方当事人依据对该行为和言词的信赖所作出相应的行为和选择。如果对方当事人在诉讼中欲撤回该行为或言词,其可能会使信赖方遭受到不利,此时法官不应当准许其撤回已经作出的行为或言词,以维护对方当事人之合法信赖利益。在强制反诉中,如果本诉被告之反诉请求属于强制反诉之范围,在本诉诉答程序结束前,本诉被告没有在诉答文书或后续的诉答文书中提起反诉的,待本诉诉答程序结束后,本诉被告就丧失了提起反诉之权利。此时,在本诉程序结束后,本诉被告不能以另行起诉的方式就与强制反诉相同之事由提起诉讼。因为在本诉程序中,本诉被告没有对本诉提起反诉,此时本诉原告基于本诉被告之行为,足以产生本诉被告不会再次就与反诉相同之诉讼请求提起诉讼之信赖利益。因此,当本诉程序结束后,本诉被告不能就与反诉相同之诉讼请求再次提起诉讼,否则就会对本诉原告之信赖和民事权益造成损害。英美法系之禁反言原则,通过对本诉原告信赖之保护,使符合强制反诉之本诉被告在本诉中不提起反诉的,禁止其在诉讼程序结束之后再提起诉讼。

---

① 具体案例可参见美国库姆案。

二、诉因禁止分割原则

诉因禁止分割原则又称纠纷一次性解决原则,其本质要求是在民事纠纷发生后,双方当事人将该民事纠纷提请法院予以裁定后,双方当事人有义务将引起该民事纠纷之事实原因相关的民事纠纷一并提请法院予以审理并裁判,使与之相关的民事纠纷通过一个诉讼程序全部予以解决。诉因禁止分割原则有利于提升诉讼程序解决民事纠纷的能力,有效减少法院和当事人投入纠纷解决之成本,并可避免法院对案件事实认定不一致和出现矛盾判决。基于诉因禁止分割原则的诸多优点,无论是大陆法系还是英美法系国家均将其作为民事诉讼中的重要理论。但是大陆法系在诉之合并理论上持保守态度,例如在反诉制度上,大陆法系国家一直采较为保守之态度,过于尊重当事人的程序选择权,使得反诉之提起取决于本诉被告之意思表示,因而诉因禁止分割原则在大陆法系国家只是一种理念,在司法实践中并未得到全面贯彻。但是在英美法系国家尤其是在美国,在法哲学上奉行实用主义,这是以结果为导向的哲学,在司法实践中并不过分关注所谓的原则、理论、制度,而是将行为之结果作为衡量某项司法制度是否有效的关键。[①] 在实用主义法哲学的指引下,美国追求诉讼纠纷解决效率和能力,诉因禁止分割原则正好契合这一法哲学。诉因禁止分割原则在司法实践中主要包括两个方面:一方面是主观方面,即民事诉讼纠纷涉及的全部当事人均应纳入到业已开启的诉讼程序中来,作为该民事诉讼程序的当事人参加到诉讼中,以维护其实体利益和程序利益。另一方面是客观方

---

① 张乃根:《西方法哲学史纲》,中国政法大学出版社 1993 年版,第 249 页。

面,即民事纠纷所涉及的全部诉讼请求应当在业已开启的民事诉讼程序中一次性全部提出,并由法院对其一并作出审理,当然,诉讼请求既包括原告对被告的诉讼请求亦包括被告对原告的诉讼请求。

诉因禁止分割原则在英美法系的反诉中表现为强制反诉制度的确立,该原则下的强制反诉制度要求与本诉存在法定牵连性的诉讼请求必须以反诉的形式在本诉开启的诉讼程序中全部提出,否则就失去另行提起诉讼之机会。就当事人方面而言,诉因禁止分割原则要求在强制反诉中尽可能地扩大诉讼解决纠纷的能力,强调本诉程序的"吞噬"性,尽可能将与诉讼纠纷有关的当事人全部纳入诉讼程序中来,并赋予当事人相应的程序保障权。民事诉讼中最基本的原则就是平等对待双方当事人。如果说诉因禁止分割原则狭义上而言是对原告提起诉讼之要求,那么强制本诉被告在本诉原告开启的诉讼程序中提起反诉是诉因禁止分割原则在反诉中之体现,因为强制反诉之诉讼请求往往与本诉基于相同的诉因。这就使得本诉与反诉必须在同一诉讼程序中予以审理并作出判决,否则就违背了诉因禁止分割原则这一基本原则。[1]执行诉讼规则时应牢记,在后来案件中所提出的诉讼请求如果可以在前面的诉讼中提出,则不允许再提出。[2]

总之,诉因禁止分割原则一方面要求本诉原告在本诉中,将基于相同诉因的诉讼请求在提起诉讼时全部提出,并将与之相关的当事人全部纳入到诉讼程序中来。另一方面要求本诉被告将其主张的与本诉基于相同诉因的请求,必须在本诉开启的诉讼程序提起反诉,并允许强制

---

[1] 哈泽德、意米歇尔·塔鲁伊:《美国民事诉讼法导论》,张茂译,中国政法大学出版社 1999 年版,第 26 页。

[2] 宋冰:《读本:美国与德国的司法制度及司法程序》,中国政法大学出版社 1999 年版,第 269 页。

反诉进行扩张,使得基于相同诉因的请求和当事人能够全部纳入到诉讼程序中来,实现基于相同诉因的民事纠纷一次性全部解决。

三、民事权益之失权理论

公正与效率作为所有法律制度永恒追求的主题,在民事诉讼制度中亦不例外,其通过各种诉讼制度的设计期望实现两者兼得。但是随着整个社会经济的进步,民事纠纷所涉及的事项和当事人越来越多,这就造成了案件审理程序迟延和法院、当事人为解决民事纠纷所投入的时间和精力的增加。为了更好地推进诉讼程序的快速进行,各国进行了一系列的改革,其中失权制度正是为了促进双方当事人及时提出相应的攻防手段,促进诉讼程序快速推进而制定的一种措施。所谓民事权益之失权是指在民事诉讼进行过程中,参加诉讼之主体先前拥有某项民事实体权利或程序权益,但是因某种法定情形的发生,使得该民事实体权利或程序权益丧失,而无法行使或者即使诉讼主体行使该权利亦不被法院认可。[①] 民事权益失权往往与该权利行使之相应的条件相对应,如果行使该权利的条件丧失就会导致该权利的丧失。例如,《民法总则》第 188 条规定:民事纠纷主体向法院请求权利保护的诉讼时效是三年,超过三年的除由法律特别规定外,不得向法院提起诉讼。与民事失权关系最为密切的是一定的期间,超过该期间没有行使相应的权利往往意味着该权利的丧失。失权制度本质上是对逾期提出攻击防御方法,一方当事人以失去权利为手段的严厉惩罚措施,以促进当事人积极行使相关权利,促进诉讼程序快速推进。

---

① 张卫平:《论民事诉讼中失权的正义性》,《法学研究》1999 年第 6 期。

民事权益失权之所以伴随着社会经济的发展而逐步产生,其根本目的在于促进诉讼程序的快速推进。目前关于民事权益失权理论无论是在英美法系还是在大陆法系均得到认可,之所以民事权益失权理论能够迅速发展在于失权制度能够有效促进诉讼程序的进行,实现双方当事人之间攻防平等,有效避免当事人之诉讼突袭,虽然其在一定程度上会造成实体权利或程序性权利的丧失,但是相对而言其更能够促使诉讼公正之实现。[①] 依照民事权益失权之基础理论,在美国民事诉讼强制反诉中,如果本诉被告没有在诉答程序结束以前提起反诉,那么该本诉被告不能在诉讼中或诉讼结束后,就该强制反诉请求另行提起诉讼。在法律赋予本诉被告在法定期间内即诉答程序结束前提起强制反诉,而本诉被告没有遵守法定期间而导致行使提起反诉的权利丧失,失去再次行使该权利的机会。其正当性基础在于法律已经给予了反诉被告在特定的期间为维护其合法民事权益而享受其反诉之权利,而本诉被告由于自身原因没有行使该权利导致失权的。可以说民事诉讼程序已经给予其相应的程序保护,而该权利的丧失不是民事程序之缺失,视为本诉被告对该权利之放弃,因此法律可以规定该反诉请求之权利丧失不再得到民事法律之保护。

第三节　美国强制反诉制度的立法及司法实践

在反诉制度上英美法系国家区别于大陆法系国家的一个最典型特

---

① 唐力:《论民事诉讼失权制度的正当性——兼评〈民事诉讼法〉修正案第 10 条》,《中国海洋大学学报(社会科学版)》2012 年第 4 期。

征就是英美法系依照反诉是否强制本诉被告提起,将其分为强制反诉与任意反诉,而大陆法系国家往往将反诉提起之决定权完全交由本诉被告决定,因此,大陆法系国家仅有"任意反诉"。强制反诉制度的立法及司法实践以英美法系的美国最为典型,本部分以美国关于强制反诉的立法和司法实践为中心,详细介绍、分析强制反诉在美国的发展及运行现状。

一、美国强制反诉制度立法之历史发展与现状

在分析美国强制反诉立法之历史发展及现状之前,我们先了解美国法之渊源。一般而言,美国立法之渊源主要有以下三种:普通法、衡平法和成文法。普通法多源自古老的传统和习惯,在司法适用上刻板而不灵活。衡平法则在适用时具备一定的弹性之原则,法官在适用时可以根据自己的经验和具体情况加以灵活运用。成文法自不必说,是以法典的形式确认的,并在审理案件时法官必须强制性不加变通地予以适用。例如 1938 年《美国联邦民事诉讼规则》就属于典型的成文法。

美国现行的关于强制反诉之立法是经过长期之司法实践和成文法之发展所形成,经司法实践证明其有利于快速解决民事纠纷主体之间争议、有效提升诉讼程序效率之制度。美国反诉制度源自普通法上的扣减(recoupment)和抵销原则①。在普通法中,扣减是指在原告提起诉讼后,被告基于同一交易、事件或法律关系所享有的向原告所主张的一个请求,该请求属于纯粹的防御手段,并不是一个独立的诉讼请求,其

---

① 扣减是指在诉讼中被告所提出,因原告未履行契约义务或违反同契约其他条款,而扣减原告请求之损失赔偿额,其与反诉不同,扣减仅得减少原告所请求之金额,不能要求原告作出赔偿;与抵销也不同,抵销是由于其他事由而产生被告对于原告之请求。

作用在于减少原告的诉讼请求金额或直接使本诉请求归于消灭,值得注意的是扣减不属于肯定性救济方式(affirmative relief)①。关于抵销,本书在前文已经将其对反诉之关系进行了分析,此处不再赘述。但其与扣减不同之处在于,抵销不要求其与本诉请求存在任何牵连性关系,其属于肯定性的救济方式之一。值得注意的是抵销之适用限于诉讼请求之价额已经确定或基于合同、民事判决之请求。②

在美国早期的民诉法典中所规定的扣减和抵销,是已经被修改的,并非作为美国法律渊源之普通法中原汁原味的减扣和抵销。美国传统的法律规定,如果反诉与本诉出于相同的交易或事件,此时本诉被告可以提起反诉,但此时该反诉属于任意反诉,倘若本诉被告不提起不至于出现失权之严重后果。该反诉之规定与以前普通法中之规定适用范围更为广泛,该反诉之规定认为,倘若被告之抵销后尚有余额,此时被告提起反诉且经过法院审理认为反诉请求成立的,法院即认可该肯定性救济方式,但是不足部分在于对于允许适用反诉之请求类型和情形作了限制性规定。③ 但是,在司法实践中审理案件的法院有时会对同一交易、事件或法律关系之界限进行限缩。例如,在一起房屋买卖纠纷中,原告请求法院判决被告返还其占有的房屋,原告诉称被告没有依照合同约定支付该房屋之价款,此时被告不能以原告存在欺诈性陈述而误导其签订买卖合同,此时审理案件的法官多以被告之侵权诉讼与原

---

① 肯定性救济是指被告以提起反诉之方式来寻求一个独立于原告诉讼外之救济,即使嗣后原告撤回诉讼或败诉,被告也可以通过其所提之反诉而获得救济。

② The Late Charles Alan Wright, Arthur R. Miller, Mary Kay Kane, Richard L. Marcus, Adam N.Steinman, Federal Practice & Procedure, New York:Wolters Kluwer,2015,p.1401.

③ The Late Charles Alan Wright, Arthur R. Miller, Mary Kay Kane, Richard L. Marcus, Adam N.Steinman, Federal Practice & Procedure, New York:Wolters Kluwer,2015,p.1401.

告之恢复占有之诉之间不具法定关联性为由,令被告另行提起诉讼。

当前美国许多州民事诉讼法规,无论通过明确规定还是以司法解释的形式,依然遵循传统的理念限制反诉之适用范围,仅在反诉能够使原告诉讼请求金额得以减少或使本诉损害赔偿请求无理由被驳回时方可提起。例如,在美国一个案例中,原告向法院申请停止侵害专利的禁止令,此时被告不能提起请求对方当事人给付金钱类的反诉诉讼请求。美国现行的《联邦民事诉讼规则》对反诉之规定,较之前的普通法适用范围更为广泛,其第 13 条关于反诉之规定可以说是旧衡平法①第 30 条之规定的扩张。其规定"与本诉诉讼请求基于相同之交易所提起的反诉,在答辩状中应当以简练易懂的方式为之",此时"允许被告提起反诉或抵销来对抗原告之诉讼请求,该反诉或抵销需是衡平法上独立的诉讼请求"。但是该条规定将反诉的诉讼请求限定在衡平法上所界定的损害赔偿权范围内,但是该限定随着衡平法与普通法的融合而被删除。美国现行《联邦民事诉讼规则》第 13 条的规定打破了衡平法与普通法的界限,允许其相互提起反诉。但是与衡平法相比,现行法一个明显的特点就是在衡平法诉讼中提起的普通法请求,被告不能放弃陪审团审判之权利。旧衡平法第 30 条与现行法第 13 条相比还有一个明显的区别在于,旧衡平法规定在"诉答程序"开始后被告可以提起强制反诉,旧衡平法将"诉答程序"采限缩性解释将其限定在本诉答辩期间范围内,对于在诉答程序结束后方加入诉讼程序之被告则不允许其提起强制反诉,对于后加入之被告提的反诉,原告亦无须对其作出任何回应。现行法第 13 条之规定以"请求"作为要件,规避了旧衡平法"诉答程序"这一要件,使得对

---

① 本部分中的衡平法(Federal Equity Rules),是指 1938 年前联邦法院用以规范民事诉讼之法规。

其限缩性解释失去了适用的司法环境,而逐步退出了司法舞台。

在美国理论界认为,反诉是指被告为对抗原告所主张的独立之诉讼,同时也是被告对于诉讼之回应,可为任意性或强制性。[①] 在此处我们仅讨论强制反诉,美国现行《联邦民事诉讼规则》第 13 条(a)款是强制反诉制度司法实践之法律依据,该款共分为两个部分:一是对强制反诉的一般规定,即如果被告提起之反诉与本诉源于相同的交易、事件或法律关系且被告所提起之反诉无需追加法官无管辖权之当事人时,本诉被告必须在诉答程序结束前向法院提起反诉,否则失去另行提起诉讼的权利,造成该民事权益失权之严重后果。二是例外性规定,即有下列情形之一的不适用有关强制反诉之规定:第一种情形是诉讼当事人已经提起了诉讼,但是在该诉讼中的诉讼请求为其他已经进入诉讼程序之诉讼的诉讼标的;第二种情形是对方当事人以提供担保或者以其他特殊程序的方式提起了诉讼,但是通过该程序,法院无法取得对该程序当事人的合法管辖权,并且当事人亦没有根据第 13 条有关强制反诉的规定提起反诉。

二、美国司法实践中提起强制反诉之要件及例外情形

依《美国联邦民事诉讼规则》第 13 条之规定,本诉被告在本诉程序开始后所提起的反诉请求与本诉请求基于相同的交易、事件或法律关系的,本诉被告必须在本诉程序中提起该反诉,否则在未来的民事诉讼程序中其将永久地失去主张该权利的机会。[②] 换言之,如果数个诉

---

① Scott Moïse,"Counterclaims", 21-SEP S.C. Law. September 2009,p.42.

② Luke McLeroy, In Light of Nobelpharma Ab V. Implant Innovations, Inc., Should Walker ProcessClaims Be Treated as Compulsory or Permissive Counterclaims to Patent Infringement Litigation?, 22Rev. Litig. 157, 2003,p.158.

讼间包含许多相同之事实争议,或包含一些相同之事实与法律争议,或是分歧之意见而出于当事人间相同之基本争议,则这些反诉被认为是强制反诉,且与未来的诉讼程序中将被一事不再理原则所禁止①,可认定其具有失权之效果。失权是对不依照法律规定行使民事权利最为严厉的制裁措施,为了避免造成失权,一定要深刻理解反诉提起的条件和例外,严格按照相关规定行使反诉权,以维护自己的合法权益。

强制反诉制度在美国经过多年的司法实践,已经积累了比较丰富的实践经验,在司法实践中形成了一套较为成熟的制度。依照《美国联邦民事诉讼规则》第13条对强制反诉进行了规定,我们可知在美国提起强制反诉一般应当符合以下三个基本要件:一是主体方面。强制反诉需由本诉被告对本诉原告提起,但是在美国允许在强制反诉中进行当事人扩张,即允许将案外第三人纳入到反诉程序中来。但是需要注意的是,纳入强制反诉的案外第三人不能是审理本诉法院无管辖权之第三人,否则法院应当以反诉主体不适格驳回反诉。二是牵连性方面。美国法律和司法实践中均要求强制反诉之诉讼请求与本诉诉讼请求应当基于同一交易、事件或民事法律关系,或者说本诉与反诉应当基于相同的原因事实或法律关系。三是客体方面。强制反诉中本诉被告所提出的反诉之请求不能是其他正在进行中民事诉讼程序当事人所争议的诉讼标的,否则法院不能受理该反诉。

依照第13条(a)款例外部分之规定,结合司法实践之惯例,当出

① Luke McLeroy, In Light of Nobelpharma Ab V. Implant Innovations, Inc., Should Walker ProcessClaims Be Treated as Compulsory or Permissive Counterclaims to Patent Infringement Litigation?, 22Rev. Litig. 157, 2003,p.165.

现以下三种情形时不适用强制反诉制度[①]：一是当本诉程序启动后，本诉被告欲提起之强制反诉的根据尚未发生，此时反诉请求尚未形成。换言之，本诉被告所提起的反诉请求客观上并不存在，反诉请求之根据客观上并未发生，此时法院对于本诉被告之反诉请求应当裁定不予受理，不受强制反诉制度之约束。二是当本诉程序启动后，本诉被告提起强制反诉之诉讼请求所指向的诉讼标的属于已经进入诉讼系属的其他诉讼程序之诉讼标的。换言之，强制反诉所涉及之诉讼标的在该强制反诉提起前就已经属于其他已经系属于法院之诉讼的诉讼标的，此时受理本诉之法院不能对该诉讼标的再次进行审理，否则将会违反重复起诉禁止这一民事诉讼程序的基本原则，应当由先审理该诉讼标的的法院审理该案件。强制反诉作为后诉不能对该诉讼标的再次进行审理；三是本诉是唯一与金钱、有价证券等财产有关的诉讼。此处唯一与财产有关是指本诉所涉及之财产是唯一的可被法院查封、冻结、扣押、执行之财产，该财产以外再无其他财产。此种情形下，由于强制反诉与本诉基于相同的交易、事件和法律关系，此时反诉请求亦必然涉及财产，由于本诉之请求已经涉及该唯一之财产，即本诉与反诉争议所指向的财产相同。基于上述理由，如果允许本诉被告提起反诉，就会涉及该反诉与本诉所争议的指向相同，因此，仅由本诉解决该争议更为适合且亦能达到解决所有纠纷之目的。

三、美国司法实践中强制反诉之界定标准

《美国联邦民事诉讼规则》第 13 条对反诉属于强制反诉抑或任意

[①]　Scott Moïse，"Counterclaims"，21-SEP S.C. Law. September 2009，p.42.

反诉之标准做了界定,即反诉与本诉诉讼请求"源于相同的交易、事件或法律关系"时,该反诉为强制反诉,反之则为任意反诉。但是在司法实践中,不同的联邦法院、不同的州法院在认定何为"相同的交易、事件或法律关系"时有不同的理解。① 但是强制反诉制度的重要目的就是提高诉讼效率、避免矛盾判决,为了促使该目的之实现,无论是州法院还是联邦法院均倾向于将"相同的交易、事件或法律关系"做宽泛的解释。基于相同之目的,法官创造性地引入了两个诉讼之间的"逻辑关系"②这一概念,不要求本诉与反诉之间"事实基础绝对相同"。在司法实践中,法官往往将"相同的交易、事件或法律关系"解释为:交易、事件和法律关系背后一系列的事实。审理案件的法官在诉答程序中认为将反诉与本诉分开审理会使法院和双方当事人付出双倍的投入和时间时,其往往倾向于承认本诉与反诉之间的逻辑关系,将该反诉界定为强制反诉。因此,法官在司法实践中审查反诉与本诉是否基于"相同的交易、事件或法律关系"时,以反诉与本诉诉讼请求是否存在"逻辑关系"为检验标准,并认为逻辑关系是检验反诉是否属于强制反诉最令人信服的标准。美国法官之所以在司法实践中采逻辑标准是因为逻辑标准具有很强的灵活性,审理案件的法官可以根据案件的实际情况综合考虑是否认定本诉与反诉之间存在逻辑关系。

---

① 最先在 Moore v. New York Cotton Exchange 案中确定, 270 US 593 (1962)。法官 Suther Land 在该案的评述中认为 two classes of counterclaims thus are provided for : (a) one "arising out of the transaction which is the subject matter of the suit", which must be pleaded……We are of opinion that this counterclaim comes with the first branch of the rlue。

② 在采用逻辑联系标准以前,美国法院的判例中曾经采用了很多其他的标准,如"两个诉讼中的争点所依赖的事实和法律是否相同","如果没有强制反请求规则,既判力规则是否会禁止被告随后提出的诉讼","原告的诉讼和被告的反请求的主要方面是否被同样的证据支持着"。具体参见 Rebecca D. Hattbaugh: United-Bilt Homes. Ins. v. Sampson: A New Standard for Compulsory Counterclaim?, Arkansas Law Review, 1995, pp.1008-1011。

以美国南卡罗来纳州为例,该州强制反诉之规定与联邦关于强制反诉之规定相同,但是在确认反诉是否属于强制反诉的标准上,南卡罗来纳州在司法实践中认定强制反诉之标准较为宽松即在逻辑关系之认定上采宽松的认定标准,在案件事实等完全相同的情形下该州法院更容易将反诉认定为强制反诉。① 下面我们将南卡罗来纳州与美国联邦在强制反诉标准认定上进行比较说明,主要是对逻辑标准之比较说明,以更好地帮助我们理解美国强制反诉标准在司法实践中如何界定。

(一)强制反诉逻辑标准之界定——以南卡罗来纳州联邦地区法院判例为中心

南卡罗来纳州对反诉是否属于强制反诉之界定标准在采纳"相同交易、事件和法律关系"这一法定标准的基础上与联邦一样,亦采逻辑关系为标准。但是逻辑关系界定标准在实践中并没有赋予其条条框框而是依据案件而不断变化的,因此我们以几个真实案例来进行分析。在 *Millinax v. Bates* 一案中②,原告以本诉被告基于与本诉原告联合经营苹果园之基础提起反诉,审理案件的法官经审查认为,反诉之事实与本诉之事实不具有强制反诉要求的逻辑关系,因为本诉是基于原告与被告合伙经营农场为基础的。但是在 *First-Citizens Bank and Trust Co. of.South Carolina v. Hucks* 一案中③,审理案件的法官在受理本诉被告之反诉后,经审查认为,本诉原告与被告之间的纠纷是基于信托合同所产生的关于信托经营与管理的纠纷,而本诉被告所提出之反诉是基于本

①　以下检验标准之部分参见 Scott Moïse,"Counterclaims",21 – SEP S. C. Law. September 2009,p.43。

②　Millinax v. Bates, 317 S.C. 394, 453 S.E.2d 894 (1995).

③　First-Citizens Bank and Trust Co. of South Carolina v. Hucks, 305 S.C. 296, 408 S.E.2d 222 (1991).

诉原告没有依照合同约定管理信托之义务而产生的纠纷,反诉与本诉均是基于信托管理与经营而产生的诉讼请求,因此两者具有逻辑关系,属于强制反诉。第三个案例是 *North Carolina Federal Sav. and Loan Ass'n v. DAV Corp* 一案①。该案法官认为,银行作为抵押权人提起终止抵押物回赎之诉,与本诉被告反诉诉称其向银行提供票据抵押进行融资是违反有关协定的,两者之间具有法律上的逻辑关系。但是案外第三人针对本诉被告提起的反诉,是基于案外第三人违反后续的协定而对本诉被告之利益进行交易所得,其不具有法律上的逻辑关系,该反诉请求不会对抵押票据之执行产生影响。最后一个案例是 *Plott v. Justin Enters* 一案②,该案中原告以被告非法侵犯其合法土地之权益为由提起诉讼,被告提起反诉请求对方当事人阻碍原告与被告之土地连接,审理案件的法官认为两者之间不具备法律上的逻辑关系,本诉被告亦没有提出足够的证据证明两者之间存在逻辑关系,其不属于强制反诉之范畴。

从上述几个案例可以看出,在南卡罗来纳州关于本诉与反诉之间的逻辑关系之认定,并没有一个比较客观的标准,审理案件的法官可以根据案件的实际情况灵活地认定本诉与反诉之间是否具有所谓逻辑关系。正是基于逻辑关系的灵活性,无论是州法院还是联邦法院亦倾向于不对强制反诉之逻辑关系作出明确界定。

(二)联邦法院关于逻辑关系之界定——以联邦第四巡回上诉法院为中心③

联邦第四巡回上诉法院和南卡罗来纳联邦地区法院在司法实践中

---

① North Carolina Federal Sav. and Loan Ass'n v. DAV Corp., 298 S.C. 514, 381 S.E.2d 903 (1989).

② Plott v. Justin Enters., 374 S.C. 504, 649 S.E.2d 92 (Ct. App. 2007).

③ 南卡罗来纳联邦地区法院审理后之案件需上诉至联邦第四巡回法院。

认定本诉被告所提出之反诉是否为强制反诉时通常考虑以下四种情形。

一是本诉与反诉其本质上是否源于同一事实或法律关系。该界定标准将反诉与本诉产生之根据作为区分强制反诉与任意反诉的依据，其本质上是对《美国联邦民事诉讼规则》第13条(a)款规定之具体化。例如，在 *Anderson v. Central Point School District* 案民事判决中①，审理案件的法官认为，本诉被告提起的反诉与本诉并非源于相同的事实，因此，没有认定该反诉为强制反诉。之所以该标准在司法实践中得到法官认可，是因为该标准比较容易识别，在提起反诉初期审理本诉的法官就能通过审查予以识别。例如，原告请求被告赔偿因车祸造成的损失，此时被告提起反诉，诉请原告对其因车祸造成的人身损害进行赔偿。法官在收到被告的诉答文书后，很容易判断该反诉与本诉均基于同一事实，即原告与被告之间的车祸并能迅速认定该反诉属于强制反诉。

二是在不提起强制反诉时，依据一事不再理原则是否阻却被告另行提起诉讼。该强制反诉识别标准与大陆法系之重复起诉原则有类似之处，其是基于既判力这一基本民事诉讼原则确立的，既判力原则要求法院一旦作出了最终判决，该判决在双方当事人之间就会产生规范效力，双方当事人不能就该争议再次提请法院进行审理，法院亦不允许在以后的判决中作出与该判决相矛盾的判决。当本诉被告提起反诉时依照既判力标准，该反诉如果不在本诉中提起，本诉被告另行起诉时，按照

---

① 554 F，Supp.600(D.Or.1982)，affd，746 F.2d 505(9th Cir，1984).法官评述原文为：Andersen's claimis that he was disciplined for exercising his first amendment rights；Groshong'sabuse of procees claim is that Andsen'spresent action is not for the legitimate purpose of recovering damages，but for the coercing the district intoaccepting a proposed collective bargaining agreement. The two claims require different proof and have different facture bases。

一事不再理原则,该诉讼将会被法院驳回,法院应当认定该反诉属于强制反诉。在此种情形下,如果不将该反诉纳入强制反诉之范围,禁止另行诉讼的结果将会产生失权之后果,其与未提起强制反诉之法律后果相同。正是在此意义上,美国联邦法院多将其纳入强制反诉之界定标准。

三是对本诉与反诉的诉讼请求支持或否定的证据是否大多数实质相同。在 *Columbia Plaza Corp. v. Sceurity Nat. Bank*① 一案中,原审法院将本诉与反诉分开审理,认为反诉属于任意反诉,上诉审法院认定被告提起的反诉与本诉诉讼请求两者之间存相同的证据予以支持,且争点大部分相同而认定该反诉属于强制反诉。当本诉与反诉的诉讼请求存在相同的证据时,往往意味着本诉与反诉之间存在某种牵连关系,要么基于相同的案件事实或交易,要么基于相同的法律关系,这符合第 13条(a)款对强制反诉的规定条件。该标准的一个突出优点在于,倘若对反诉或本诉诉讼请求支持或反对的证据大多数实质相同,将其界定为强制反诉,将本诉与反诉一并审理并作出判决,可以有效避免法院在依据证据对案件事实进行认定时所可能出现的矛盾,进而避免出现矛盾判决,该标准有利于促使强制反诉制度设立目的之实现。

四是本诉与反诉之间存在逻辑关系。关于本诉与反诉之逻辑关系,联邦地区法院与南卡罗来纳州法院对其认定几乎相同,且前文中已

---

① 参见 Columbia Plaza Corp. v. Sceurity Nat. Bank, 252 F. 2d 620(D. C. Cir, 1975)。具体法官对案件的评述为:In this circumstancesm, we cannot agree with the District that the two matters could appropriately be addessed in different courts. An adjudication pursuant to Rule 13(a) that two action are part of a single controversy should lead to resolution of both in a single forum. Sound judicial administration counsels against separate proceedings, ant the wasteful expenditure of energy ang money incidental to separate litigation of identical issues should be avoid. Here the same issues, and appareently to a large extent the same evidence, will be considered in both action, and two proceedings could duplicate discovery。

对其做了较为详细的分析,在此不再赘述。

第四节　中国是否全面引入强制
反诉制度之分析

一、支持将强制反诉制度全面引入中国之理由

由于强制反诉制度能够强制性要求本诉被告将与本诉相牵连的诉讼在本诉程序中提出,使得当事人能够利用已开启的诉讼程序最大化解决民事纠纷,同时亦能发挥提高诉讼效率、避免矛盾判决之功能。能够极大程度地克服我国现阶段提起反诉由本诉被告自主决定的缺点,即反诉提起的任意性。在我国,当事人可以依照自己意愿提起反诉,不论本诉与反诉之关系如何密切,本诉被告可以依照自己的意愿决定是否提起反诉。鉴于强制反诉之优点及对我国反诉制度缺陷之弥补,学理界众多学者支持将强制反诉制度引入我国。[①] 支持将强制反诉引入我国的理由,笔者总结如下:

(一)由辩论主义向协同主义转变之要求

辩论主义起源于德国,由德国学者根纳于 1801 年首先使用"辩论主义"一词。从此开启了辩论主义与职权探知主义的划分。辩论主义经过 200 多年的发展已经成为民事诉讼制度的重要基石,其主要内容

---

① 如张晋红:《论强制反诉》,《法学》1996 年第 7 期;乔欣、王克楠:《强制反诉与我国反诉制度之完善》,《法律科学》2003 年第 4 期;马艳红:《论我国强制反诉制度的构建》,《中共成都市委党校学报(哲学社会科学)》2005 年第 5 期。

是法院对案件审理后作出的判决只能依据双方当事人在诉讼中提交的资料、证据为基础,且只有经过法院主持的言词辩论后方能被法院采纳,法院不能主动收集证据,即使搜集了相关证据亦不能作为判决之基础。① 因此,辩论主义又被称为自由主义诉讼模式,其强调当事人在诉讼进程中的绝对主体地位。民事诉讼必须发现案件事实,否则就谈不上对双方当事人合法权益的保护。在职权探知主义模式下,发现案件事实的职责主要由法院承担,当事人只需将纠纷提交至法院即可,但随着社会经济的发展职权主义的弊端逐渐显现。辩论主义随之出现并长时间在民事诉讼这一舞台上发挥着主要作用。随着社会的进步,特别是进入现代社会后,诉讼类型急剧增加和现代型诉讼纠纷的出现,使得辩论主义在发现案件事实方面和促进诉讼进程方面受到极大制约。② 为了确保发现案件真实,保证实质正义,提升诉讼效率,亟待对辩论主义进行修正,与之相伴随的是协同主义的兴起。协同主义是以德国《伯尔尼宪法》中的"社会法治国家原则"为基础建构起来的,其在强调辩论主义的同时,强调对弱者的保护和法院的释明义务,着重突出当事人之间、当事人与法官之间的合作和配合,以促进案件真实的发现和诉讼程序的顺利进行。协同主义不仅改变了以往当事人之间的对抗关系,法院也由被动的居中裁判向积极推进诉讼程序进行,促进发现案件真实转变,其积极地与双方当事人进行沟通(如图所示)。正是基于此德国学者瓦塞纳指出,辩论主义之基础随着现代法治基础的改变而转向协同主义,其对辩论主义进行了结构性改造。③

① 伊东乾:《辩论主义》,学阳书房 1979 年版,第 30 页。
② 肖建华、李志丰:《从辩论主义到协同主义》,《北京科技大学学报(社会科学版)》2006 年第 3 期。
③ Rudolf Wassermann.Dersoziale Ziviprozess.1978. p.39.

法院与当事人关系

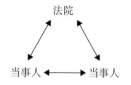

法院与当事人即当事人之间的关系

协同主义的兴起,体现在反诉制度中,表现为本诉被告应当积极地行使自己的反诉权,促使与本诉相牵连之民事纠纷在已开启的诉讼程序中一并予以解决,进而实现提升诉讼效率、避免矛盾判决之效果。强制反诉制度契合了当事人之间相互促进诉讼程序进行之责任,将与本诉相牵连之民事纠纷强制性地在同一诉讼程序中提起并解决,不仅有利于提升法院解决纠纷的效率,还有利于促使双方当事人在诉讼中积极履行真实义务,即当本诉被告知晓与本诉诉讼请求存在相牵连之民事纠纷时应当积极主动地行使诉权,当本诉被告未意识到或忽略时,作为审判机关之法院有义务对本诉被告提起强制反诉进行释明,以便于本诉被告提起反诉,实现减少因本诉被告没有提起反诉而导致失权进而无法实现实质公正。由辩论主义向协同主义的转变,不仅课于本诉被告应当遵从的情况积极地行使诉权,减少彼此之诉累,亦课以法院积极行使释明义务,促进双方当事人积极行使诉讼权利和义务,推进诉讼程序的进程。使得强制反诉制度之引入具备了相应的制度条件,为本诉被告不提起强制反诉而导致失权提供了一定程度之程序保障,是民事诉讼由辩论主义向协同主义转变之内在要求,因此我国应当契合当前协同主义发展的内在要求积极地引入强制反诉制度。

(二)民事诉权滥用之防止

民事诉权简单地说就是民事诉讼法赋予纠纷主体将该纠纷提交法

院进行审理的权利,换言之,民事诉权就是提起民事诉讼的权利。民事诉权作为当事人的基本司法权利,国家司法机关有义务保障当事人诉权的行使。"没有无义务的权利,亦没有无权利的义务",民事纠纷主体既然享有请求司法机关予以救济的诉权,就应当承担相应的义务,即当事人必须在法律规定的范围内行使民事诉权,不得侵害对方当事人、案外第三人、公共利益和国家利益,否则就会构成滥用民事诉权,需要受到相应的制裁。①

本诉被告提起反诉之权利,其本质就是一个完整的诉权。其与诉权一样,自诞生之日起就存在滥用的现象。世界上很多国家对此均予以认可,例如法国民事诉讼法虽然认为"起诉"不适用《法国民法典》第1382条之规定,但是却认可民事纠纷主体提起反诉或本诉被告之提起诉讼或反诉,均可以构成滥用权利。② 在我国的司法实践中,本诉被告滥用诉权的情形亦屡见不鲜,滥用反诉权,对反诉权滥用不仅表现在本诉被告在本诉程序中滥用提起反诉的权利,以实现拖延诉讼程序进程、干扰反诉被告等非法目的。滥用反诉权亦表现在本诉被告怠于行使反诉权,在应当提起反诉时不积极提起反诉促使纠纷在同一诉讼程序中解决,而故意另行起诉,不仅无端地增加对方当事人的诉累,还很可能会造成矛盾判决的出现,极大地损害了司法机关的公信力。还会造成相同的证据、证人、诉讼资料的重复辩论、出庭、提交,造成司法资源的浪费。

当事人滥用反诉权的目的主要在于通过合法行使反诉之行为,掩盖非法获益之事实,例如本诉被告在原告开启的诉讼程序中故意不提

---

① 刘敏:《论诉权滥用的民事诉讼法规制》,《河南社会科学》2011年第5期。
② 沈达明:《比较民事诉讼法初论》上册,中信出版社1991年版,第254页。

起反诉,而在本诉结束后提起另行起诉,达到增加本诉原告之诉累,对其进行诉讼骚扰之目的。英国最高法院曾在 1981 年发布的最高法院法令中授予法院权力,由法院来确定"持久麻烦诉讼活动"的边界,进而进行规制。[1] 如果放任本诉被告滥用反诉权而不予以制裁,不仅违背了"任何人都不应从不当行为中获利"这一基本原则,还致使法院沦为本诉被告谋取非法利益的工具,使国民对法律和司法机关产生信任危机。为了避免该情形的出现,各国纷纷立法对滥用诉权的行为予以惩罚,以增加滥用诉权的成本,促使本诉被告合法利用反诉权。

强制反诉制度要求本诉被告必须在原告开启的诉讼程序中将与本诉相关联的诉讼请求一并提出,如果本诉被告不积极提出反诉就会产生失权之严重后果。通过诉讼失权制度,不仅可以促使本诉被告积极行使反诉权,而且可以有效避免本诉被告利用提起反诉之自由滥用诉权,进而实现对滥用反诉权的规制,实现反诉权合法运行之目的。

(三)"诚信原则"具体化之有效途径

诚信原则是民事诉讼法中的基本原则,现代民事诉讼诚信原则起源于《德国民法典》第 242 条之规定。[2] 我们所说的"诚实信用"在德文表述为 Treu und Glauben,Treu 意指忠实、忠诚、信任及信赖之意;Glauben 系指在信任或信赖意义下的相信。二者合而为一,成为诚实、忠诚与体贴他人的行为标准;行为时,对于他方当事人的利益,需予以注意;对于他方的合理信赖,应予以保护。[3] 诚信原则体现在民事诉讼中,表现为在民事诉讼进程中,诉讼程序参与主体必须秉持公正、真诚、

---

[1]　See J.G.M.Tyas,Law of Torts,4th edition,Macdonald and Evans,1982,p.207.

[2]　《德国民法典》第 242 条规定,债务人应斟酌交易习惯,依诚实信用方法而为给付。

[3]　Simon Whittaker & Reinhard Zimmermann,Good Faith in European Contract Law：Surveying the Legal Landscape, Cambridge：Cam-bridge University Press,2000,p.31.

善意的原则积极推进诉讼程序顺利进行,促进纠纷快速、公正地解决。诚信原则在各国的民事诉讼立法中几乎都有规定,中国亦不例外。其在《民事诉讼法》第 13 条第一款明确规定,民事诉讼应当遵循诚实信用原则,但没有指明诚信原则的具体内容。与中国类似,世界上其他国家亦没有明确列举诚信原则的具体内容。正如德国学者所言,诚信原则属于开放性的系统,其内涵不是一成不变的,是在司法实践中不断充实完善的,无法采用一般的特定规则对其内涵进行描述或说明。[①] 德国民诉法对当事人在民事诉讼中的诚信原则描述为当事人在诉讼过程中就案件事实之描述应当客观、完整。随着司法实践的发展,德国民诉法在诚信原则具体化方面有了较大的发展,当前德国民事诉讼法中,多条规定均体现了诚信原则,如滥用起诉权时拒绝诉讼费用救助的规定,口头辩论诉的变更与撤诉的限制的规定,驳回迟延提出的攻击防御方法的规定等。[②] 而我国在诚信原则具体化方面仍然没有取得突破性进展,更多地还是原则性规定。

强制反诉制度作为民事诉讼中的一个重要制度,其与其他制度一样需要受到诚信原则的约束,换言之,在强制反诉制度中参与反诉的主体亦应当受到诚信原则的制约。诚信原则在民事诉讼中集中地体现为真实义务、积极行使相关权利、积极提交证据等。强制反诉制度的引入可以促使本诉被告积极地行使反诉权,以免因怠于行使反诉权而导致失权,无法再就该民事纠纷提交法院进行司法保护。强制反诉的失权效果促使本诉被告在是否提起反诉之问题上,必须慎重决定,考虑到强

---

① Simon Whittaker & Reinhard Zimmermann,Coming to Terms with Good Faith,at,in Reinhard Zimmermann et al,2000,p. 690.

② 参见《德国民事诉讼法》第 263 条、第 269 条等。

制反诉的失权效果,本诉被告必须积极行使反诉权利,及时地提起反诉、提交证据资料,进而促使纠纷尽快解决。本诉被告积极行使反诉,否则就会产生失权之法律效果,就构成了本诉被告如果故意不提起反诉而另行起诉等违反诚信原则的行为,会受到法律的严厉制裁——失权。这不仅会推动本诉被告依照诚信原则积极履行反诉权,而且还会因不遵守诚信原则而受到法律制裁,促使诚信原则在我国民事诉讼程序中生根发芽,也进一步推动了诚信原则具体化进程。

二、反对将强制反诉制度全面引入中国之理由

(一)当事人处分权之尊重

当事人处分权是民事诉讼区别于其他诉讼程序的最显著特征之一,其与辩论主义一起构成大陆法系民事诉讼制度之基石。日本学者中村英郎认为,当事人处分权是当事人在民事诉讼程序中享有程序主导的权利,该权利赋予了当事人在民事诉讼程序进行中依照自己的意志支配和处分自己实体权益和程序权益的权利。[①] 当事人处分权在民诉中集中地体现为以下三种内容:一是当事人可以依照自己的意思决定是否开启诉讼程序。换言之,当事人可以决定是否将自己的民事权益纠纷交由法院进行审理,并且作为审判机关的法院只能被动地接受当事人提起的诉讼,并在法律规定的范围内对其进行保护,以维护其合法权益。体现在反诉中就是,本诉被告有权依照自己的意志决定是否将自己与本诉有牵连性的民事纠纷在本诉原告开启的诉讼程序中提起反诉,由审理本诉的法院一并审理。但与公益有冲突的案件除外,例

---

① 中村英郎:《民事诉讼法》,成文堂 1987 年版,第 290 页。

如,反诉属于专属管辖案件的,本诉被告只能另行起诉。二是当事人可以决定提交法院审理的客观范围。换言之,当事人依据在何种范围内将自己的民事权益交由法院进行审理,法院只能在当事人提交的范围内进行审理,不能随意扩大或缩小该范围。体现在反诉中,本诉被告可以自主决定将与本诉有牵连之诉讼请求之一部分还是全部交由法院审理,法院只能在该范围内进行审理。例如,甲是乙长期的供货商,后来甲与乙就两批货物之供应发生纠纷。甲起诉乙,诉请乙支付该两批货物的货款,乙作为被告提起甲之货物有瑕疵要求赔偿之反诉。乙提起反诉时可以自主决定是否就该两批货物同时提起,亦可以决定之就其中一批货物提起反诉。假如乙仅就第二批货物提起反诉,法院不能擅自扩大反诉范围,只能在乙提起反诉的范围内进行审理。三是当事人可以自主决定民事诉讼程序的发展和终结。① 即民事诉讼程序之进程原则上受当事人处分权之限制、支配。即在民事诉讼程序进程上,法院应当尊重当事人之意思。如果当事人决定撤回反诉或与本诉原告和解,抑或对本诉原告之诉讼请求作出自认而终结诉讼程序的,法院应当尊重诉讼当事人之意思。例如在当事人作出自认,德国法院需要作出自认判决,日本虽然不需要作出自认判决,但应当在庭审笔录中予以记录。无论何种形式,其效果是相同的,即当事人明确要求不需要法院进行裁判时,民事诉讼程序依当事人意思表示而终结。

强制反诉要求本诉被告必须在本诉开启的诉讼程序中提起反诉,否则就会发生失权之严重法律后果。强制当事人提起反诉并课以失权之严厉制裁,这与我们大陆法系传统的尊重当事人处分权的基本原则

---

① 邱联恭、许士宦:《口述民事诉讼法讲义(三)》,元照出版有限公司2012年版,第13页。

相背离。反诉作为高度独立的诉讼,其完全可以不在本诉程序中提起,而在本诉结束后或本诉进行中另行提起诉讼,交由法院进行审理。反诉的高度独立性,使得法院更应当尊重当事人之处分权,交由当事人自主决定是否提起反诉。另外,大陆法系或我国之处分权与美国之处分权也有不同之处,尤其是在法院审理范围之确定及诉讼标的之概念方面,与我国有较大差异。在美国民事诉讼中,法官对当事人之间争议的诉讼标的是否相同具有很大的自由裁量权,不仅仅局限于当事人向法院起诉或提起反诉所声明之范围。而大陆法系包括我国的民诉理论认为,基于对当事人处分权尊重,法院对案件的审理、裁判只能在当事人提请法院裁判之范围进行,不能超出该范围。当事人是否提起反诉亦交由当事人自主决定(《美国民事诉讼法》第 13 条第二款)。因此,在现有的尊重当事人处分权之语境下贸然引入强制反诉,并由法院强行对其进行审判,并产生相应的既判力,是对当事人特别是本诉被告处分权的侵蚀。正是基于对本诉被告处分权之尊重,反对者认为不能贸然引入强制反诉制度。

(二)诉讼原因禁止分割原则之缺失

司法实践中,经常在相关法律中增加有关强制反诉之规定,即基于相同法律行为或相同法律事实所产生的权利义务关系,经本诉被告主张抵销后尚有余额的,本诉被告可以请求本诉原告进行给付。该项规定提起反诉之情形,除本诉被告在言词辩论前声明保留另行起诉的权利外,一般不得另行起诉,但法院对诉讼标的没有管辖权或不能适用同种诉讼程序的不受该条件限制。但是考虑到英美法系之强制反诉范围不限于本诉被告进行抗辩方符合提起强制反诉之条件,在英美法系,只要与本诉出于同一法律行为或民事事实,就必须提起反诉,否则会产生失权之法律效果。考虑到对本诉被告之程序保障及被告无意提起反诉对本诉被告处分权之侵害问题及本诉被告无力缴纳诉讼费用而径直使其失权,有过于极端之嫌疑。最为重要的是,在美国民事诉讼理论中,有一个十分重要但区别于大陆法系国家的原则即"诉讼原因禁止分割原则",在该理论下,原告提起诉讼据以作为诉讼标的的范围相当广泛。①

根据该原则其必然要求原告尽可能利用一个诉讼程序,尽全力将与该诉讼相关联的纠纷一并提起诉讼进而由法院审理解决,如果原告没有能够在一个诉讼中将同一诉讼原因之诉讼请求一并交由法院审理裁决,在该诉讼程序结束后,原告不能就该诉讼请求再次开启诉讼程序,否则法院会以重复起诉之原则裁定驳回起诉。与之相对应,为了实现当事人之间的公平,美国亦要求被告在诉讼中必须将与本诉有关联之诉讼请求一并予以解决,即提起强制反诉或称为必要的反诉。在双方当事人公平之理论指导下,强制本诉被告提起反诉否则产生失权后果之问题就不复存在。但是我国并没有强制原告必须就基于相同之案件事实或原因事实抑或同一法律关系所产生的各种诉讼请求,必须利用一次开启的诉讼程序全部予以解决(出于诉讼效率之考虑当然会积极鼓励,但不会产生不良后果,重复起诉除外),即使不一并起诉也不会产生失权效果或其他制裁,正是基于此,大陆法系普遍认同一部请求诉讼及由此产生的一部请求判决,这与英美法系的"诉讼原因禁止分割理论"可以说截然相反。因此,如果单纯地引入强制反诉,要求本诉被告必须就与本诉相牵连之纠纷提起反诉,否则会产生失权之严重后果,似乎对本诉被告

---

① 关于民事诉讼上之请求(诉讼原因)禁止分割原则,参见三月章:《一部请求判决の既判力争论の背景》,弘文堂1966年版,第184页;小松良正:《一部请求理论の再构成》,有斐阁1996年版,第150页。

十分不利,有违当事人攻击防御手段平等这一民事诉讼基本原则。

(三)失权之正当性前提之缺失

失权是指当事人因怠于行使权利而导致该权利失去效力,无法获得法律上保护的一种效果或状态。失权包含实体法上权利的丧失和程序法上权利的丧失两个方面内容。程序法的失权,特指民事诉讼当事人在诉讼程序进行中所实施的法律行为,因存在某种瑕疵,而被法院依现行法律之规定将其法律效果予以排除的情形。换言之,失权就是作为审判者之法院依照法律规定,将当事人实施的某种有瑕疵的诉讼行为认定无效或驳回该法律行为。[①] 民事诉讼程序之功能不仅在于保障当事人诉权之实现,亦肩负着公正地实现当事人权利的重任,而诉讼程序高效、快捷亦是其应有之义。近年来随着协同诉讼模式之兴起,要求当事人本着诚信和促进纠纷快速解决的原则,加强在诉讼中共同努力以促使诉讼程序的快速推进,而失权制度正是落实当时诉讼促进义务的有力制度保障。[②] 民事诉讼程序尤其是反诉程序中特别关注失权制度,一个重要原因在于反诉程序诉讼迟延情形屡见不鲜,而造成诉讼迟延的原因往往归结于当事人提起攻击防御方法的随时提出主义。鉴于攻击防御方法随时提出主义严重迟延诉讼程序进程的弊端,各国纷纷转向攻击防御方法的适时提出主义,例如为了解决诉讼主体随意提出攻击防御方法包括反诉而造成的诉讼迟延,德国率先对攻击防御方法之随时提出主义进行改革,提出了攻击防御方法的适时提出主义,[③]并

---

① 张卫平:《诉讼构架与程序》,清华大学出版 2000 年版,第 440 页。

② 唐力:《论民事诉讼失权制度的正当性——兼评〈民事诉讼法〉修正案第 10 条》,《中国海洋大学学报(社会科学版)》2012 年第 4 期。

③ 彼得·阿伦斯:《口头主义原则与诉讼促进》,《德国民事诉讼的理论与实务》,信山社 1991 年版,第 252 页。

在 1977 年修改民事诉讼法时强化了对于延迟提出攻击防御方法的行为,作出了强化失权的规定,以促进诉讼程序的高效运行。①

无论是在德国还是在日本,对作为制裁当事人延迟提出攻击防御方法最严厉的手段,其往往需要给予当事人较为完善的诉讼程序保障,以使失权机制有正当化前提,进而达到惩罚那些真正怠于行使诉讼权利的当事人。在反诉制度中,承认强制反诉失权之根据何在? 其并非简单的涉及禁反言原则和当事人诉讼行为前后矛盾的问题,其主要涉及权利失权之法理基础。依照权利失效之法理处理与依照禁反言原则处理强制反诉之失权问题,两者在构成要件和失权之效力范围上有很大区别。倘若依照权利失效之法理处理强制反诉之失权问题,则失权之要件应当是:倘若原告对本诉被告就不提起反诉一事已经产生充分的信任的情形下,本诉被告依然提起反诉必然会造成诉讼突袭,不利于反诉被告进行相应的防御,亦不利于实现真正的诉讼公正。此时应当对反诉被告之信赖利益予以保护,使本诉被告之反诉产生失权之法律效果。但是本诉被告在诉讼程序中,是否已经充分意识到其应当在何种范围内提起反诉? 该问题当然是关注反诉被告对本诉被告程序信赖的构成要件问题,但该问题与法院在诉讼程序中诉讼指挥权之行使亦有很大关系。倘若审理本诉的法院在本诉程序进行中认为,如果本诉被告在本诉程序中不提起反诉将会产生失权之严重后果,此时法院应当积极地行使诉讼指挥权或释明义务让被告可以预测、知晓该情况,以免因本诉被告无意之过失产生失权之严厉制裁后果,否则将与充分的诉讼程序保障作为失权之基础相违背。总而言之,本诉被告之反诉是

---

① 木川统一郎:《诉讼迟延及其对策》,有斐阁 1978 年版,第 202— 203 页。

否失权,应当在后诉讼程序中回顾前诉讼程序,进而分别予以判断,而非单纯地在本诉之诉讼程序进行中,就本诉被告之攻击防御目标显现程度及密度如何,并据此而涉及判断强制反诉的失权效力范围以及该制度运作的可能性。

三、本书见解

经过对是否引入强制反诉制度之支持理由和反对理由进行分析,貌似都具有一定的合理性。因此很容易陷入"公说公有理,婆说婆有理"的片面论证中来。下面我们对支持和反对引入强制反诉之理由进行评价,并在此基础上给出笔者之看法,以期对我国是否引入强制反诉制度起到一丝借鉴作用。

(一)对支持引入强制反诉制度理由之评价

通过对我国国内有关研究强制反诉制度科研成果的研习,笔者发现,几乎所有的学者都认为应当引入强制反诉制度。笔者在"中国知网"输入"强制反诉"关键词,共搜索到 15 篇学术论文,其中包括硕士论文 6 篇,期刊论文 9 篇。该 15 篇学术论文中只有 1 篇期刊,论文对强制反诉是否引入没有表示出倾向性,仅是客观的描述,其他 15 篇均显示出我国应当引入强制反诉制度的倾向性态度。笔者经过认真研读,将其支持引入强制反诉制度的理由进行了归类总结,并在前面部分进行了论述。下面笔者对支持引入强制反诉制度的理由分别进行简要评析。

随着社会经济的快速发展,各种民事纠纷激增,司法资源之投入增长依然无法满足社会对司法的期待和国民对司法的需求。辩论主义自德国起源后逐步成为民事诉讼程序最重要之组成部分乃至基石,辩论主义过度强调当事人在诉讼中的对抗,并将诉讼程序推进之全部事宜交由双方当事人处理。法院只需居中裁判,看似做到了公平对待双方当事人之效果。但是在实际社会中,双方当事人很少会处于绝对的平等状态,经济条件的差异、拥有社会资源的多寡等一定程度上影响双方当事人在诉讼资源上的差异。同时将诉讼程序之推进完全交由双方当事人,加之现有攻击防御方法之提出采随时提出主义,使得诉讼迟延十分严重。在认识到辩论主义的缺陷后,以强化双方当事人诉讼促进义务和法院诉讼指挥权的协同主义逐步进入了我们视野,其强调当事人的诉讼促进义务、案情陈述的真实和完整性及法院的诉讼指挥权,为民事诉讼程序的发展规划了路径。① 但是协同主义本身对双方当事人及法院的需要"协同"之内容界定模糊、不清晰,不易被参与"协同"的主体把握运用。协同主义中的诸多需要"协同"之内容不过是诉讼义务的一种理想化结果,实践操作性差。协同主义并未真正进入诉讼程序,例如,如果对真实义务强调到了无以复加的程度,全面要求当事人尽真实和完整的陈述义务,也有将民事诉讼转换成纠问程序的危险倾向。② 将强制反诉的引入之缘由建立在协同主义之上,就目前条件而言尚不成熟。协同主义之实质是双方当事人民事诉讼义务的强化,是在不侵害其自身利益基础上的共赢。不仅协同主义强调当事人的诉讼促进义务和法院的诉讼指挥权,辩论主义对此亦有要求,因此,将协同主义作为引入强制反诉制度的理由,目前尚不成熟,值得商榷。

随着民众法治观念的增强,公民的权利意识已经觉醒,遇到纠纷首先想到的就是向法院起诉,通过法院裁判来维护自己的合法权益。但

---

① 王福华:《民事诉讼协同主义:在理想和现实之间》,《现代法学》2006 年第 6 期。
② 奥特马·尧厄尼希:《民事诉讼法》,周翠译,法律出版社 2005 年版,第 253 页。

随之出现的问题就是民事纠纷主体滥用民事诉权,主要表现为无理缠讼、虚假诉讼、骚扰诉讼、诉讼欺诈等,滥用诉权表面上是违背了国家设置诉讼程序之目的,实质上是侵害了对方当事人之合法权益。[1] 就滥用反诉权而言,包括两种情形:一是依照法律规定不能提起反诉,而本诉被告违反规定积极地提起反诉骚扰对方当事人,造成诉讼迟延,以达到自己之非法目的;二是依照法律规定可以提起反诉而不提反诉,而另行开启新的诉讼程序,不仅不利于节约司法资源而且还会无端地增加当事人诉累。在我国现行民事诉讼法下,当事人是否提起反诉完全交由当事人决定,因此"可以提起反诉而不提起"的情形严格来说属于当事人在法律规定的范围内行使自己的权利,不应当被归结到滥用反诉权的范围内,但是其实际结果却确实产生了滥用诉权的效果。但反诉权所谓滥用在司法实践中到底能产生多大影响,我国学者并没有分析。下面我们以一组数据来说明:2015 年我国共有民事案件 3918022 件,其中本诉被告提起反诉的案件 85779 件,即提起反诉的案件占当年总案件数的 2.19%。2016 年我国共有民事案件 6776335 件,其中本诉被告提起反诉的案件 135785 件,即提起反诉的案件占当年总案件数的 5.28%。[2] 2017 年,我国共有民事案件 6651528 件,其中本诉被告提起反诉的 94251 件,即提起反诉的案件占当年民事案件总数的 1.41%。[3]由表中可以看出,当事人提起反诉的案件占民事案件总数的比例并不高,且本诉被告亦往往希望案件能够尽快地解决而积极地提起反诉。

---

[1] 杨良胜:《诉权的膨胀与制衡:诉讼权利滥用规制的必要性》,《法制日报》2016 年 5月 4 日第 9 版。

[2] 为方便起见,以中华人民共和国最高人民法院裁判文书网中一个民事法律文书作为一个案件来对待,可能与实际会有误差,但总体而言误差不会太大,基本可以忽略。

[3] 此处数据截至日期为 2017 年 12 月 21 日。

纵有部分本诉被告"滥用反诉权",其所占比例依照 2015—2017 年的数据而言应当不高。为此而引入一个全新的强制反诉制度并对我国现有的民事诉讼制度进行大的改动,是否符合经济原则暂且不论,仅是文化制度差异就难以解决。何况不提起反诉而另行起诉依然符合我国民诉法之规定,其至多属于"准滥用反诉权之行为"。因此,将滥用反诉权之防止作为引入强制反诉制度的理由实有过于牵强之嫌,不宜采纳。

反诉案件与受理案件总数关系表

年度	民事案件总数	提起反诉案件数	提起反诉案件数占民事案件数总之百分比
2015	3918022	85779	2.19%
2016	6776335	135785	5.28%
2017	6651528	94251	1.41%

诚信原则作为民事法律关系中的"帝王条款",在民事诉讼程序中依然是对参与诉讼程序主体最基本的要求。诚信原则在民诉中的一个重要功能就是保护弱者。例如在民事诉讼中,一方当事人由于法律知识欠缺,而不知或错误地作出了某种法律行为,但是法律一般仍会给予其相应的救济措施,法院亦会在审理过程中对其积极地进行释明,这是法律对弱者的保护和照顾。法律如此规定,是因为一群弱而愚的好人相较而言比一群强而智的坏人更可接受。在这个意义上,意大利学者艾米略·贝蒂说,主观诚信都是辩护性的诚信,以免人们落入非法。① 就客观诚信而言,它意味着在民事诉讼中一方当事人不利用对手法律

---

① Cfr.Giovanni Maria Uda,La buona fede nell'esecuzione del contratto,Giapp ichelli,Torino,2004. p.8.

知识的欠缺或疏忽大意牟利,而是依照客观的案件事实公正行事,这样行事的结果,客观上发挥了保护了弱者的功能。[1] 无论是主观的诚信还是客观的诚信,可以将其看作是对契约之遵守。伊壁鸠鲁(公元前341~公元前270年)认为,契约是民事主体自愿订立的共同协定,契约之当事人应当依照契约之约定内容形式,不仅不能侵害他人利益,亦不受他人之侵害,以达到和谐共处之目的。[2] 在民事诉讼中为了能够约束双方当事人,进而保证诚信原则在民事程序中的实现,各国民诉法均规定了违背诚信原则的制裁手段,明确了双方当事人承担的义务主要是告知义务和不恶意侵害他人权益之义务。强制反诉制度要求本诉被告必须在本诉原告开启的诉讼程序中提起反诉,否则产生失权之严厉法律效果。强制反诉制度的引入,在一定程度上可以以反诉之失权作为制裁措施,促使本诉被告积极履行诉讼促进义务和告知义务,即促使本诉被告积极提起反诉将与本诉相关联之其他纠纷一并予以解决。强制反诉制度之引入能够有效避免与本诉诉讼请求相关联之纠纷,在本诉结束后以另行起诉的方式再次向法院提起诉讼而使诉讼程序重复进行。民诉中之诚信原则本身亦包含着本诉被告应当积极地提起反诉,以促进诉讼程序之高效运行。就此而言,英美法系之强制反诉与大陆法系之反诉都体现了诚信原则对本诉被告所提出的积极提起反诉之义务。但是英美法系之强制反诉配合失权制度,将反诉不提起之后果强制性地予以失权,在我国如果简单引入该制度,而与之关联之配套制度无法跟进时,很容易致使对本诉被告之权益程序保护不足,而出现实质不公正。在诚信原则对本诉被告课以相同的真实义务和诉讼促进义务

---

[1] 徐国栋:《诚信原则理论之反思》,《清华法学》2012年第4期。
[2] 全增嘏:《西方哲学史》上册,上海人民出版社1983年版,第232页。

时,引入强制反诉制度,尚面临实质正义无法实现之缺陷,此时将诚信原则作为引入强制反诉制度之理由,有牵强附会之嫌。

综上所述,支持引入强制反诉制度的三个理由虽然在法理上都有一定的依据,能够在一定程度上反映出我国引入强制反诉制度对法治建设完善的意义,并反映出我国对强制反诉制度的内在需求。但经过分析,我们可以得知,学者主张我国引入强制反诉的理由往往只是该制度的内在要求和外在表现形式,并没有触及最根本的理论。我国作为传统的大陆法系国家,无论是在传统的司法理论上还是在具体的司法运行环境中,尤其是反诉理论中,并不具备完全引入强制反诉的基础和相关制度。因此就当前而言,在司法实务中确实有引入强制反诉之现实需求,但是我国不应当全面地、不加选择地全面引入强制反诉,应当有选择性地引入,把当前司法实践中迫切需要的部分引入。在本节第三部分将做详细分析。

(二)反对引入强制反诉制度理由之评析

依照强制反诉制度的内涵,强制反诉制度引入我国民事诉讼中,主要之目的在于实现民事纷争的一次性解决以及减少诉源,实现节约有限的司法资源,达到民事诉讼经济之效果。如此优异之制度为何大陆法系之主要国家均没有将其引入到本国的民事诉讼制度中来?反对将强制反诉制度引入我国民事诉讼程序的学者们似乎给出了答案。

大陆法系国家,包括我国在内,都将保护当事人的合法权益作为民事诉讼程序的重要出发点和落脚点,对当事人诉讼权利行使之限制均持十分谨慎之态度。失权作为对当事人诉讼权利最严厉的制裁手段,更是慎之又慎。因为失权会导致诉讼行为的失效,其直接关系到当事人之实体权益是否受法律保护乃至直接失去该法律权益。从各国之立法看,引起失权之主要原因在于当事人怠于行使诉讼权利,且该怠于行使诉讼权利之行为是基于当事人自身原因所致,除此之外当事人怠于行使诉讼权利还要造成不良后果才可以导致失权,例如导致诉讼程序严重迟延、侵害对方当事人之诉讼权利等。作为对可归责一方当事人的制裁措施,法院对延迟提起的攻击防御方法不予实体审理,直接予以驳回。体现在强制反诉制度中就是,假如本诉被告没有在诉讼程序中提出反诉,其直接结果就是本诉被告在本诉结束后另行提起诉讼的,法院直接裁定驳回起诉,不对本诉被告提起之诉讼进行实体审理。但是失权尤其是反诉之失权,失去的是提起诉讼之权利,兹事体大,应当十分慎重。失权之效果发生之前提是必须给予本诉被告充分之程序保障,给予其相应的救济手段。有学者认为,属于强制反诉之情形,本诉被告逾时提出反诉造成失权后果的本诉被告并非当然承担所有释明责任,其仍应视具体情形加以区分,如此方符合公正程序之要求。例如:当事人逾时提出者,若属法院得依职权斟酌之显著事实、职务上事实或应依职权调查证据等情形,法院既然得自卷宗清楚查明,当事人释明之必要性便属稀薄。法院为尽速判断当事人之新攻击防御方法能否提出,其仍须适时为当事人行必要之释明,并给予陈述意见之机会,如此方能避免造成突袭,并落实失权制度之设置目的。[①] 在强制反诉中,依不引入反诉之理由,当本诉原告对本诉被告不提起反诉产生信赖利益时,基于本诉原告之信赖利益,应当使本诉被告之反诉权失权。此失权有坚实的法理基础,应当予以支持,但是在司法实务中存在何为信赖利益,信赖利益之范围如何确定等问题。在司法实践中难具体操作,但是

---

① 许士宦:《新民事诉讼法实务研究(一)》,新学林出版股份有限公司 2010 年版,第304 页。

只要给予本诉被告充分的程序保障后,其反诉权之失权就有了法理基础,应当予以支持。

将强制反诉引入我国之目的主要在于提高诉讼程序解决纠纷的能力,避免矛盾判决。若要提高民事程序解决纠纷的能力,一个重要前提就是尽可能地多将民事纠纷纳入到已开始的诉讼程序中来,使其一并受到法院的裁判,实现纠纷之解决。英美法系之禁止诉讼原因分割理论要求与本诉诉讼请求之相关联的全部诉讼请求和全部当事人合并审理,大大地扩充了本诉诉讼程序解决民事纠纷的"容积",使更多的民事纠纷能够通过一个诉讼程序予以解决,一定程度上可以避免当事人重复地提交诉讼资料和收集证据,亦避免了证人就同一案件事实多次出庭作证造成的时间金钱浪费并可以避免证人前后证言不一致造成前后认定事实矛盾的弊端,还有利于减少当事人诉累和实现同一法官对相关事实认定不一致造成的矛盾判决。民事诉讼中当事人诉讼权利义务平等、攻击防御手段平等作为世界范围内民事诉讼的公理,在英美法系当然亦是适用的,禁止诉讼原因分割理论使得诉讼程序之"容积"得到了最大限度的扩张,此时的受益方多为原告,为了实现实质之公平,对本诉被告而言,亦应当将与本诉相关联之纠纷提起反诉,即所谓的强制反诉。但是诉讼原因禁止分割理论,在大陆法系并不被承认或者说没有其存在并发展的理论土壤。因为大陆法系的一部请求理论可以说是与诉讼原因禁止分割理论截然相对之理论。日本民诉理论界对一部请求理论全面认可,日本民诉学者认为:在民事实体法中,债权人可以依照自己之意志将民事债权自由地进行分割,当然其也可以将一个债权之一部分转让给其他人或放弃部分债权之请求权。体现在民事诉讼法上就是"保障当事人可以自由地确定诉讼标的",因此民事诉讼当事人可以依照自己之意志提起部分诉讼请求。① 原告提起诉讼的,不论是明确指出还是以默示认可的方式提起部分请求,均得到法院的认可并予以审理。日本之全面一部请求理论,是建立在对实体部分请求全面接受之基础上的,在日本民诉理论界颇有影响力。② 从此角度而言,我国确实不应当引入强制反诉制度,因为两大法系在对待诉讼原因是否可以分割问题上之理论和态度及司法实践完全不同,甚至可以说是截然相反的。但是大陆法系亦希望当事人能够利用本诉程序已开启的诉讼程序,解决尽可能多的纠纷,因此大陆法系国家普遍赋予了本诉被告提起反诉的权利,但基于对当事人处分权的尊重,将是否提起反诉权之权利交由本诉被告行使。就此而言,英美法系和大陆法系虽然相关民诉理论不同,但是其追求的目标是一致的,只是其表现形式存在差异而已。

当事人处分权是民事诉讼程序中当事人所拥有的最重要的权利,正是因为当事人处分权的存在才使得当事人进行主义和辩论主义有了理论基石,正如张卫平教授所指出的那样,辩论主义之适用范围由当事人处分权之范围决定,当事人不能处分的事项,必然就不属于辩论主义之范围。③ 当事人处分权还有一个重要意义就是对法院审判权之制约,为了保障当事人能够对审判权形成相应的制约关系,就应当由国家之法律对当事人之处分权进行保障,对当事人处分权的保障实质上是约束审判权在解决民事纠纷时所能支配的范围,合理地将当事人处分权之作用领域与法院审判权之作用领域区别开来。属于当事人处分权

---

① 也有日本学者认为,采用"分割诉求"的表述较为妥当。

② 木川统一郎:《部分请求后的剩余请求》,《民事诉讼法重要问题讲义(中)》,成文堂1993年版,第360页。

③ 张卫平:《冲突公正实现中的冲突与平衡》,成都出版社1993年版,第11页。

之领域的事项法院不能进行干涉,并应当对当事人行使处分权进行保护和尊重,例如法院不恰当地运用审判权干涉了当事人处分权的行使,其裁判结果应当无效。① 诉权作为当事人启动诉讼程序的权利是当事人处分权之绝对领域,国家一般不应当予以干涉,反诉权实质是诉权的性质决定了国家应当对当事人之诉权予以尊重,是否提起反诉应当由当事人自己决定,而不应当由国家予以强制,并以不行使反诉权就会受到反诉权失权之严厉制裁。但是任何事物都不是绝对的,都有其相对性。对待反诉权亦是如此,因为民事诉讼是处理私权之程序,当在处理私权的过程中涉及公共利益时,我们通常说的国家利益、社会利益乃至涉及第三人利益,就不能听任当事人处分相关权益,因为当事人之处分行为往往具有私益性,其行使处分权侵害到公共利益时,就应当受到国家公权力的干预,以维护公共利益不受侵害。何为公共利益? 公共利益作为一个主观概念,其随着国家意志的不同,而对其有不同的界定。但有一点不可否认,凡是属于国家界定之公共利益之范围的内容均不能由当事人自由行使处分权,要受到国家权力之约束,体现在民事诉讼中,即受到审判权的约束。反诉权作为私权利亦应当受到公权力之制约,当提起反诉涉及公共利益时,是否提起反诉不能由当事人自行决定而应当依照公共利益之需求由行使审判权之法院予以决定,如果违背了公共利益,其将会受到相应的制裁。例如,在当事人提起反诉时如果该反诉属于专属管辖,法院不应当受理该反诉,而应当由当事人向有专属管辖权的法院另行起诉。由此可以看出,对当事人处分权之尊重并不意味着当事人可以完全自由处分其私权而应当在遵守公共利益基础

---

① 常怡:《比较民事诉讼法》,中国政法大学出版社 2002 年版,第 300—302 页。

上行使处分权。法律作为公共利益之代表,当事人应在法律之范围内行使该权利,对当事人处分权是否尊重并不是完全体现在是否强制要求当事人提起反诉上,为了公共利益应当要求提起反诉的当事人必须提起反诉,否则就会遭到法律制裁,在强制反诉制度中体现为失权。

综上所述,反对引入强制反诉的理由,在一定程度上反映了我国民诉理论界对引入强制反诉制度对我国现有民诉理论造成冲击的担忧。民事诉讼中失权对当事人程序保障之不足、当事人处分权之尊重有余而干预缺失、诉讼原因禁止分割之缺失等,无一不是我国现阶段民事诉讼理论中比较关注却又尚未解决之难题。从此方面而言,我国全面引入强制反诉制度的时机尚未成熟。但是也正是这些缺失为完善我国反诉制度提供了努力方向和目标。

第五节　构建有中国特色的有限强制反诉制度

通过对我国是否引入强制反诉制度之分析,可以看到强制反诉制度之引入虽然在扩充本诉程序之"容量"、提升诉讼程序解决纠纷之能力、避免矛盾判决、实现民事审判之公正、提升当事人程序保障水平、落实诚信原则等方面有积极的促进意义。但是,当前我国在当事人失权时的程序保障方面尚有诸多问题未解决,在诉讼原因禁止分割理论与一部请求理论之间相协调之基础尚未建立,在当事人处分权与公共利益之碰撞范围尚不明晰,与强制反诉制度相关之制度上尚存缺陷,最重要的是我国的法律文化传统与英美法系之间存在较大差异。倘若贸然将强制反诉制度全面引入到我国民事诉讼程序中来,很可能会因水土不服而无法充分发挥其功效。参照大陆法系国家均未全面引入强制反诉制度,我国应当以我国现有的理论基础和相关制度为基础,建立有限强制反诉制度,既可以发挥强制反诉制度之功能,又可以与我国民诉理论相衔接。下面我们在比较借鉴大陆法系国家相关制度之基础上,提出建立我国有限强制反诉制度,并在最后提出完善我国强制反诉制度相关配套制度之思路。

一、大陆法系代表性国家强制反诉之立法及评析

(一)法国有关强制反诉之立法及实践

法国作为大陆法系国家的典型代表,其各项法律深受法国大革命的影响,其法律表现为不同于传统大陆法系国家之规定。在反诉制度上体现为,其并没有像其他国家将反诉制度独立规定,而是将其纳入附带诉讼之范围。由于法国在反诉制度上采取相对保守之态度,其对反诉要件要求较为严格,这与法国的司法传统有关。在法国大革命前,法国的习惯法禁止世俗法院受理本诉被告提起的反诉,即旧习惯法对反诉持否定态度,直到 1667 年法国进行司法改革将民事诉讼王令废止后,反诉制度才逐渐在法国得到认可。虽然受限于法国的历史传统致使法国在反诉制度上整体而言较为保守,但是在强制反诉问题上,却采较为宽松之态度。但值得注意的是抵销制度在法国民事反诉制度中占据比较重要的位置,其主要体现在《法国民事诉讼法典》第 70 条第二款之规定①。在法国本诉被告提起反诉的,该反诉与本诉请求应当具备充分的联系时法院方可受理,但是对抵销之诉并没有要求必须与本

---

① 《法国民事诉讼法典》第 70 条规定,抵销之诉,即使并无此联系,亦得受理。

诉存在联系,即使没有任何联系法院依然可以受理,但需要注意的是抵销之诉并不一定必须与反诉合并审理,当抵销之诉与本诉合并审理会明显延迟诉讼程序时,法官可以裁定将其分开审理。[1]

在法国反诉制度中,并不是对所有的反诉均同等看待,司法实践中有一些反诉是法院必须受理且作出判决的反诉,其与美国的强制反诉类似。当反诉属于法院必须强制受理的反诉时,法院必须受理,否则提起反诉之人可以一次为上诉理由请求上诉审法院撤销一审判决。在法国这些强制法院受理的反诉有两种:一是以法院判决形式宣告的抵销,即抵销之诉。二是反诉是以本诉请求对本诉被告造成的损失为基础的。[2] 如果本诉被告提出的反诉属于上述两种情形,审理本诉案件的法院必须对该反诉进行受理并审理,但是如果审理该反诉会造成诉讼迟延,可以裁定分开审理。倘若本诉被告由于个人原因没有在法定的期间内提起该反诉的,受理本诉的法院必须及时行使释明义务,告知本诉原告提起该反诉。在司法实践中,对于上述两种情形没有提起反诉的法国倾向于以法院是否行使释明义务为标准来判断其是否失权。

(二)日本有关强制反诉之立法及实践

日本由于战后深受美国法律影响,形成了其较为独特的法律制度,在强制反诉制度上,日本学理界曾提出在日本民诉法上确立该制度,其设定的强制反诉标准与《美国联邦民事诉讼规则》第 13 条(a)款之规定极为相似,要求反诉请求所产生之基础与原告诉讼请求基于相同的交易或事实,此时本诉被告必须在反诉中提起反诉,否则将受到相关权

---

[1]　张卫平、陈刚:《法国民事诉讼法导论》,中国政法大学出版社 1997 年版,第77—78 页。

[2]　沈达明:《比较民事诉讼法初论》,中信出版社 1991 年版,第176—177 页。

利失权这一严厉制裁,①但是日本民事诉讼法经过多次修正,均未以立法形式将强制反诉予以确立。

虽然日本立法上没有明确确立强制反诉制度,但是在司法实践中法院依照禁止重复之理论,对本诉被告是否提起反诉予以限制,在实务上确立了强制反诉制度。依照该理论,为了有效避免再次起诉对对方当事人造成不必要的诉讼骚扰,实现诉讼效率有效提升,亦为了避免法院在认定事实和作出的判决产生矛盾而影响司法公信力,保持国民对司法的高度信赖。日本在司法实务中确立了在以下三种情形中,符合其中之一的即准用强制反诉之理论,要求被告应当在本诉中提起反诉而不应另行提起诉讼:一是本诉与反诉指向的诉讼标的相同。当本诉被告对本诉原告有独立的诉讼请求时且该请求与本诉请求针对相同的诉讼标的时,此时本诉被告应以反诉的方式提起,而不是另行提起诉讼,法院对此有释明义务,本诉被告负有相应的诉讼促进义务。二是本诉与反诉主要争点相同。当本诉与反诉诉讼请求所指向的诉讼标的不相同时,但是本诉与反诉经审查其主要争点基本相同时,为了有效避免法院对本诉和反诉出现实质之重复审理和认定事实矛盾,此时被告亦应当在本诉中提起反诉。例如,原告提起诉讼,诉请被告返还其房屋,此时,被告提起买卖不破租赁进行抗辩,并提起反诉请求法院确认该租赁权存在。三是当本诉被告在本诉中针对反诉请求提出的抵销,对于抵销原告诉讼请求后之余额欲提起诉讼的,此时被告应在本诉程序提出,而不得另行提起诉讼。② 以上三种情形,如果经法院释明后依然不

---

① 小岛武司:《寄与过失の法理の废弃》,《比较法杂志》1971 年第 6 卷。

② 新堂幸司:《新民事诉讼法》,弘文堂 1998 年版,第 193 页。

提起反诉的,在日本并不会产生美国的失权效果,被告仍有权在本诉结束后另行提起诉讼,如果本诉尚未作出有效判决的,被告只能在本诉提起反诉而不能另行提起诉讼。[①] 但是近年来,学术界和实务界呼吁对上述三种情形经法院释明或对方当事人提醒后仍不提起反诉的应当以失权对该本诉被告进行制裁,使强制反诉之作用真正发挥。

(三)菲律宾有关强制反诉之立法及实践

东南亚的菲律宾,其将大陆法系和英美法系的特点深入融合在一起,形成了其较为独特的民事诉讼制度。[②] 在介绍菲律宾强制反诉制度前,我们先介绍下菲律宾民事诉讼之历史背景。菲律宾自16世纪初期至19世纪末美西战争结束,被西班牙统治达300多年,身为大陆法系的西班牙将其法律制度在菲律宾推行实施。美西战争结束后,获胜方美国将其法律制度亦引入菲律宾,但是西班牙的法律制度在菲律宾依然发挥着重要作用。菲律宾现行民事诉讼法深受美国法影响,强制反诉制度在美国实施后,由于其显著优点而被菲律宾立法者引入国内法律。

强制反诉制度在菲律宾并没有在民事诉讼法中明确规定,但是《法院规则》(六)第7条专门对强制反诉进行了规定。菲律宾的强制反诉与大陆法系国家和英美法系国家均不相同,其不要求本诉请求与反诉请求之间存在法定的牵连性,仅需本诉被告在诉讼程序中提出针对本诉原告独立的诉讼请求即可,但该反诉请求须与本诉请求之事实或相关事实存在对抗性。当然菲律宾的强制反诉亦要求本诉与反诉需适用相同的诉讼程序且法院对反诉有管辖权。《法院规则》(九)第2

[①]　新堂幸司:《新民事诉讼法》,弘文堂1998年版,第654页。
[②]　张卫平:《菲律宾的法律制度》,《东南亚研究资料》1985年第4期。

条关于撤诉效力的规定中,对强制反诉之撤诉作了规定,其允许法院在对强制反诉作出判决前撤回反诉,产生未起诉之法律效果。《法院规则》(十一)规定了强制反诉提出的期间。① 令人遗憾的是《法院规则》对本诉被告未在本诉中提起强制反诉的法律效果予以明确,但是在司法实践中属于强制反诉之情形的本诉被告未提起反诉的一般依照失权规则予以处理,但是倘若法院因之过错未积极行使释明义务,则本诉被告可以另行起诉,但需经过受理该诉讼之法院的审查。

(四)大陆法系国家强制反诉立法及司法实践评析

大陆法系国家在反诉制度之态度上,一直处于严格限制之态度,不仅要求反诉与本诉必须具备法定的牵连性,还将反诉之当事人限定在本诉当事人之范围,不允许当事人进行扩张。即使在德国等国家在特殊情形下允许反诉当事人进行扩张,亦是将其限定在一定的范围之内。但是大陆法系国家和地区随着民事诉讼法基础的发展,尤其是重复起诉禁止理论的完善和英美法系强制反诉制度优越性的不断显现,吸引着大陆法系国家学者和实务者对强制反诉制度展开积极的探索并付诸实践。

通过对上述几个大陆法系国家有关强制反诉制度的分析,我们可以看出,当前主要大陆法系国家和地区没有在民诉法中确立强制反诉制度,其法定的反诉仍然局限于现有法律规定的"任意性反诉",即将是否提起反诉的决定权交由本诉被告决定。但在司法实践中其均不同程度地承认强制反诉制度,根据本国的司法传统和反诉制度建立起了准强制反诉制度,例如,法国、日本均建立了类似于美国的强制反诉制

---

① 陈云东:《菲律宾共和国经济贸易法律选编》,中国法制出版社 2006 年版,第 364—369 页。

度。但需要注意的是,当前大陆法系国家的强制反诉基本上是建立在"重复起诉禁止"理论之上的,其虽然规定了本诉被告在符合强制反诉之情形时应当在本诉中提起反诉,但是对于本诉被告不提反诉的对其法律后果并没有明确,进而导致强制反诉任意化。笔者认为,结合大陆法系国家司法环境和历史传统,大陆法系国家将强制反诉之基础确定为"重复起诉禁止"较为适宜,但是应当明确不提起强制反诉之法律后果,使强制反诉制度真正地予以确立并发挥积极作用。

二、中国有限强制反诉制度之建构

民事诉讼是平等双方当事人之间产生民事纠纷后,将纠纷诉诸法院要求法院予以居中裁决的行为,当事人之间的平等要求双方当事人间的攻防手段也必须平等,这是民事诉讼之根本特征。为了保证双方当事人之间的实质平等,尊重当事人对自己民事权益的自由处分权,国家赋予双方当事人诉权,并赋予其在诉讼过程中变更诉讼请求的权利。[①] 在原告先行行使诉权时,其在诉讼过程中有权变更诉讼请求,但是被告的诉权并没有消失(因重复起诉禁止原则使其起诉权受到限制),其依然可以就原告提起的诉(下面称之为本诉)提出反请求(下面称之为反诉)。在美国将与本诉存在牵连关系之诉讼要求被告必须在本诉中提出,否则将会产生失权之法律效果。由于强制反诉可以使当事人之间的相关争议得到一次解决,避免就一个事实提起多次诉讼,这也是强制反诉背后的政策目的。这种在一个诉讼中解决当事人间相关的所有纠纷的方式有助于提升裁判正确性,促进诉讼公正。这主要反

---

① 我国《民事诉讼法》第51条以及《民诉解释》第232条、第328条,对原告变更诉讼请求均有相关规定。

映在法官对案件事实的认定上。因为在强制反诉中,法官在特定的争点事实上,可以就当事人提出的所有事实和争议进行审查,借此形成对案件事实全面、客观的心证,避免了因对案件的片面了解所带来的模糊,从而有利于形成自然、正确的自由心证,准确地认定案件事实并作出公正的裁决。

另外,鼓励当事人就相关纠纷在一个诉讼中解决,也有利于优化程序结构,能使案件集中、连续地进行审理,并达到能够一次性开庭就作出判决。强制反诉的这一项要求强化了充分的审前准备:"主要期日开庭审理"①的程序结构模式的形成。这种程序结构模式,使得诉讼的阶段性功能得以界分,以及当事人与法官在诉讼中的角色、作用得以明晰。此外,反诉制度的运用,在某些情况下,可以通过当事人双方债权债务的抵销,更有效地解决重复清偿或者一方当事人面临另一方当事人无力清偿的危险,缓解民事执行难的问题。基于此,全面引入强制反诉的声音一直不绝。同时,也有部分笔者对支持和反对引入强制反诉制度的观点进行了分析。但是我国的诉前准备程序、法官释明义务、失权之程序保障、律师强制代理制度等的不完善、不健全,强制反诉制度的全面引入,必然会导致失权之正当性基础存在欠缺,决定了我国当前不宜全面引入强制反诉制度。但是在民诉理论和司法实践中确实存在这一类情形,如果本诉被告不能及时在本诉中提起反诉,待本诉结束之后,其就失去了提起诉讼之机会,即产生了失权之实际效果。为了解决此类情形产生失权对本诉被告造成不公,笔者认为,应当在我国建立起有限强制反诉制度,将此类情形纳入强制反诉之范围,以有效维护本诉

---

① 该提法参见 http://iolaw.cssn.cn/,访问日期:2023 年 9 月 9 日。

被告之合法权益。

（一）构建有限强制反诉制度的合理性分析

在民事诉讼中本诉被告如果不针对本诉原告或第三人①的诉讼请求提出的旨在抵销、吞并本诉诉讼请求且与本诉有牵连的独立之诉，其将丧失主张该权利的机会，在此种情形下本诉被告必须提起反诉，谓之有限强制反诉。本诉被告不提起反诉将会因重复起诉禁止或其他原因导致其不能再次单独提起诉讼维护其合法权益。其失权之基础与英美法系国家强制反诉失权基础不同，虽然法律后果类似，有限强制反诉之范围较英美法系国家之强制反诉要窄得多，所以称之为有限强制反诉。在建立包容、开放、动态的民事诉讼制度的今天，我们应当以开放的观念来看待有限强制反诉制度。换言之，在我国引入有限强制反诉制度问题上我们应当摆脱传统理论束缚，从当事人、法院乃至整个民事诉讼制度的视角来看待它。在我国引入建立有限强制反诉制度合理性基础有如下几个方面的考虑。

1. 避免重复审判

在反诉问题上，大陆法系国家民诉法典几乎都作了同样的规定，反诉应当与本诉具有一定的牵连性。例如：韩国民诉法规定，反诉必须与本诉的诉讼请求或者与本诉的攻击防御方法相关联；日本、德国民诉法亦有类似规定，在我国对其牵连性规定得更为详细，依照我国《民诉解释》第233条第二款规定，反诉的牵连性体现在三个方面：相同法律关

---

① 本处所称的第三人特指对已处于诉讼系属之诉讼标的有独立的请求权，为了维护自己的合法权益而主动或经法院通知参与到已经开始的诉讼中之第三人。因为有独立请求权之第三人在诉讼中提出了自己的独立诉讼请求，在我国民诉理论中在有独立请求权第三人参加的诉讼中其属于原告，其参加诉讼之原、被告均为被告，因此上诉审中本诉被告可以对有独立请求权之第三人提出反诉。

系、诉讼请求之间具有因果关系以及反诉与本诉的诉讼请求基于相同事实。就有限强制反诉而言,本诉被告在本诉程序中提出反诉,表示其愿意利用现有的诉讼资料将相关纠纷在诉讼中一次性解决。法院倘若不受理本诉被告提起的有限强制反诉其将会丧失再次起诉的权利,对此被告将会行使救济权利即上诉来维护自己的合法权益。法院只能对本诉程序中已呈现的诉讼资料再次进行审查,并且烦冗的诉讼程序必须重新进行,这无论当事人还是法院均不愿意看到这种情形的发生。除此之外,还可能出现事实认定不一致、判决矛盾的风险。正是为了避免此种情形的出现,美国民诉规则规定对没提起强制反诉的被告在本诉结束后不能利用新的诉讼程序进行新的诉讼。①

2. 尊重当事人的处分权

处分权是民事诉讼制度中当事人的核心权益,当事人的处分权既包括当事人有权自主决定是否行使自己的权利,也包括自主选择何时以何种方式行使自己的权利。当事人的处分权也构成了有限强制反诉的理论基础,有限强制反诉作为一个独立于本诉的诉中之诉,当事人有权决定是否提起反诉以及在一审还是上诉审提起反诉。当事人选择在上诉审中提起反诉意味着本诉被告放弃了诉讼法赋予的二审终审权,希望在上诉审中一并解决纠纷。本诉被告在上诉审行使反诉权当然是自己的自由,但是却侵害了本诉原告的审级利益,使得本该经过两级法院审理的案件只能经过上诉审一级审理。为了解决这个矛盾并尊重当事人的处分权,《德国民事诉讼法》第 530 条规定了在控诉审中提起反诉需经对方当事人同意方可提起,对方当事人同意这一条件不仅很好

---

① Kevin Clermont.Principles of Civil Procedure.Thomson West.2005,p.374.

地解决了反诉被告的审级利益问题,也是尊重其处分权的表现。但是倘若本诉原告不同意本诉被告在上诉审提起有限强制反诉,将会产生失权之法律效果。因此,有限强制反诉应当积极在一审程序中提出。

3. 保护当事人的诉权

诉权是国家赋予当事人的基本权利,在我国诉权受到宪法的保护,国家不能以任何理由否定诉权,相反,国家还有义务采取积极行动切实保障和促进诉权的实现,排除妨碍和侵害诉权的行为。[①] 在诉讼中,只要当事人没有行使过诉权,其诉权就没有消失[②],其依然可以在诉讼程序终结前行使诉权,即提起反诉。由于反诉的牵连性使得反诉与我国《民诉解释》第233条的规定与重复起诉禁止存在交叉,如果本诉被告提出的反诉属于两者交叉部分,如果不在本诉程序中提出反诉,其将失去另行起诉的机会,因此,有限强制反诉制度有利于促使本诉被告积极行使诉权,进而实现保护当事人诉权之目的。

（二）重复起诉禁止之边界与反诉交叉之分析

提起反诉的要件,特别是牵连性的规定,使得反诉之边界与重复起诉识别边界存在很大部分的重合,如果出现交叉部分如何处理?《民诉解释》并没有给出明确答案。对此不得不说十分遗憾。日本学者新堂幸司似乎给出了答案,若反诉与重复起诉禁止存在交叉,那么以另行起诉的方式提出诉讼将构成重复起诉,本诉被告另行起诉,受诉法院会作出驳回起诉或不予受理的决定。由于反诉与重复起诉存在交叉使得其不能另行起诉,这种情形下如果本诉被告自己的诉讼请求得到法院

---

① 吴英姿:《论诉权的人权属性——以历史演进为视角》,《中国社会科学》2015年第6期。

② "诉权消耗理论"或"诉权损耗理论"认为诉权就像自然界的物质一样,如果使用后即归于消失,一个案件只有一个诉权,如果案件基于诉权而启动,该案件的诉权即消失。

的审理,其只能在本诉中提起反诉。① 如果本诉被告没有提起反诉其诉权并没有消失,消失的只是接受法院审判的权利。②

2015 年《民诉解释》第 257 条首次以明确条文的方式对重复起诉的边界及规制作了规定,我国民诉法虽然没有作出明确规定,但是《民诉解释》的规定弥补了该缺陷。由于反诉牵连性和重复起诉的边界存在交叉的范围取决于两者的内涵和识别标准问题,因此要分析两者之交叉,首先要厘清两者之间的关系。

1. 重复起诉禁止之边界分析

不论是学术界还是司法实务界对重复起诉禁止之边界识别一直难以达成统一标准。目前比较有影响力的学说有"二同说"和"三同说",但无论是"二同说"还是"三同说",均将当事人相同和诉讼标的相同作为必备识别要件,从这个角度上可以认为"三同说"是在完善"二同说"的基础上发展起来的。有学者认为,重复起诉禁止之识别要件包括:当事人、诉讼标的相同及"受判决事项之声明是否相同、相反或可否代替"三个要件,并以此作为识别重复起诉的标准。其与我国《民诉解释》第 247 条的观点有异曲同工之妙。下面对我国重复起诉识别要件逐一分析,以明确其与反诉之交叉范围。

第一,当事人相同。

因为民事诉讼是原告针对被告提出的诉讼请求而进行的,以解决原告与被告之间民事纠纷为目的的程序,所以,民事诉讼具有相对性。

---

① 新堂幸司:《新民事诉讼法》,林剑锋译,法律出版社 2008 年版,第 534—537 页。
② 本部分仅就其解决思路提供一种路径,具体详细的分析、评价将在本书后面部分继续进行深入详细的探讨。

因此，即使诉讼标的相同，但如果诉讼主体不同，案件也就自然不同。[①]当事人是否相同较容易识别，案件启动后只要当事人不相同，就可以直接排除重复起诉的可能性。在围绕同一纠纷产生诉讼时，当事人相同不仅指前、后诉原被告相同，前、后诉原被告位置的互换也属于当事人相同的情形，与重复起诉相交叉的反诉另行起诉的情形，就是典型的围绕同一纠纷当事人互换位置的当事人相同。

在诉讼过程中，发生民事权利义务关系、诉讼标的物移转的，由于我国采用当事人恒定原则，将会出现移转人和受让人出现分离的情况。结合我国《民事诉讼法》第 56 条和《民诉解释》第 249 条、第 250 条之规定，生效判决对受让人也具有拘束力。因此，受生效判决拘束力影响的民事权利义务关系、诉讼标的物受让人就同一诉讼标的的另行起诉的，仍属于违反了重复起诉禁止的情形，应当予以驳回或做不立案处理。

第二，诉讼标的相同。

诉讼标的是争议双方当事人所争议的，由实体法规定的，并要求法院予以审理的实体法律关系。其作为识别重复起诉最关键的标准，却是民诉理论界长期争议的焦点。目前关于诉讼标的学说占主流的有三种学说：旧实体法说、诉讼法学说、新实体法学说。在诉讼标的的识别上采用不同的学说会导致重复起诉的边界和识别标准不同。《民诉解释》第 247 条在识别诉讼标的是否相同时，采用的是旧实体法说，其以实体法上的请求权（实体法的权利或法律关系）为标准来识别诉讼标的，实体法上有多少个请求权就有多少个诉讼标的。[②] 按照该学说，前

[①]　张卫平：《重复诉讼规制研究：兼论"一事不再理"》，《中国法学》2015 年第 2 期。

[②]　关于我国重复起诉有关诉讼标的的识别边界采用旧实体法说的原因，详见《最高人民法院民事诉讼法司法解释理解与适用》，人民法院出版社 2015 年版，第 634—635 页。

后诉当事人相同的情况下,如果其请求权相同即构成重复起诉,如果请求权不同则不构成重复起诉。但是在实体请求权发生竞合时会产生一些问题。例如:A 向 B 租用商铺一间,租赁期届满后,B 向法院起诉,基于租赁物返还请求权诉请 A 返还所占有的商铺;诉讼系属后,B 再次向法院起诉基于所有权诉请 A 返还商铺。依照旧实体法说,B 对 A 的两个诉讼请求分别基于不同的请求权,B 的行为不构成重复起诉,法院应当分别作出判决,但此时则会出现法院重复审理、被告承受重复应诉之程序不利负担,甚至可能会出现矛盾判决。

由于实体法学说存在上述之缺点,诉讼法学说逐渐发展起来,其主张只要诉讼请求是基于同一事件而产生的,不论诉讼请求有几个,诉讼标的则只有一个。诉讼法学说又分为一分支说和二分支说。二分支说认为诉讼标的由生活事实和诉的声明组成,一分支说认为诉讼标的仅有诉的声明即可,不需要辅以生活事实来确认。在前后诉当事人相同的情形下,若依"二分支说",后诉的诉讼请求及依据的事实主张与前诉相同,则构成了重复起诉;若依"一分支说",后诉的诉讼请求与前诉相同时,不需要再判断前后诉的事实是否相同,都构成了重复起诉。[①]上述案例无论是采一分支说还是二分支说均认为其构成重复起诉,而可以避免实体请求权竞合所产生的问题。

第三,诉讼请求(诉之声明、请求之趣旨、诉讼的目标)相同或者后诉的诉讼请求实质上否定前诉裁判结果。

诉讼请求有狭义和广义之分,广义的诉讼请求是指双方当事人请求法院对他们之间的纠纷予以审判。狭义的诉讼请求是指原告所主张

---

① 夏璇:《论民事重复起诉的识别及规制——对〈关于适用《中华人民共和国民事诉讼法》的解释〉第 247 条的解析》,《法律科学》2016 年第 2 期。

的利益,其与诉讼标的含义相同。根据上面对诉讼标的各种学说的分析,我们可以得知实体法学说和诉讼法学说一分支说都认为诉讼标的和诉讼请求相同,只有二分支说认为诉讼请求与诉讼标的不同,前者是后者的组成部分。

我国《民诉解释》对诉讼标的的识别采旧实体法说,该学说认为诉讼请求和诉讼标的的内涵相同,实没有引入诉讼请求作为识别标准的必要,但是在重复起诉识别标准上我国却将诉讼请求作为一个单独的标准予以列举。引入诉讼请求作为识别标准的理由是基于诉讼请求是建立在诉讼标的的基础上的具体声明,在采旧实体法说理解诉讼标的的前提下,具体的请求内容对于识别诉讼标的及厘清其范围具有实际意义。[1] 深入分析诉讼标的和诉讼请求的关系就会发现,在传统大陆法系国家受当事人主义的影响,法院只能在双方当事人请求法院予以裁判的范围内审理,诉讼请求即法院审理的范围就是诉讼标的,两者的内涵和外延是统一的。由于我国深受职权主义的影响,法院的审理范围可以超出当事人请求审理的范围,扩大到当事人间所争议的全部法律关系,此时法院审理的对象(诉讼标的)与当事人的诉讼请求已然产生了错位。抛开大陆法系诉讼标的之内涵,在我国语境内诉讼标的特指当事人对实体法所规定的实体权利或法律关系的请求或声明,诉讼请求是当事人在法院起诉时,根据案件情况将诉讼标的的具体化。离开了诉讼标的,当事人便不能凭空向法院提出任何具体的权益请求,当然法院也通过诉讼请求去把握隐藏在其背后的诉讼标的。[2] 所以,在具体的民事

---

① 《最高人民法院民事诉讼法司法解释理解与适用》,人民法院出版社 2015 年版,第 634—635 页。

② 李龙:《民事诉讼标的理论研究》,法律出版社 2003 版,第 13 页。

诉讼中,诉讼标的是确定不变的,但诉讼请求却可以增加或减少乃至放弃。正是在此意义上,为了在司法实践中更好地识别重复诉讼,司法解释才会出现了引入诉讼请求这一识别标准。至于诉讼请求相同或相反在司法实践中还是比较容易识别的。

2. 反诉中牵连性之分析

在我国提起反诉的一个基本要件就是反诉与本诉必须有牵连性。这种牵连性是指反诉诉讼标的①之法律关系与本诉标的之法律关系间,或反诉标的之法律关系与作为本诉之防御方法所主张之法律关系间,两者在法律上或事实上关系密切,审判资料有其共通性或牵连性。② 只有反诉与本诉间存在此牵连性反诉才能成立,否则反诉不成立。我国《民诉解释》第 233 条第二款的规定明确了我国反诉牵连性的内涵,即包含:法律关系相同、诉讼请求之间具有因果关系、诉讼请求基于相同事实三种情形。在《民诉解释》条文理解中采用的就是"二牵连说",即反诉与本诉牵连性主要表现在反诉和本诉的诉讼请求基于同一法律事实或属于同一法律关系。

分析牵连性的目的在于更好识别反诉与本诉的牵连性,从而能够正确地理解上诉审中反诉与重复起诉禁止之交叉界限,下面就反诉牵连性之识别做如下分析:

第一,反诉和本诉的诉讼请求基于同一法律关系。

此处所谓同一法律关系是指反诉与本诉之诉讼请求乃因同一民事法律关系所产生。例如,原告将自己的一件祖传手镯卖给被告,原告向

---

① 本部分之诉讼标的采实体法说即诉讼请求和诉讼标的的内涵相同。

② 高点法学编辑委员会:《法律见解之阐明——兼论阐明之界限》,《判解集》2011 年第 27 期。

A 地法院提起诉讼,要求被告向其支付手镯价金 2 万元,而被告提起反诉要求原告交付手镯。在上诉例子中本诉与反诉的诉讼请求均产生于同一民事法律关系——买卖关系。此时本诉与反诉符合所谓的牵连性之要求。

第二,诉讼请求之间具有因果关系。

诉讼请求间具有因果关系是指本诉与反诉之诉讼请求间存在因果关系,此种因果关系包括三种情形:第一种情形是本诉之诉讼请求为原因,反诉之诉讼请求为结果;第二种情形是本诉之诉讼请求为结果,反诉诉讼请求为原因;第三种情形是本诉与反诉之诉讼请求互为因果关系。例如,在一起汽车买卖合同纠纷中,汽车出卖人 A 向法院提起诉讼诉请其与汽车买受人 B 之间的买卖合同无效,本诉被告 B 为了防止败诉提出了反诉,诉请法院判决出卖人 A 返还其支付的汽车价款 25 万元,此时本诉之诉讼请求乃是反诉之诉讼请求之原因。

第三,反诉与本诉的诉讼请求基于相同的事实。

反诉与本诉之诉讼请求基于相同的原因事实是指反诉与本诉的诉讼请求源于同一民事事实。例如,A、B 两人在路边吃烧烤,因言语不和产生矛盾,相互殴斗,结果均受伤住院。此时 A 起诉 B 要求其支付医疗费用,B 提起反诉要求 A 支付医疗费用。在该案件中本诉诉讼请求与反诉诉讼请求均源于同一民事事实即相互殴斗。此时反诉与本诉之间具有牵连关系。

3. 重复起诉禁止之边界与反诉交叉范围分析

如图所示,通过对重复起诉禁止的边界和反诉牵连性的分析,可以看出重复起诉禁止与反诉存在一定交叉范围,究竟两者存在多大范围的交叉? 下面我们分析之。

一是有关当事人问题。

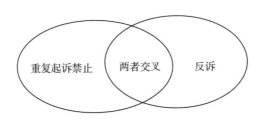

重复起诉禁止与反诉交叉范围示意图

由于我国目前实行比较保守的反诉制度,不允许案外人或对案外人提起反诉制度,所以提起反诉的当事人只能是本诉之被告,而反诉被告只能是本诉之原告,只是原、被告发生了位置互换而已,此时反诉与本诉之当事人符合重复起诉禁止中当事人相同之要件。因此,在我国上诉审反诉与重复起诉禁止中,两者的诉讼主体是相同的,即两者在诉讼主体上存在交叉且范围是一致的。

二是有关诉讼标的问题。

我国诉讼标的理论采旧实体法说,诉讼请求理应与诉讼标的相同,但是由于国内对诉讼标的的特殊理解,诉讼标的与诉讼请求并无完全同一。在反诉中,本诉被告当然可以就同一诉讼标的即同一法律关系提起反诉。例如,在第一审中,本诉原告诉请法院确认其与本诉被告购买汽车的合同不存在,在上诉审中,本诉被告提起反诉要求法院判决本诉原告履行汽车购买合同。此时,本诉诉讼标的与反诉诉讼标的均为同一诉讼标的,即汽车购买合同这一实体法律关系。当然该案例也符合反诉牵连性之本诉与反诉基于相同之法律关系。

三是有关诉讼请求问题。

由于我国诉讼请求属于一个基于诉讼标的但又不完全相同的特殊之存在,有关诉讼标的和诉讼请求的关系在本书前文已进行了分析,在此处不再赘述。但是在有关反诉牵连性之识别中,《民诉解释》直接舍弃了诉讼标的这一概念而选择了诉讼请求。在反诉牵连性中,诉讼请求之间存在因果关系的样态中定然不会存在重复起诉之情形。在反诉与本诉诉讼请求基于相同的事实这一样态中,由于同一民事事实可能会产生不同的诉讼请求权。例如,甲要求乙返还乙占有的位于某处的房屋,基于乙占有该房屋的事实,甲是基于对该房屋的所有权还是基于对该房屋的租赁权终结请求返还? 此时构成两个不同的诉讼请求权,在此种情形下,可能会出现重复起诉禁止的情形。

综上所述,重复起诉禁止之边界与反诉存在交叉的部分是诉讼请求基于相同的法律关系和本、反诉的诉讼请求基于的相同的事实这两个部分。另外,在德、日等大陆法系国家普遍承认,共同争点作为本诉之主要争点的也属于两者交叉部分。在两者存在交叉的部分,我国民诉法和《民诉解释》并没有给出合理的解决方案。

（三）规范、包容、开放的有限强制反诉制度之建构

建构规范、包容、开放的有限强制反诉制度的总体指导思想是在我国逐步构建起协作主义诉讼模式,实现由法院本位主义转向当事人本位主义。就具体制度构建而言,主要在于有限强制反诉制度要件之明确。域外立法普遍关注了禁止重复起诉制度和反诉制度的相关性,即按照禁止重复起诉制度的要求,如果反诉与禁止重复起诉存在交叉之情形,例如有关本诉的争点之反诉必须在本诉中提起,否则将面临失去提出诉讼之机会。另外,关于抵销权抗辩的剩余债权,也属于强制反诉之范围,即如果不在本诉中以反诉的方式提起,当事人就会丧失另行起诉的权利。本部分以有限强制反诉之实质要件为切入口,明确有限强制反诉之范围并对其具体情形予以明确,构建起我国规范、包容、开放的有限强制反诉制度。

1. 明确有限强制反诉之实质要件

强制反诉之实质要件在于本诉与反诉之间的牵连性。美国强制反诉之牵连性在立法上表现为本诉与反诉基于"相同的交易、事件或法律关系"[①]。而在大陆法系国家将是否提起反诉的权利交由本诉被告行使,其法理上仅有英美法系国家之"任意反诉",但是大陆法系国家对本诉和反诉之间的牵连性多数以立法的形式予以规定且对牵连性要求较为严格。例如,日本民诉法对反诉的牵连性表述为本诉与反诉请求或与本诉攻击防御方法相关联。实践中符合以下三种情形的,被认定为具备提起反诉之牵连性:一是本诉与反诉的诉讼标的相同,但此时反诉应当提出抗辩本诉请求之外的积极请求;二是本诉与反诉之间在权利上和事实上有共通性;三是反诉与本诉的攻击防御方法存在关联。[②] 由此可以看出,日本反诉之牵连性情形在美国均属强制反诉范畴。我国对反诉牵连性之规定比日本更为苛刻,我国有限强制反诉之范围应当限定在反诉与重复起诉禁止交叉之部分,因此其范围更为狭窄,其除了具备牵连性这一实质要件外,更需要明确其他实质要件以推进有限强制反诉制度之顺利运行:

第一,必须符合反诉提起之要件。有限强制反诉归根到底是反诉之一种,因此,本诉被告欲提起有限强制反诉其必须符合普通反诉之全部要件。倘若有限强制反诉不符合普通反诉之要件,审理案件的法院可以依法驳回该反诉,亦可要求本诉被告完善相关缺项,待反诉完全具

[①] 理查德·D.弗里尔:《美国民事诉讼法》,张利民等译,商务印书馆 2013 年版,第 778 页。

[②] 新堂幸司:《新民事诉讼法》,弘文堂 1998 年版,第 698—700 页。

备后方可受理。但需要注意的是,在普通反诉中倘若本诉与反诉合并审理会致使诉讼程序明显延迟时,法院可以裁定分开审理。当反诉属于有限强制反诉时,法院必须对其合并审理,否则属于诉讼程序违法,当事人可以提出异议,甚至可以在判决生效后提起再审申请。

第二,必须符合重复起诉禁止之要件。重复起诉禁止原则在于将没有诉讼利益之诉排除在诉讼程序之外,对同一诉讼利益重复进行诉讼时,后者失去了诉讼法对其进行保护的权利。[①] 有限强制反诉正是为了避免本诉被告对相同之诉讼利益再次提起诉讼被法院所驳回导致失权而设立的一种反诉。该制度强制本诉被告在本诉中提起反诉以避免重复起诉禁止情形出现所产生的不利后果。因此,有限强制在具备反诉要件之前提下,亦应当具备重复起诉禁止之全部要件。

第三,必须属于反诉与重复起诉禁止情形之交叉范围。我国作为传统的大陆法系国家,在民事诉讼中应当充分尊重当事人的处分权。提起反诉属于本诉被告之合法权益,在是否提起反诉问题上亦应充分尊重本诉被告之决定。但是,当反诉与重复起诉禁止原则出现交叉时,如果本诉被告没有在本诉中提起反诉,而选择另行提起诉讼时被法院驳回,导致实质上的权利丧失即失权。为了有效避免上述情形的发生,笔者建议在我国构建有限强制反诉制度,该有限强制反诉应当限定在反诉与重复起诉禁止两个制度存在交叉之范围内,这是有限强制反诉最核心之要件。

2. 明确重复诉讼规则对有限强制反诉范围的限定

我国现有立法对禁止重复起诉制度作了明确规定,对其范围也进行了明确。通过分析对重复起诉禁止和反诉牵连性的关系,我们明确

---

① 住吉博:《重复起诉禁止原则之再构成》,《法学新报》1970 年第 6 号。

了两者交叉的范围。故对受到禁止重复起诉制度限制的相关的反诉，应该按照立法配套的思路，对其提起反诉要件进行改善或者说予以明确，包括：基于与本诉依据相同法律关系之反诉；与本诉基于相同事实之反诉；和一审本诉相关的争点的反诉，即关于本诉被告依据抗辩提起的反诉，比如一审中被告对于原告的让出土地请求提出了租赁权之抗辩，法院也予以了肯定，在上诉审中，被告提起了确认租赁权的反诉。对于这些与本诉系属中请求具有共通争点的请求，既然我国建立了重复起诉禁止规则，就应该受到该规则的限制，以另诉的方式提出将构成重复起诉，本诉被告另行起诉路径关闭后，被告如果希望法院对自己的诉讼请求进行审理，只能通过在本诉中提起反诉的方法。对于上述的情形，应作例外规定，即纳入有限强制反诉的范围。

3. 对于提起强制反诉具体情形予以明确规定

有一部分的反诉是本诉被告必须在本诉程序提起反诉的，否则将会产生失权效果，对于这一部分反诉之范围，在前面的比较论述中已经予以了说明，具体来说，包括以下几种情形：第一，反诉与禁止重复起诉交叉部分。具体包括两种情形，一是本诉基于相同之法律关系而提起的反诉；二是本诉与反诉的诉讼请求基于相同的事实部分之情形。第二，与本诉系属中请求具有共通争点的请求。第三，基于同一法律行为或其他同一事实所生之权利义务关系，经被告主张者、被告主张抵销之请求与有余额得请求原告给付者前项提起反诉之情形，除被告已于言词辩论终结前陈明保留另行起诉之权利或反诉之标的属他法院管辖或与本诉不得行同种诉讼程序者外，不得另行起诉。[1] 符合上诉三种情

---

① 许士宦：《反诉之扩张》，《台大法学论丛》2002 年第 5 期。

形之一的,本诉被告提起的反诉,受理本诉之法院应当予以受理并一并审理,但专属管辖案件除外。对于民事诉讼案件,我国没有予以单独规定,且审理程序还是以辩论主义而非职权主义为指导原则,故对其反诉问题,现阶段还没有特殊处理,本书不予深入讨论。

综上所述,对于我国民事诉讼法有关有限强制反诉制度之规定,在将来民诉法启动修改程序时应当作如下规定:

第一,反诉与禁止重复起诉交叉部分。这其中主要包括两种情形:一是与本诉基于相同之法律关系的提起的反诉;二是本诉与反诉的诉讼请求基于的相同的事实之部分情形。

第二,与本诉系属中请求具有共通争点的请求。

第三,在上诉审中本诉被告主张抵销抗辩后尚有余额的,就该余额部分提起的反诉。

在必要情形下,法院应当积极行使释明权。

三、在中国建立有限强制反诉之制度保障

马克思主义理论认为,客观世界之万物不是孤立存在的,其与其他事物处于紧密的联系之中。强制反诉作为民事诉讼中的一个组成部分亦不例外,其与相关制度存在着密切关联性。例如,美国强制反诉制度之所以具有较强的优越性与其存在较为完善的相关配套制度密切相关。美国陪审制度使得开庭只能集中审理,并将与本诉相关之纠纷通过一次诉讼程序全部予以解决,这就为强制反诉提供了有力的制度支撑。在其他方面,完善的审前准备程序、法官释明义务之强化、当事人协作机制之建立、失权救济渠道畅通,均为强制反诉提供坚实保障。通过上述之分析可知,我国虽尚未具备全面引入强制反诉之条件,但是我

们可以考虑建立其相关配套制度为有限强制反诉制度的顺利运行提供制度保障。

（一）建立完备的审前准备程序

审前准备程序特指法院受理案件后至开庭审理前这一特殊的期间。我国民诉法将审前准备程序规定在第一审普通程序中，事实上，无论是二审程序还是审判监督程序抑或是简易程序，均需要进行审前准备程序，[①]本部分所指审前准备程序，特指普通程序第一审的审前准备程序。审前准备程序起源于英国，在美国逐渐发展、完善，成为英美法系国家之典型特征，这与英美法系的审判制度密不可分。传统的英美法系国家实行陪审团审理，该制度要求审理案件的法官必须在集中的时间内进行审理，因此审理案件的法官必须在庭审前进行充分的准备，以保证庭审的顺利进行。完备的审前准备程序为保证庭审的顺利进行，提升诉讼程序效率，节约当事人、法院成本，都起到了积极作用。大陆法系国家正是看到完备的审前准备程序之积极作用，才积极完善本国审前准备程序。例如，1996 年日本修改民诉法时就将审前准备程序作为重中之重，最终以法律形式确立了较为完善的审前准备程序。

当前，我国审前准备程序存在着法律规定粗陋、功能单一、独立性不强、职权主义色彩浓厚、分流案件功能缺失等弊端。[②] 为促使"有限强制反诉"更好地发挥作用，我们应当有针对性地完善我国现有的审前准备程序：一是完善庭前调解程序。通过法院或其他组织在庭审前评估双方当事人调解的可能性，积极对其进行调解，使本诉和反诉诉讼

---

① 王亚新：《新民事诉讼法关于庭前准备之若干程序规定的解释适用》，《当代法学》2013 年第 6 期。

② 郑夏：《民事诉讼审前程序改革研究》，《兰州学刊》2013 年第 2 期。

请求通过调解一并予以解决,不仅可以使复杂的反诉程序不予进行,还能实现民事纠纷的和谐解决。二是强制被告提交答辩状。通过被告之答辩状,原告可以了解被告的诉求和掌握的证据,有利于原告进行诉前准备,促使庭审程序快速推进。在美国、德国等国家要求反诉应当通过反诉状或在答辩状中提起,强制被告提交答辩状可以实现平等对待双方当事人这一基本原则,亦有利于法院通过审查发现是否存在有限强制反诉之情形。三是完善审前证据交换程序。审前证据交换程序要求双方当事人将其掌握的欲在法庭上出示的证据及证据线索应毫不保留地进行出示,否则该证据不得在诉讼程序中予以引用,以避免当事人在诉讼中的"赌博"行为。① 完善的证据开示程序还有利于法院通过证据审查反诉与本诉之牵连性,为更准确地判断该反诉是否属于有限强制反诉之范围提供依据②,以便对被告进行释明以避免失权之后果发生。四是完善审前会议制度。通过审前会议制度使双方当事人依照答辩状和证据交换程序中得到的证据资料优化自己的诉讼请求,明确主要争点,确定庭审证据,③法院进一步探查是否存在有限强制反诉之情形,以便及时行使释明义务,维护双方当事人合法权益。

(二)法院释明义务之强化

传统的民诉理论认为,民事诉讼程序由当事人决定诉讼程序的启动与终结,并负责推进诉讼程序、证据的收集、积极参与法庭辩论。法院处于消极地居中裁判,正所谓"汝给吾事实,吾给汝法律"。但是法

---

① 哈泽德、意米歇尔·塔鲁伊:《美国民事诉讼法导论》,张茂译,中国政法大学出版社 1998 年版,第 216 页。

② 马艳红:《论我国强制反诉制度的构建》,《中共成都市委党校学报》2005 年第 5 期。

③ 熊跃敏、刘芙:《民事诉讼审前准备程序的两种模式探析》,《沈阳师范学院学报》2000 年第 5 期。

院并不是全完处于消极被动之地位,其仍负有一定的释明义务。有关释明义务之规定,在德国民诉法中被誉为"大宪章"(Magna Charta)。可见释明义务之重要程度,但是应当如何界定法院释明义务的界限,则没有统一、明确的规定,在德国学术界有两种派别:辩论主义和协同主义,但其立法上采协同主义。协同主义下,民诉法之目的不再是"为权利而斗争"而是"为权利而沟通",法院也不是消极地居中裁判,其与双方当事人一道成为"发现案件事实之团体"。法院释明义务存在之目的,不仅为了满足诉讼经济之要求,还在于协助当事人以正确的诉讼方式实现当事人之诉讼目的,发挥法院释明义务之转换功能,将当事人主观认识转换为符合诉讼法要求之客观事实,以补充当事人本位主义之不足。①

在建构强制反诉中,我们应当将强制反诉制度和法院释明义务结合起来,在强制反诉制度建构中引入法院释明义务,促使法院及时释明,为本诉被告维护自己的合法权益提供必要帮助。强制反诉在促进纠纷一次性解决,有效提升诉讼效率,避免认定事实和判决出现矛盾,为实现公正与效率的有机统一,都发挥着积极作用。倘若当事人没有在本诉中提起反诉,会导致失权之严厉制裁,如果本诉被告因为不知该反诉属于强制反诉而没有在本诉程序中提起,而导致失权,对本诉被告而言十分不公,不利于实现实体公正。为此应当强化法院的释明义务,在本诉系属法院后,本诉被告并没有提起反诉亦没有另行提起诉讼,此时法院发现本诉被告如不提出反诉将失去提起诉讼的机会,即如果本诉被告另行提起诉讼,法院将以重复起诉禁止为由驳回起诉,此时法院

---

① 参见 R.Bruns,Zivilprozeörecht,3. Aufl.,1986. Rn79。

应当对本诉被告予以释明。在法院对其进行释明后,由本诉被告根据自己的情况决定是否提出反诉,对于本诉被告对自己权利处分决定法院应当予以尊重。但是倘若法院没有及时行使释明义务而导致本诉被告没有提起强制反诉的,此时应当为本诉被告开启救济渠道,避免其实体权利因程序保护不周而失权。

(三)构建双方当事人协作机制

传统民事诉讼的核心是双方当事人分居诉讼两端,在攻防武器平等的基础上进行对抗。对抗也是民事诉讼之主线,从诉讼开始至诉讼终结,处处体现双方当事人之对抗,可以说对抗已经融于整个民诉制度之中。在民事诉讼中过多地强调对抗,不仅容易造成当事人间实质的不平等,还会降低诉讼效率,同时还容易致使忽视甚至忽略了当事人间协作的机制,导致在民诉制度完善中多数聚焦于对抗制的完善,一定程度上扭曲了民事诉讼制度的内涵。也正是由于这些缺点使得域外的众多国家和地区例如英国开始了新的司法改革,即扩大当事人协作机制的运用范围,以提高诉讼效率。

在强制反诉制度中当事人的协作机制主要表现为当事人的诉讼促进义务及强制反诉的合意机制即上诉审中反诉的提起往往需要本诉原告的同意。本诉原告的同意是强制反诉制度走向规范、包容、开放的关键环节,也是克服现行强制反诉制度存在缺陷的重要一环,亦是调和本诉被告诉权利益与本诉原告审级利益的有力制度保障。因此,在上诉审中本诉被告提出反诉的,其对本诉原告的程序利益无害时(多数学者认为此处的程序利益是指审级利益),本诉原告应该同意本诉被告在上诉审中提起反诉,以促使纠纷能够在一个诉讼程序中全部解决,提高诉讼效率,减少当事人诉累,避免矛盾判决,提升公信力。

本诉原告同意在上诉审中提起反诉的实质是本诉原告用自己的程序利益（审级利益）换取的程序选择权。程序利益属于当事人的重大利益，在行使选择权时，尤其是当事人法律知识欠缺或情形复杂的情况下，法院应当对其进行释明，使本诉原告能够在明了相关法律后果的情况下自由地行使自己的权利。本诉原告同意在上诉审程序中提起反诉的，实是诉讼双方透过合意的方式达成共同舍弃一个事实审审理的审级利益的诉讼契约，亦应承担起不能提起上诉的自我责任。① 本诉原告以放弃审级利益换取的同意本诉被告在上诉审中提起反诉的合意是强制反诉制度正当化的前提和根基。如果本诉原告不同意本诉被告在上诉审中行使反诉权的，法院应当尊重本诉原告的选择，不应在上诉审中强力启动反诉程序，应告知本诉被告另行起诉，但是一些例外情形及强制反诉与重复起诉禁止交叉的部分应当另外考虑。

（四）赋予当事人程序救济权

"有权利，必有救济"，当事人进行诉讼之目的在于救济受到损害的权利。上述三个部分主要围绕如何更好地使当事人行使有限强制反诉之权利进行论述，但是有限强制反诉制度的顺利运行不仅需要积极促进，更需要在当事人权利受损时给予其积极救济。有限强制反诉其本质是强制反诉仅是在外延上对其予以限制，因此在性质上其属于反诉之一种，即属于独立之诉。因此强制反诉当事人亦需要在权利受到侵害时进行救济。较普通诉讼而言，倘若强制反诉没有在法定的期间内提起，将会产生失权之严重后果，因此，应当给予其更为严格的程序保障和更多的救济渠道。

---

① 李浩:《民事诉讼当事人的自我责任》,《法学研究》2010 年第 3 期。

对于有限强制反诉之救济制度设计,应当基于为当事人提供更为周全的程序保护这一基本原则,为有限强制反诉失权提供程序依据。当然对于一般之救济渠道有限强制反诉亦可适用,本部分着重针对有限强制反诉之特点扩宽其救济渠道。一是法院没有积极履行释明义务之救济。由于我国当前并没有实行律师强制代理制度,当事人法律素养参差不齐,不能要求当事人尤其是本诉被告能够及时行使反诉权利。法官作为专业的法律职业人,发现本诉被告存在有限强制反诉之情形时应当积极地履行释明义务。如果由于法院没有积极履行释明义务导致本诉被告没有提出反诉而失权的,本诉被告可以提起上诉,判决生效的应当作为再审的理由之一。二是当事人提起反诉而法院裁定不予受理之救济。当本诉被告提起反诉后,法院经审查后裁定不予受理的,本诉被告可以针对该裁定申请复议,对复议结果不服的可以提起上诉。在判决生效后,发现本诉被告之反诉属于有限强制反诉的应当纳入法定再审之范围。三是受理反诉但分开审理之救济。有限强制反诉以合并审理为原则,法院将反诉与本诉分开审理意味着法院并不认可该反诉为有限强制反诉。此时,本诉被告可以提出异议,异议被驳回的,在法院将本诉与反诉合并判决后,本诉被告可以提起上诉。判决生效后被告申请再审的,倘若属于将强制反诉分开审理的,得以程序违法为由进行再审。

第四章　民事反诉制度之第三反诉

——以当事人扩张为中心

第一节　问题之提出

我国《民事诉讼法》及《民诉解释》赋予了本诉被告在诉讼程序开始后结束前提起民事反诉之权利，并辅之以相关配套规定以保障本诉对方当事人反诉权能够得以行使。民事反诉制度之目的在于平衡双方当事人之诉权，避免法院判决出现矛盾进而提升司法公信力，促进民事纠纷在同一诉讼程序中予以解决，使受到损害的民事法律关系尽快恢复到正常状态，促使与本诉相关联之民事纠纷利用已开启的诉讼程序与本诉一并审理并作出判决，实现诉讼费用、劳力的节省。既然民事反诉制度有如此之多的优点，如何使这些优点尽可能多地体现在司法实践中是我们必须面对的问题。但是在民事反诉之当事人的界定上，我国采取了极为保守的规定，即《民诉解释》第 233 条对提起反诉的主体的规定，该规定将反诉的主体限定为本诉的当事人，本诉以外的人不能作为反诉的适格主体。

但是司法实践的复杂性决定了在民事反诉制度中不仅仅涉及本诉之双方当事人,还往往涉及本诉双方当事人之外的案外第三人。例如,南江县住房和城乡建设局(以下简称"南江住建局")诉南江县天然气有限责任公司(以下简称"南江天然气公司")解散、股东出资纠纷一案中,①南江县燃气有限责任公司(以下简称"南江燃气公司")作为第三人参加了该诉讼。经法院查明,南江住建局与四川西北建设(集团)有限责任公司签订了协议,共同组建南江燃气公司,经营期限为 20 年。随后南江住建局又与南江燃气公司签署协议组建了南江天然气公司,经营期限为 19 年。在本案审理过程中,南江燃气公司提起反诉,请求确认南江燃气公司拥有南江天然气公司 100%的股份。随后,南江天然气公司召开股东会,确认南江燃气公司持有 51%的股份,南江住建局持有 49%的股份。原告南江住建局以双方已达成和解协议为由,撤回起诉。后经多次协调,南江燃气公司不撤回反诉。南江县法院以"反诉只能是本诉被告向本诉原告提起,南江燃气公司作为本案第三人提起反诉,不符合法律规定",经本院释明,该公司仍不同意撤回反诉为由,裁定驳回南江燃气公司反诉。通过该案例可以看出,南江燃气公司作为南江天然气公司股东与本诉关系密切,如果允许南江燃气公司提起反诉更有利于纠纷的解决,既能够实现平息纠纷的目的,也能够节约宝贵的司法资源和当事人对诉讼的投入。

无独有偶,在司法实践中也有类似一例:原告 A 是被继承人甲的儿子,B、C 亦是被继承人甲的子女。现原告 A 单独向法院提起诉讼,诉请被告 D 无权占有其与 B、C 共同共有的某处房产,并诉请法院判决

---

① 参见(2010)巴中法民二初字第 023 号民事裁定书。

被告 D 返还诉讼系争物——某处房产。在诉讼开始后,被告 D 以 A、B、C 为反诉被告提起反诉,诉请法院确认其对该房产的所有权。此时,被告 D 提起的反诉是否合法? 出现这种状况多采纳较为保守的见解。即将反诉之适格主体限定在本诉当事人之范围内。据此,上述案例中,本诉被告 D 以本诉原告 A 以外的 B、C 为当事人提起反诉,并不合法,应当驳回起诉。

上述的两个案例,在反诉中均涉及案外第三人。不同的是第一个案例是案外第三人以反诉原告的身份将本诉之当事人作为反诉被告提起反诉。第二个案例是本诉被告以本诉原告以外的第三人 B、C 为反诉被告提起反诉。但最后结果,均是法院以反诉之适格主体限于本诉原告和被告为由而被法院驳回反诉,反诉原告为了维护自己的合法权益只能另行提起诉讼。司法实践中对反诉当事人所持的传统见解,使得反诉的适格主体只能是本诉之当事人,这就极大地限制了反诉解决纠纷的功能,也不利于最大限度地提高诉讼效率。

面对传统民事反诉理论将反诉之适格主体限定在本诉当事人之范围内,当本诉被告必须与案外第三人为共同原告提起反诉时,在该理论下,法院不得受理该反诉,该本诉被告与案外第三人只能另行提起诉讼。我国所固守的民事反诉主体适格范围已经与当前域外民事反诉适格主体的范围明显脱节,不利于民事反诉制度功能的发挥。为此,对民事反诉适格主体的扩充势在必行。在面对如何扩充当事人之问题上,第三反诉制度无疑是一个较为稳妥的选择。第三反诉制度在德国、美国等均有较为成熟的民事理论和司法实践,而我国却依然固守最传统的民事反诉主体适格理论将反诉主体限定在本诉之当事人。在面对当前民事诉讼复杂化,常常需要引入案外第三人以便于纠纷解决的今天,我国的民事反诉理论尤其是民事反诉主体适格理论在应对反诉之提起时,常常显得无法与司法实践相匹配。因此,我国有必要引入第三反诉制度,以扩充民事反诉当事人之范围,使民事反诉制度之功能得以最大限度地发挥。

第三反诉制度之实质是将与本诉存在牵连关系的民事主体尽可能多地纳入反诉制度中来,其面临的理论难题在于对现有民事反诉主体理论的突破,即将案外第三人纳入到民事反诉中来。具体在司法实践中会遇到的难题主要体现在以下几个方面:

第一,在我国建立第三反诉制度的民事诉讼理论基础为何? 如何突破现有民事反诉理论?

第二,第三反诉制度涉及民事反诉主体的扩张,那么第三反诉的范围究竟应当扩张到何种程度? 具体体现在以下四个方面:一是本诉被告为两人或两人以上时,可否由本诉被告中的一人或部分被告针对本诉原告提起反诉? 抑或本诉原告为两人或两人以上时,本诉被告可否对本诉原告中的一人或一部分提起反诉? 二是在本诉程序开始后本诉被告地位与反诉之诉讼标的需合一确定之案外第三人可否对本诉原告提起反诉? 三是本诉被告可否对本诉原告以外的第三人提起反诉? 四是与诉讼标的无需合一确定之人,可否提起反诉?[①]

第三,与德、日、美等第三反诉制度相比,我国现有民事反诉制度之缺陷? 如何将域外较为成熟的第三反诉制度引入我国并与我国相应的制度相契合?

第四,在"合一确定之当事人"之标准上,我国如何界定? "合一确

[①]　姜世明:《民事诉讼法》上册,新学林出版股份有限公司 2012 年版,第 382—383 页。

定之当事人"与必要共同诉讼当事人之间的关系如何厘清？本部分以对我国司法实践中关于第三反诉制度的案例分析为开端,对我国现有民事反诉主体理论之弊端进行剖析,并通过在我国建立第三反诉制度的法理进行分析,为实现我国第三反诉之建构和民事反诉主体扩张之范围进行限定。在厘清我国第三反诉制度的基本架构后,通过对域外第三反诉制度成熟之立法和司法实践经验的剖析,在界定"合一确定之当事人"的范围基础上,结合我国现行的民事诉讼理论,建构起我国第三反诉制度,为民事反诉制度功能之充分发挥提供一个新的路径。

第二节 第三反诉制度之理论困境及突破

民事第三反诉制度作为民事反诉制度中实现反诉主体扩张,进而更好地发挥民事反诉制度功能的一项重要制度,但目前在我国尚未建立该项民事制度。构建我国民事第三反诉制度需要有坚实的民事诉讼理论作为其支撑。因为任何民事诉讼制度的建构都必须建立在基本民事诉讼理论基础之上,离开了民事诉讼基础理论的民事第三反诉制度必将成为"无源之水,无本之木",不但无法与我国现行的司法制度进行有效对接,而且很可能因为没有坚实的民事诉讼法理基础而导致该制度脱离司法实践成为"书本上的制度",无法有效发挥该制度的功能。一项新的民事制度是否具有优越性,首先需要考虑的就是其是否与现行的民事诉讼基础理论相契合,其次要考虑的就是该制度与现行民事诉讼制度的兼容性,只有具备这两点该制度才能发挥其作用。民事第三反诉制度作为完善我国民事反诉制度的重要组成部分,对其具体制度建构能够为完善我国纠纷解决机制提供一个崭新的路径,使反诉制度的功能得以充分发挥。在德、日、美等国,第三反诉制度有较为成熟的理论基础和司法实践,得到了理论界和司法实务界的认同。我国近年来对第三反诉制度逐渐重视,司法实践中亦出现了相关案例。但是当前在我国建构民事第三反诉制度,将其上升为民事诉讼法律层面,尚面临基础理论上的难题、障碍,针对这些难题、障碍及应对措施我们下面逐一分析,以期能够实现民事第三反诉制度理论上的突破。

一、违背当事人适格理论

民事诉讼是民事主体在民事交往过程中,就民事权利义务关系发生了争执,请求法院对该争执予以解决的程序。因此,在民事案件中,民事诉讼程序由谁来启动,民事裁判结果由谁来承担,就显得至关重要。法院将民事纠纷在何人之间进行审理才有实际意义? 换言之,何人是民事纠纷的真正主体? 这个问题涉及当事人适格理论。[①] 在具体的民事诉讼中,可以以自己的名义作为被告或原告实施诉讼行为,行使诉讼权利履行诉讼义务,并受法院判决约束之当事人是为当事人适格。例如,原告甲起诉被告乙,诉称位于 A 地的房产是其在 B 地读研究生的女儿丙所有,被告乙无权对该房产进行占有,请求法院判决 A 地房产所有权人为其女儿丙并返还该房产。就当事人之间争执的法律关系而言,该民事诉讼之原告并不是该民事法律关系的直接利害关系人,即原告并不是该诉讼的适格当事人。倘若原告甲诉请 A 地的房产是其所有,被告乙无权占有并要求被告乙返还该房产,即使经法院审理后认

---

① 伊藤真:《民事诉讼的当事人》,弘文堂 1978 年版,第 90 页。

定该房产是其在 B 地读研究生的女儿所有,原告甲并非该房产的合法所有人,此时属于原告的诉讼请求不成立应当予以驳回,而非当事人不适格问题。从上述案例可以看出,在具体的民事案件中所谓当事人适格就是该当事人是该民事纠纷的真正纠纷主体,即具备诉讼资格的主体。具体而言,具备具体诉讼中原告资格的称之为适格原告,具备具体诉讼中被告资格的称之为适格被告。

具体到民事第三反诉上,依照我国现行的民事法律,我国将民事反诉的主体限定在本诉之双方当事人范围内。换言之,民事反诉主体只能是本诉的原告或被告,反诉与本诉的当事人必须相同,即反诉只能由本诉的被告向本诉的原告提起,不能由案外第三人提起,亦不能向案外第三人提起反诉,反诉之主体实质上是本诉原被告与反诉原被告诉讼地位之互换。[①] 在民事反诉中,本诉的原被告同时具备双重身份,即既是原告又是被告。反诉的主体包括两个方面的内容,即反诉的原告和反诉的被告,在我国无论是提反诉的主体(反诉原告)还是反诉针对的对象(反诉被告),如果超越了本诉原被告的范围,该反诉的当事人就属于违背了当事人适格理论,反诉主体不是适格主体,法院将以主体不适格为由驳回反诉,反诉原告只能另行起诉。

倘若要在我国建构第三反诉制度,首先要解决的理论难题就是如何实现反诉之当事人扩张,使第三反诉之当事人能够变为适格之当事人,即所谓的适格当事人扩张。当事人适格扩张理论在公益诉讼领域已经得到长足发展,在司法实践中已得到了认可。[②] 但是关于私益性民事诉讼中当事人之适格扩张理论,当前理论界并未形成统一的学说,

---

① 房保国:《论反诉》,《比较法研究》2002 年第 4 期。
② 王甲乙等:《当事人适格扩张与界限》,《法学丛刊》1995 年第 19 期。

在司法实践中也较为混乱。作为传统的大陆法系国家,我国在民事诉讼模式的问题上与德国、日本、法国等大陆法系国家相同,采用"规范出发型民事诉讼模式",体现在司法实践中就是受理民事案件的法院依照民事实体法的规定对产生民事纠纷的权利义务之有无进行判断。但是所有"规范出发型民事诉讼模式"都不可避免地面临一个难题,就是成文法无法随着社会的发展而随时变动,法律预先规定的当事人权利先于民事救济制度而存在,其弊端随着社会经济的快速发展而逐渐显现。① 在诉讼类型复杂化、新型化的今天,一些民事诉讼当事人对民事权利的诉求超出了可处分的范围,而相对滞后的民事实体法对其并没有预先规定,如果依然坚持传统的当事人适格理论,那么将致使本应当受到法律保护的民事权利却得不到法律的救济,进而无法实现对民事纠纷主体进行平等保护。

我国民事诉讼中的第三人制度,为案外第三人进入已经开始的诉讼程序开启了大门,为了实现将民事反诉主体限定在本诉当事人范围内这一目的,我国民事反诉理论中禁止第三人反诉。② 第三反诉制度的一个重要特征就是将案外第三人引入到已经开始的诉讼程序中,倘若在我国建构民事第三反诉制度,势必要对现行民事反诉主体之范围进行扩张,以便于将案外第三人纳入已开始的民事诉讼程序中来。在现有民事主体适格理论下,若要将案外第三人纳入民事反诉制度中势必要对民事反诉之适格主体进行扩张,将现行民事法律下没有法定权益的民事纠纷主体纳入到适格当事人之范围内,将案外第三人作为民

---

① 江伟:《民事诉讼法专论》,中国人民大学出版社 2005 年版,第 155 页。
② 《最高人民法院民事诉讼法司法解释理解与适用》,人民法院出版社 2015 年版,第610 页。

事反诉之适格主体引入民事反诉制度,进而使民事反诉制度之功能得以最大限度发挥。

二、增加诉讼的复杂性降低诉讼效率

公正与效率是民事司法制度永恒的追求。进入现代以来,不论是域外的民事司法改革还是我国对现行民事诉讼制度的完善,无一不是将提升诉讼效率作为其重要目标之一。提高诉讼效率的一个重要途径就是民事要素的简单化,即民事纠纷主体尽可能的简单,民事纠纷事实尽可能的明晰。[①] 换言之,理想的民事诉讼程序即最简单的民事诉讼程序,应当是民事诉讼双方仅有一个当事人,诉讼争议的内容仅有一个标的,诉讼请求也是单一的。此种民事诉讼是最理想的诉讼形态,相对而言也是诉讼效率最高的诉讼形态,因为诉讼效率与诉讼的简单或复杂有很大关系,诉讼效率与诉讼的复杂性成反比,即越复杂的诉讼效率越低。

从诉讼的复杂性程度出发,有学者指出,第三反诉制度将案外第三人引入诉讼程序,使原本简单的本诉原告、被告之间双方当事人关系,在反诉中引入案外第三人后,使得本来就因反诉的提起已经复杂化的诉讼变得更为复杂,无形中降低了民事诉讼程序的效率。[②] 在格外重视民事诉讼效率的今天,诉讼程序的迟延是不被法院和双方当事人所接受的,出于诉讼效率实现之要求,我国民事反诉制度以第三反诉制度的引入会增加诉讼程序的复杂性为缘由,将第三反诉制度排除在民事反诉制度之外。

[①] 参见张晋红:《诉讼效率与诉讼权利保障之冲突及平衡》,《西南民族学院学报(哲学社会科学版)》2002 年第 8 期。

[②] 参见中村英郎:《新民事诉讼法讲义》,陈刚等译,法律出版社 2001 年版,第 125—126 页。

第三反诉制度的引入是否会增加民事诉讼程序的复杂性进而降低民事诉讼程序的效率呢？下面我们分析之：

一是理想中的诉讼形态与第三反诉复杂性对比是否妥当？理想中的民事诉讼形态，即原告、被告、诉讼标的、诉讼请求等民事诉讼要素均具有单一性，但是该诉讼形态往往只存在于我们探讨民事诉讼理论研讨时予以列举的例子，用以说明某一方面的理论。真正的民事诉讼基于纷繁复杂、千变万化的社会生活，这就决定了在实际司法实践中几乎不会遇到理想中的民事诉讼形态，实际的民事纠纷往往在成因和诉讼要素上具有复杂性。不可否认的是第三反诉制度将案外第三人引入反诉程序中，与理想中的诉讼形态相比，第三反诉必然要比诉讼要素均具有单一性的诉讼形态复杂。但将理想中的诉讼形态与司法实践中真正的案件相较两者根本不具有可比性，将两者相比欠缺妥适性。

二是与普通反诉相比，第三反诉主体形态是否一定比普通反诉复杂？一般而言，在民事诉讼中，诉讼当事人为原告和被告双方当事人两面的诉讼主体，民事反诉制度作为民事诉讼制度的组成部分亦不例外。但是第三反诉制度将案外第三人引入到了诉讼程序中来，倘若是案外第三人提起反诉或本诉被告只针对案外第三人提起反诉，那么其与传统的两面型诉讼主体不同，该第三反诉会出现三面型的民事诉讼主体形态。除此之外，第三反诉制度依然是两面型的民事诉讼主体形态。由此可知，就民事诉讼主体形态而言，第三反诉制度并不一定比普通反诉制度更为复杂，其更多的亦是与普通反诉相同的两面型诉讼主体形态。

三是第三反诉制度将案外第三人引入诉讼程序是否会导致诉讼程序的迟延？从诉的数量上来看，不论是普通反诉还是第三反诉，依然是本诉与反诉两个诉，即只有两个诉讼请求。换言之，无论是否将案外第三人引入诉讼程序中来,诉讼请求依然是本诉诉讼请求和反诉诉讼请求两个诉讼请求,进入法院审理范围的诉讼请求不因为第三反诉制度而增加。从这个意义上讲,第三反诉的引入并不会增加法院审理案件的工作量和案件的复杂程度,因此也就不会因为第三反诉制度而延迟诉讼程序的进行。

四是第三反诉制度是否能够积极地促进反诉制度功能的发挥,有效提高诉讼效率? 依据上述三点我们可以看出第三反诉制度的引入并不会使案件变得更为复杂,亦不会增加法院审理案件的诉讼请求和难度。第三反诉制度将案外第三人引入已开始的诉讼程序,使其与本诉当事人之间的与本诉请求相牵连的民事纠纷通过第三反诉之制度得以一并解决。避免了当事人另行提起诉讼浪费有限的司法资源,无端增加当事人诉累,并有效避免了当事人另行起诉可能导致的相关事实重复认定及事实认定相矛盾等弊端。有利于实现多个诉讼请求在同一诉讼程序予以解决,提升诉讼程序效率,有效避免矛盾判决的发生,进而实现司法公信力的有效提升。有一句法谚家喻户晓,"*Justice delayer is justice denied*",即"迟来的正义非正义"。即使第三反诉制度在一定程度上增加了诉讼的复杂程度,但是其具有利用同一诉讼程序解决多个纠纷的功能,能够有效提升诉讼程序效率化解纠纷,因此,第三反诉制度不但不会增加迟延诉讼还能有效提升诉讼效率,我们应当积极建构我国的第三反诉制度。

三、违背了现有的法院释明义务规则

随着社会经济的发展,民事诉讼由当事人绝对的对抗型模式逐渐向强化法院的案件指挥权发展,法官在审理案件中的诉讼指挥权逐步得到加强,以实现对诉讼效率的追求。诉讼中审理案件的法官对诉讼指挥权的重要表现形式就是法官的释明义务。通过对释明义务的行使,使法官对诉讼参与人就案件事实陈述不明晰、举证不充分、证据存在瑕疵需要补正等情形,通过说明、指正等形式使得诉讼参与人能够把上述存在瑕疵的诉讼行为或证据予以修正或完善,以促进诉讼程序的顺利进行。① 释明义务来源于大陆法系的德国,其意在修正1806年《法国民事诉讼法》对诉讼双方当事人诉讼权利的过度赋予而导致的诉讼程序迟延和当事人之间不平等,从而造成实质正义缺失,其赋予法官释明义务,以增强法官对诉讼程序的控制,并平衡当事人之间权利以实现判决的实质公正。随后大陆法系诸多国家如日本、奥地利等均把法官之释明义务纳入到本国民事诉讼法律规范中。一向将诉讼程序推进权完全交由当事人决定的英美法系,也意识到当前诉讼程序拖延、诉讼成本高的重要原因在于绝对的当事人进行主义。为此英美法系的代表国家英国、美国先后进行了改革,其中以美国的《民事司法改革法》和英国的沃尔夫勋爵司法改革为代表,强调法官对案件的管理权和释明义务,以促进诉讼程序的顺利进行。

在世界各国释明义务快速发展并法律化的同时,我国也没有落后,业已将法官之释明义务纳入到法制的轨道中来,但是就释明义务之性质尚有争议,主要有两种观点,即权利说和义务说。德国、日本等国家将其视为法官之权利称之为"释明权",我国则以释明是法官之义务为通说。② 释

---

① 杨建华:《民事诉讼法之研究》,三民书局1984年版,第172页。

② 《最高人民法院关于民事诉讼证据的若干规定》第3条第一款规定:"人民法院应当向当事人说明举证的要求及法律后果,促使当事人在合理期限内积极、全面、正确、诚实地完成举证"。第35条规定:"诉讼过程中,当事人主张的法律关系的性质或者民事行为的效力与人民法院根据案件事实作出的认定不一致的,不受本规定第34条规定的限制,人民法院应当告知当事人可以变更诉讼请求"。

明义务之性质无论其是权利还是义务,都不会影响其积极功能的发挥,因此本书不再纠结其性质。在我国已经将释明义务法定化的今天,法官在审理案件过程中通过行使释明义务,使案件当事人可以高效地行使诉讼权利、履行诉讼义务,使诉讼程序解决纠纷的功能得以最大限度发挥,进而使遭到破坏的社会秩序尽快得到恢复。既然释明义务可以发挥提升诉讼效率、增强诉讼程序解决纠纷之功能,就没有必要在民事反诉制度中引入第三反诉制度了,况且第三反诉制度还面临着增加诉讼复杂性,降低诉讼效率之弊端。第三反诉制度的引入还要突破我国现有的民事反诉之框架,并要辅以相应的制度方可发挥作用,因此,不如充分发挥释明义务之功能,进而避免上述弊端之出现。

对于上述观点,笔者并不认同,主要有以下几个理由:一是释明义务在我国之规定及行使有很大的局限性。当前释明义务在我国已经实现了法定化,成文法中对释明义务已经作了比较明确的规定,但是我国释明义务之规定有很大局限性,因为其仅仅体现在《关于民事诉讼证据的若干规定》(以下简称《证据规定》)这一很久以前的司法解释中,2012 年修订的《民事诉讼法》和 2015 年的《民诉解释》并没有涉及法官的释明义务。仅《证据规定》对释明义务的简单规定,无法使我国的释明义务体系化和制度化,其仅仅是为了法官能够在当事人举证行为或提供的证据存在瑕疵时帮助当事人对其予以修正,以更好地查明案件事实,而对于诉讼程序启动中的释明义务及诉讼程序进行中的释明义务,上诉审和执行中的释明义务并没有规定。对法官行使释明义务的边界如何界定?法官释明义务与尊重当事人处分权之关系如何处理?我国民事诉讼法律、司法解释及相关法规并没有作出明确规定,从司法实践来看,我国对释明义务的规定已经远远不能跟上司法实践的步伐,需要进一步加强对法官释明义务的立法研究。因此,我国现有的释明义务不能达到代替第三反诉制度的作用。[①]　二是第三反诉制度与释明义务是相互促进、相辅相成的制度。法官之释明义务多发生在案件审理过程中,在案件审理过程中,要求法官必须不偏不倚地居中裁判,如果出现法官偏袒一方当事人的情形必然会造成案件的实质不公正。因此,要求法官在行使释明义务时,应当以查明案件事实、促进案件顺利推进为目的,不能有所偏袒。同时,还要求法官行使释明义务时必须严格按照法律的规定进行。第三反诉制度本身在案外第三人之界定方面就面临很多难题,在我国没有实行律师强制代理制度的今天,引入第三反诉制度必然需要法官更加积极地行使释明义务,以便于第三反诉制度之功能得以充分发挥。第三反诉制度需要法官积极行使释明义务,一定程度上可以进一步完善释明义务的内容,扩充释明义务行使的范围,对释明义务理论和司法实践的发展也有一定促进作用。因此,释明义务和第三反诉制度不仅不冲突而且是相互促进、相辅相成的。

四、与平等保护当事人诉讼权利相背离

民事诉讼之所以区别于刑事诉讼和行政诉讼,根本原因在于民事诉讼中双方当事人诉讼权利义务平等。具体而言包括:双方当事人具有平等的诉讼地位;具有相同的民事诉讼权利和民事诉讼义务,即双方当事人攻击防御手段相同;法院平等地保障双方当事人平等地行使诉讼权利。民事诉讼双方当事人诉讼地位平等,是宪法和法律赋予民事诉讼双方当事人最基本的权利,是整个民事诉讼制度的基石。当事人

---

①　参见王亚新:《对抗与判定——日本民事诉讼的基本结构》,清华大学出版社2002年版,第87页。

诉讼地位平等本质是诉讼双方当事人在民事诉讼中法律地位平等,不受当事人是自然人抑或法人、富贵抑或贫穷、受教育程度等社会因素的影响,在民事诉讼中处于平等的地位,平等地享受法律赋予的诉讼权利和义务。民事诉讼双方当事人在诉讼中还享有相同的攻击防御手段,这是双方当事人具有平等的法律地位的外在表现。双方当事人攻击防御手段相同,不是说在诉讼中双方当事人的攻击防御手段完全相同,民事诉讼法将这种平等表现为诉讼双方当事人权利义务的"同一性"和"对等性"。之所以赋予民事诉讼双方当事人相同的攻击防御手段,是为了保证双方当事人有平等的机会影响审理案件的法官,使法官作出对己方有利的民事判决,这样法院作出的判决更有利于双方当事人接受,进而实现案了事结,使遭到破坏的社会关系尽快修复。平等保护当事人诉讼权利还包括法院平等保护民事诉讼当事人依法行使法律赋予的权利和义务,这是当事人权利义务实现的必经途径。这种平等性在民事诉讼程序中体现为审理案件的法官平等地对待双方当事人,对双方当事人提出的证据予以平等的关注。但需要注意的是双方当事人诉讼权利义务平等是在诉讼程序中的平等,并不是实质性的平等。[1] 例如,民事诉讼中法人和自然人对抗时,往往法人占有优势地位。

在普通的民事诉讼中,如果案外第三人对民事诉讼双方当事人所争执的民事权利义务关系有独立的诉讼利益,或者虽然没有独立的诉讼利益,但是该案件的处理结果对其有法律上的利害关系时,案外第三人可以主动申请加入到业已开始的诉讼中来,也可以由诉讼当事人向法院提出申请,或由法院依职权直接决定通知利害关系人加入到该诉

---

[1] 龚祥瑞:《西方国家司法制度》,北京大学出版社 2000 年版,第 159 页。

讼中来,加入到业已开始诉讼中的案外人称为第三人。例如,通山甲有限责任公司(以下简称"甲公司")与湖北乙担保有限责任公司(以下简称"乙公司")确认合同无效一案。① 甲公司职工徐某某收购了陈某某持有的乙公司的部分股份,以逃避国家对其惩罚,原告收购该股份后,被告抽逃资金使原告承担了损失,原告诉请与被告签订的股权收购协议无效,并追加原股份持有人陈某某为第三人与被告共同承担对原告的赔偿责任。该案中,原告诉请第三人陈某某与被告共同承担责任,被告败诉后其应当承担实体责任,与案件裁判结果有利害关系,其是本案的第三人。在我国第三人依照是否对当事人所争议的民事法律关系有独立的请求权,将其分为有独立请求权第三人和无独立请求权第三人。在韩国,虽然没有采用我国这样分类,但其将第三人分为共同诉讼参加人和独立当事人参加人,因此本质上与我国的分类相同。

在我国民事反诉制度中,反诉作为一个独立诉讼与本诉本质上并无区别,本诉终结后,反诉作为独立之诉依然存在,并不受本诉之影响。根据诉讼权利义务平等原则,既然本诉可以将案外人引入到诉讼程序中来,那么也应当允许反诉将案外人引入到反诉程序中来,否则就会造成民事诉讼程序中对双方当事人权利保护不均等。本诉允许将案外人引入到诉讼中来,使案外人作为本诉原告、被告之辅助人或共同作为原告或被告参加诉讼,抑或以独立第三人之身份参与诉讼,将本诉之原告、被告作为共同被告。但是对于本诉被告提起的反诉,我国民事诉讼法及司法解释竟然将当事人限定在本诉之当事人范围内,这违反了对当事人诉讼权利平等保护的基本原则,忽视了对本诉被告诉权应有的

---

① 参见(2017)鄂 1224 民初 1908 号民事判决书。

保护。在当事人范围方面不仅将本诉与反诉区别对待,而且限定反诉当事人之范围,使得反诉制度与民事诉讼相关制度的不衔接,直接造成了反诉制度与其他诉讼制度的割裂。为了弥补这种割裂和平等保护当事人诉讼权利,我国应当引入第三反诉制度以修正我国现有反诉制度对当事人限定造成的对民事诉讼制度基本原则的损害,进而使已经割裂的民事反诉制度与第三人制度进行有效对接。

第三节　我国第三反诉制度现状及问题分析

第三反诉制度作为民事反诉制度的重要组成部分,对于完善我国现有的反诉制度具有重大意义。第三反诉制度的建构不仅能够使反诉制度的功能得以最大限度发挥,而且能够对我国现有的民事诉讼基础理论进行重新整合和完善,以促进提升民事诉讼解决民事纠纷的能力。当前,我国第三反诉制度无论是在立法还是司法实践抑或基本理论方面均存在缺陷或者不足。本节以我国第三反诉制度在立法、司法和理论方面的现状为基础,对我国第三反诉制度形成现状的原因进行剖析,并通过对我国司法实践中有关第三反诉的 43 个案例进行系统分析,将司法实践中有益的经验进行总结并为建构我国第三反诉制度提供有益的实践基础。

一、我国第三反诉制度立法之现状及不足

(一)第三反诉制度的立法现状

我国现行民事诉讼法及相关司法解释和民事诉讼规章,对第三反

诉制度并没有作出肯定性的规定。在《民事诉讼法》中涉及反诉的规定共有 4 条,即第 51 条、第 59 条、第 140 条和第 143 条。但其均将提起反诉的主体限定在本诉被告的范围内,对本诉原告的范围并没有作出明确的限定。但是《民诉解释》第 233 条却对反诉的当事人作出明确限定,该条规定反诉的原告只能是本诉被告,反诉的被告只能是本诉原告,不允许对反诉的当事人进行扩张,违背了该条的反诉应当以当事人不适格为由,驳回本诉被告提起的反诉,告知其另行提起诉讼。从现行立法来看,我国立法上是禁止反诉主体进行扩张的,反诉的主体只能是本诉的原告、被告,似乎没有商榷的余地。那是不是第三反诉在我国没有立法上的基础呢? 下面我们分析一下我国第三人制度与反诉制度的联系。

民事诉讼基本理论中与第三反诉理论联系密切的一个概念就是案外第三人,我国民事诉讼理论将第三人分为有独立请求权第三人和无独立请求权第三人两种。有独立请求权第三人可以就诉讼当事人争议的诉讼标的提出权利主张;无独立请求权第三人虽然不能就当事人争议的诉讼标的提出独立的权利主张,但是当事人争议的诉讼标的与其有法律上的利害关系,当法院判决其承担民事权利义务时,原本为无独立请求权第三人就转化为有独立请求权第三人。我国《民事诉讼法》第 143 条规定为第三人进入反诉制度提供了一个立法上的基础。[1] 该条规定中,将第三人提出诉讼请求与反诉并列,更为重要的是该条中规定第三人提出的诉讼请求如果与"本案"相关,就可以与本案合并审理。此处的"本案",如果从字面理解,可将其解释为"本诉和反诉",因为不论是本诉还是反诉均可能出现第三人,该第三人包括有独立请求

---

[1]　我国《民事诉讼法》第 143 条规定:原告增加诉讼请求,被告提出反诉,第三人提出与本案有关的诉讼请求,可以合并审理。

权第三人和无独立请求权第三人。如果"本案"是反诉时,依照《民事诉讼法》第 140 条的规定,第三人是可以加入到反诉中来的。如果第三人是有独立请求权第三人的,其提出的与反诉有关的独立诉讼请求可以与反诉合并审理,从这方面而言,该第三人已经加入到了反诉程序中来。如果该第三人是无独立请求权第三人的,其可以加入到已开始的反诉中来,与本诉原告或本诉被告一并参与到反诉中来,如果法院判决无独立请求权第三人承担责任的,其就成为了反诉的当事人。从上述分析我们可以看到,该条规定其实已经突破了《民诉解释》第 233 条的规定,我国反诉之主体可以是本诉当事人以外的第三人。另外《民诉解释》第 232 条和第 251 条之规定与《民事诉讼法》第 170 条之意思相同,在此不做解释。因此,可以说我国《民事诉讼法》第 140 条的规定已经为我国建立第三反诉制度奠定了法律基础。

(二)我国民事第三反诉制度立法之不足

经过上述分析我们得知,我们民事第三反诉制度之立法,虽然《民事诉讼法》第 140 条透露出了第三人可以成为反诉之主体,为我国民事第三反诉制度的建立提供了法律基础。但是整体而言,尚存在诸多缺陷和不足。该缺陷和不足具体表现为以下几个方面:

1. 第三反诉之立法零散、不成体系。第三反诉作为一个制度,必然应当有一系列的法律对其进行规定,使其成为一个严密的体系。但是当前第三反诉制度之立法,只有一条规定,即《民事诉讼法》第 140 条,且该条尚不是针对第三反诉的专门规定,仅是在笔者分析后,从中提炼出的文义解释,尚不能称之为立法。虽然《民诉解释》第 232 条、第 251 条对《民事诉讼法》第 140 条作了进一步的阐释,但只是其对《民事诉讼法》第 140 条规定的细化。与德国、日本等国相比较,我国有关第三反诉之立法建构还有待进一步完善。现有立法规定无法支撑起第三反诉制度。

2. 第三反诉之立法对第三反诉之主体规定不明确。根据笔者的分析,现有关于第三反诉之立法规定的第三反诉主体之范围仅限于第三人。如果该第三人为有独立请求权第三人,依照其法律地位而言只能是原告,其参加到已开始的反诉中时,本诉之主体是否可以对其提反诉没有规定。换言之,现行立法只能推定出其可以参加到已开始的反诉中来,其仅仅突破反诉之当事人限于本诉当事人这一规定,并没有说明是否可以对其提起反诉或作为反诉之诉讼主体。另外,第三反诉之主体是否仅限于第三人?现行立法对其亦没有规定。从域外立法经验来看,第三反诉之当事人不限于第三人,还包括第三人之外的其他案外人,对此我国相关立法并没有体现。

二、我国第三反诉之司法现状

虽然我国第三反诉制度在立法上较为落后和保守,但是在司法实践中,我国司法实务人员已经突破了现有民事立法的规定,对第三反诉制度展开了积极的探索,将反诉之主体扩展到了案外第三人。司法实践中对第三反诉制度的积极探索,为建构我国第三反诉制度提供了宝贵的司法实践经验。笔者将我国司法实践中有关第三反诉的现有司法案例(43 个民事判决或裁定)[①]进行了归纳整理,以期能对我国第三反诉之建构提供些许启发。

通过下图我们可以看出,在我国第三反诉制度的司法实践中早就

① 数据来自中国裁判文书网,统计时间截至日期:2023 年 9 月 30 日。

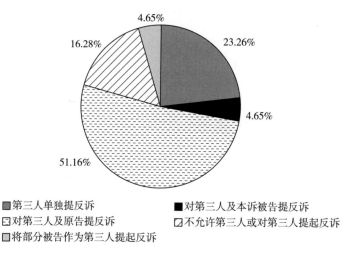

第三反诉判决案例所占比例图

大胆地突破了《民诉解释》第233条第一款的规定,即反诉当事人仅限于本诉当事人这一极为保守的规定,将案外人纳入了反诉当事人的范围。依照我国司法实践中的真实案例可以看出:对第三人单独提起反诉或将第三人作为反诉被告的案件共10件,占涉及第三人案件数量的23.26%;对案外第三人及本诉原告提起反诉的案件共22件,占涉及第三人案件数量的51.16%;对案外第三人及本诉被告提起反诉的案件共2件,占涉及第三人案件数量的4.65%;将本诉被告作为反诉第三人的案件共2件,占涉及第三人案件数量的4.65%;最后,不允许案外第三人提起反诉或对案外第三人提起反诉的案件共7件,占涉及第三人案件数量的16.28%。通过上述数据我们可以看出,在现有的司法案例中,将第三人与原告作为反诉被告的情形最为普遍,该种情况下审理案件的法官往往对本诉被告提起的反诉予以认可,并积极进行审理作出判决。值得注意的是,法院在审理案件中,当反诉涉及案外第三人时,在反诉被告或第三人以反诉当事人不适格为理由对反诉进行抗辩时,往往会得到法院的认同,并驳回反诉,告知提起反诉的原告另行提起诉讼。例如,在某某电梯(中国)有限公司青海分公司与某某新华都商贸有限公司等承揽合同纠纷一案中,①本诉被告将案外第三人某某电梯(中国)有限公司与本诉原告一并作为反诉被告提起反诉,在诉讼过程中,某某电梯(中国)有限公司向受理案件的法院依据《民诉解释》第233条提起抗辩,要求以反诉当事人不适格为由驳回本诉被告的反诉,本案中法院依照第三人某某电梯(中国)有限公司的要求驳回了本诉被告的反诉,告知其另行提起诉讼。可以看出,我国法官在审理类似案件时,仍然没有直接突破《民诉解释》第233条第一款的藩篱。在我国司法实践中,一个比较可喜的突破是,在共同诉讼中,本诉被告可以对同为本诉被告的一方当事人及第三人提起反诉,不但将第三人纳入到了反诉中还将本诉被告纳入了反诉中。此种做法极大地扩充了诉讼程序解决民事纠纷的能力,也有效避免了矛盾判决、节省了当事人解决纠纷的成本,可惜的是类似的案例太少,目前只有两个案例,分别是陈某某、廊坊某某房地产开发有限公司等与杨某某、廊坊某某担保有限公司合同纠纷一案②及崔某某、杨某与杨某某及陈某某土地承包经营权租赁合同纠纷一案③。最后,司法实践中对独立第三人作为反诉当事人的情形得到了司法实务界的一致认可。令笔者费解的是,有两个共同诉讼的案例中,提起反诉的部分本诉被告将部分本诉原告即案外第三人作为反诉被告提起反诉,这两个案例分别是朱某某与梁某某、广州市某某污水治理有限公司、中国人民财产保险股份有限公司某某市分公

---

① 参见(2015)德民初字第232号民事判决书。
② 参见(2015)廊民三初字第155号民事判决书。
③ 参见(2015)梨民一初字第241号民事判决书。

司机动车交通事故责任纠纷一案①及李某某与中国人民财产保险股份有限公司某某市支公司财产保险合同纠纷一案②。

（二）我国第三反诉在司法实践中存在的不足

我国司法实务界在司法实践中大胆地对现有民事反诉主体的规定进行突破，使反诉主体不局限于本诉当事人的范围，将第三人纳入到反诉程序中使其成为反诉制度的主体，为建构我国第三反诉制度提供了宝贵的司法实务经验和基础。但是从当前司法实践中关于第三反诉制度的案例可以看出，关于第三反诉制度在司法实务中仍存在一些问题值得我们深思和完善。

1. 司法实践中有关第三反诉制度之适用较为混乱

通过对我国现有的有关第三反诉的案件(43 个案件)进行分析，可以看出，在司法实践中，各地法院对涉及第三反诉的案件处理不一致，不同的法院对第三反诉的态度亦有很大差别。就区域而言，在经济较活跃的东部地区，法院对第三反诉持较为开明的态度，一般认可第三反诉的存在，必要时法院甚至会作出释明，使与本案有牵连关系的案外人进入到反诉程序，以促进反诉功能的实现，提升反诉程序解决纠纷的效率。在司法实践中，法官往往并不直接将案外人纳入反诉程序，而将第三人反诉中的第三人称之为反诉第三人。在民事判决书中往往表述为"本诉被告以本诉原告 A 为被告以 B 为第三人提起反诉"③，以回避第三人不能成为反诉主体的规定。但是也有不少案例不认可第三人可以成为民事反诉的主体，当反诉中涉及第三人时，往往以第三人不是民事

---

① 参见(2015)穗南法民一初字第 387 号民事判决书。
② 参见(2013)莱州商初字第 41 号民事判决书。
③ 参见(2016)川 0921 民初 1556 号民事判决书。

反诉之适格主体为由,依照《民诉解释》第233条第一款之规定将其驳回,例如本章开头所列举的案例。此时本诉被告为了维护自己的合法权益只能另行提起诉讼,不仅浪费了宝贵的司法资源、无端增加了当事人解决纠纷的成本,更是大大增加了法院对案件事实认定出现矛盾的概率,降低了法院的司法公信力。

不同的法院对反诉主体在司法实践中的不同态度,使得本来就缺少立法规范的第三反诉制度更加混乱。第三反诉制度是否在民事诉讼中被采纳并运用到司法实践中,很大程度上取决于审理案件的法官,这将使法官变得恣意,因为其完全可以根据自己的偏好和法理学派来决定是否将第三反诉引入到司法实践中。完全由审理案件的法官来决定第三反诉之适用与否,势必造成司法实践中第三反诉制度适用的混乱。而司法实践的混乱必将导致第三反诉制度之功能不能得到充分的发挥,进而会影响当事人对该制度的信赖度。

2. 司法实践中第三反诉涉及之主体范围存在局限性

我国司法实践中涉及第三反诉的43件案件中,所涉及的主体均为第三人,即有独立请求权第三人和无独立请求权第三人。有独立请求权第三人在第三反诉中,有的案件是以反诉原告的身份出现的,有的是以反诉被告的身份出现的。基于我国关于第三人的诉讼理论,有独立请求权第三人在诉讼中的法律地位往往表现为原告,即有独立请求权第三人对已开始诉讼的原告和被告所争执的民事法律关系有独立的民事权益而加入到民事诉讼中来。将该诉讼的原告和被告作为被告对诉讼所争议的民事法律关系主张权利,此时,其法律地位为原告。① 但是

① 《德国民事诉讼法》第64条之规定。

在日本,独立当事人参加与我国有所区别,其只要以原诉讼之原告或被告一方当事人为被告就可以参加到诉讼中来。① 但是在第三反诉之适格主体上,我国对日本之理论依然没有采纳,仍是将有独立请求权第三人限于原告之法律地位。从我国现有第三反诉案件来看,第三反诉主体扩张之范围仍然局限于第三人之范围,并没有将第三人之外的与本诉有牵连关系的其他案外人纳入到反诉适格主体的范围内,尤其在日本等所强调的"与诉讼标的需合一确定之人"是第三反诉之当然适格主体。我国的司法实践中根本没有相应的案例与该"合一确定"理论相对应。这就凸显了我国司法实践中虽然对现有立法将反诉之适格主体限定在本诉原告、被告这一规定进行了突破,值得理论界学习和深思,因为司法实践走在了民事反诉理论的前面。但是司法实践中将第三反诉之主体局限在第三人的做法,仍有待进一步的突破和扩张。

三、我国第三反诉立法及司法实践之评析

(一)我国第三反诉立法之评析

纵观我国民事诉讼相关法律法规,其对第三反诉制度并没有作出明确的规定,甚至可以说我国有关第三反诉之立法尚处于空白期。如果非要说我国有关第三反诉之立法规定的话,《民诉解释》第 233 条第一款绝对算其中之一,但该款之规定并不是为了对第三反诉制度的适用提供规范性规定,而是为了从根本上否定第三反诉制度在我国的适用。因为该款规定将民事反诉的适格主体限定在了本诉原告、被告的范围内,反诉当事人超出本诉原告、被告范围的均应以反诉主体不适格

---

① 高桥宏志:《重点讲义民事诉讼法》,张卫平、许可译,法律出版社 2007 年版,第 332—333 页。

为由驳回反诉。反诉之主体从反诉的性质分析,其与本诉一样,应当分为反诉原告与反诉被告双方当事人。换言之,反诉之主体应当分为两个方面:一方面是谁有资格提起反诉——反诉原告;另一方面是谁是反诉诉讼请求的针对对象——反诉被告。我国现有之立法与大陆法系传统的民事反诉理论相同,即反诉只能由本诉被告向本诉原告提起,而不能向本诉当事人之外的案外人提起,亦不允许案外人对本诉当事人提起反诉。但是该理论随着司法实践的发展,不断地进行完善和修正,当前大陆法系的德国、日本等国家均不同程度地允许对反诉之适格主体进行扩张,有关第三反诉的立法和相关制度逐步完善并形成体系,不仅完善了民事反诉理论,还大大地促进了反诉功能的实现,提高了民事诉讼效率。

面对域外第三反诉立法的制度化和体系化快速推进,我国民事反诉理论依然固守传统民事诉讼理论用以指导民事反诉立法,使得我国现有的民事反诉立法特别是第三反诉民事立法落后于其他大陆法系的国家和地区。第三反诉立法的缺失导致的直接后果就是司法实践中出现第三反诉情形时,不能通过第三反诉制度予以解决,只能告知当事人另行起诉。这种做法与民事诉讼追求公正与效率这两个基本目的背道而驰,严重地阻碍了民事诉讼程序正常推进和效率的提高。可以说,当前第三反诉之立法缺失已经成为制约整个反诉制度功能正常发挥的瓶颈。虽然笔者在分析我国第三反诉立法现状时将《民事诉讼法》第140条的规定作为民事第三反诉的法律基础,但是该解释属于学理解释,尚不具备法律约束力,即使具备法律约束力,其也只能是第三反诉立法中的一个组成部分,无法支撑起整个第三反诉制度的大厦。因此,我国关于民事第三反诉之立法远远不能满足建立第三反诉制度之要求。当前极为紧迫的立法任务就是对第三反诉之立法进行完善,使第三反诉制度在完整的立法体系支撑下顺利运行。

(二)我国第三反诉制度之司法实践现状评析

通过对我国司法实践中第三反诉相关案件的分析,可以看出在第三反诉制度上,司法实务界已经对该制度之优越性作出了肯定性的表示。从现有案例的发生时间看,均是出现在 2012 年民事诉讼法修改后。在 2015 年《民诉解释》颁布后,即《民诉解释》第 233 条第一款规定出台后,依然有第三反诉案件出现在司法判例中,且占相当的比例。例如,邓某与尹某某等返还原物纠纷一案就是 2016 年四川某法院作出的民事判决,该判决中允许第三人提反诉。[①] 在《民诉解释》第 233 条第一款出台后,已经明确将反诉之适格当事人限定为本诉之原告和被告,但是司法实践中依然出现第三反诉的案例,除了法院基于笔者对《民事诉讼法》第 140 条的规定分析解释,使其具备了立法基础外[②],另一个重要的原因在于第三反诉制度的优越性使得法院在审理案件时,愿意以第三反诉制度的相关理论来指导司法实践。同时,作为相互对立的双方当事人,对反诉中出现的第三人或第三人提的反诉没有要求法院以当事人不适格为由驳回反诉,也是基于第三反诉制度能够为双方当事人带来便利而不愿意提出该抗辩。依照对相关的案例分析,在反诉当事人提起该抗辩后,法院会基于《民诉解释》第 233 条第一款之规定驳回反诉,告知其另行提起诉讼。反诉作为一个特殊的独立之诉,反诉原告有着独立的诉讼利益,为了维护自己的民事权益,其定会另行提起诉讼,另行起诉后,该诉讼与本诉属于同一法院管辖的,基于本诉

---

① 参见(2016)川 1181 民初 2702 号民事判决书。
② 民事诉讼法是司法解释的上位法,当两者产生冲突时,应当下位法服从上位法。

与反诉的牵连性,有很大概率会将两个案件合并审理。此时,不仅会白白浪费宝贵的司法资源还会增加双方当事人之诉累,耗费不必要的劳力,与其另行起诉后合并审理,不如不另行起诉而直接以反诉的形式提起而合并审理。更何况在司法案件中,为了避免当事人以反诉主体不适格为由提起抗辩,其往往以"反诉第三人"的名义出现在判决中,以"反诉第三人"之名行"实际当事人"之实。法院、双方当事人、第三人均默契地配合着,这就为第三反诉制度在我国司法实践中存在提供了外部环境。

司法实务中对第三反诉制度的大胆实践,不仅为第三反诉制度的立法和更好地在司法实务中运行提供了宝贵经验,更难能可贵的是我国法官终于冲破了机械式的"输入案情产出判决书"的束缚。在司法实践中,对现有的法律依据司法实际进行解释并适用该解释,从而指导司法实践。换言之,我国法官敢于在司法实践中突破现有法律的规定,进行创造性的创设法律适用。这是近年来我国法官整体素质不断提升的一个突出表现。第三反诉制度本是大陆法系国家反诉制度的组成部分,但是在我国第三反诉制度尚未被立法所认可的情况下,审理案件的法官在司法实践中勇于突破现有规定,创造性地将第三反诉制度运用于司法实务中,契合了当前世界关于第三反诉制度的发展趋势,值得鼓励和支持。但是我们也应该看到,当前有关第三反诉的司法实践案例依然较少,当前能查到的案件仅有43件且第三反诉之主体均局限于第三人之范围。我们应当鼓励法官对第三反诉制度进行更加积极的探索,以期能尽快在我国建构起第三反诉制度,提供更丰富更成熟的司法实践经验。

第四节　有关国家和地区第三反诉制度之立法、司法实践及评析

一、德国第三反诉制度之立法及司法实践

德国民事诉讼法对反诉的主体范围并没有作出明确规定,民事反诉理论中以本诉当事人为反诉适格主体之界限,即反诉必须由被告提起并需针对原告,该规定与我国现有立法之规定一致。德国民事反诉理论界与司法实务界亦认可第三反诉,换言之,即通过反诉或随同反诉主体将原来未参加本诉的案外第三人纳入到反诉程序中来,将第三人作为反诉之适格主体。例如,德国司法实践中有一则案例,原告甲针对被告乙提起诉讼,诉请被告乙支付货款。被告乙提起反诉,诉称其因为原告之恶意欺诈,使其蒙受了巨大损失,在要求法院判决撤销其与本诉原告之间诉讼合同的同时,要求本诉原告与第三人丙对其遭受的损失进行赔偿,法院受理该案并作出了判决。①

第三反诉制度的本质是反诉中当事人范围的扩张,使案外第三人进入到已开始的反诉程序中来。反诉作为特殊独立之诉,决定了在反诉制度中引入案外第三人参加诉讼符合民事诉讼理论。换言之,这就使得案外第三人可以进入已开始的诉讼程序,在第三反诉制度中同样发挥作用。在实践中,德国联邦法院往往依照《德国民事诉讼法》第

①　Nieder, Die Widerklagemit Drittbeteiligung, Zeitschrift für Rechtspolitik, v. 36. 3. 1969. Rn.85.

263条的规定来判断是否将案外第三人引入到反诉程序中。除上述条件外,德国联邦法院对第三反诉是否合法还有一个要求,即被本诉被告提起反诉的本诉原告与其他反诉之被告(新加入到第三反诉中的案外第三人),两者是《德国民事诉讼法》第59条或第60条所规定的共同诉讼人,①即我国的第三人。

在德国的民事诉讼司法实践中,德国联邦最高法院亦允许本诉当事人对目前并未参与诉讼的案外第三人提起反诉,在德国联邦法院有类似的判例。② 在一起法院应当裁决债权人转让债权的案例中,债权受让人针对债务人提起诉讼,要求债务人向债权受让人即原告支付该债权,被告对债权让与的有效性和债权形成的原因及数额有巨大争议,并以债权人给付标的对其造成的损失为由提起反诉。德国联邦最高法院认可了本诉被告对债权人提起反诉的合法性并指出:债权人仅是因为让与了债权所以没有起诉,对被告(债务人)而言,不因债权人让与债权给其他人而限制其合法权利的行使。在司法实践中,德国地方法院对联邦最高法院的观点予以认同,在上述情形下没有得到第三反诉被告人同意,将其引入到诉讼程序中依然是合法的,因为在此种情形下第三反诉并没有在诉讼中引入新的诉讼资料。③

在德国民事理论界多数观点认为,第三反诉程序中对加入反诉的案外第三人应当采用民事诉讼中一审当事人加入之规则,即无需取得

---

① Nieder,Die Widerklagemit Drittbeteiligung, Zeitschrift für Rechtspolitik, v. 36. 3. 1969. Rn.85.

② Nieder, Die Widerklagemit Drittbeteiligung, Zeitschrift für Rechtspolitik, v. 36. 3. 1969. Rn.85.

③ 参见汉斯-约阿希姆·穆泽拉克:《德国民事诉讼法基础教程》,周翠译,中国政法大学出版社2005年版,第206页。

案外第三人的同意就可以将其纳入反诉程序中。但该观点并不是简单的认同,第三反诉中案外第三人仅仅按照当事人加入诉讼程序规则进入反诉后法院依法作出裁判即可。相反,德国民事诉讼理论界普遍认为,反诉提出后给反诉被告带来了额外的负担,与之相对应的是减轻了反诉原告的负担。基于上述原因,无论理论界和司法实务界普遍接受的观点是,即使案外第三人不加入到反诉中来,该案外第三人亦在反诉判决既判力的射程之内,案外第三人加入到反诉中才具有正当性。换言之,只要在判决既判力效力射程范围之内的主体,加入到反诉中均是合法的,①亦不应当以取得该案外第三人的同意为条件。

在德国第三反诉制度中还有一种反诉被认为是合法的,即第三人提起的扩大当事人的反诉在德国亦被认为是合法的。具体而言,当案外第三人作为本诉被告新共同诉讼人加入到本诉中,并且其与本诉被告有共同的对方当事人即本诉原告,如果该案外第三人针对另外的案外第三人提起反诉的,在德国亦认为该反诉合法,审理本诉的法院会受理该第三反诉并与本诉一并审理一并作出判决。例如,在一起交通肇事案例中,原告甲因交通事故受到伤害,起诉肇事者乙的保险人丙。此时,肇事人乙以反诉途径加入到业已开始的诉讼程序中,不仅将本诉原告甲作为反诉被告,而且亦将甲的保险人丁作为反诉的被告。②

二、日本第三反诉制度之立法及司法实践

日本明治维新期间,以罗马法精神精髓为架构,以德国民事诉讼制度为蓝本,建立了属于自己的民事法律体系。二战后,日本民事诉讼法

---

① Zöller, Richard, Zivilprozessordnung, 23. Aufl., 2002. § 33 Rn.23.

② Zöller, Richard, Zivilprozessordnung, 23. Aufl., 2002. § 33 Rn.24.

较多地吸纳了英美法系民事诉讼制度,将英美法系民事诉讼相关制度与本国民事诉讼制度相结合,逐渐建立了现行的民事诉讼法律体系。在民事反诉制度上,日本较多地受到德国、法国等大陆法系国家的影响,在第三反诉制度上亦是如此。日本在民事反诉制度上采取较为保守的态度,沿袭了德国民事反诉制度的相关规定。在民事反诉当事人问题上,日本的民事诉讼理论界和司法实务界均持较为保守的禁止扩张观点,即将反诉当事人的范围严格限定在本诉当事人的范围内,超出本诉当事人的范围的案外第三人不能成为反诉之适格主体。[①] 更为甚者,在日本,即使共同侵权案件的第三人亦不能作为反诉之当事人。从这方面而言,日本民事理论界和司法实务界并不认同第三反诉制度的合法性。

但是,随着经济社会的快速发展,民事案件迅速增长,民众对日益冗长、效率低下的民事诉讼程序越来越不满。为了提升民事诉讼程序的效率,日本民事诉讼理论不断突破原有理论的窠臼,特别是在第三反诉制度上,亦引起了日本民事理论界和司法实务界的重视。第三反诉制度不断地在日本民诉理论界被提及,司法实务界亦在做不断的尝试。但是到目前为止,日本民诉理论界尚未对第三反诉制度作出比较系统的理论阐述。但是日本民诉界已经认识到第三反诉制度的重大理论意义和司法实践意义,并且正在积极地建构民事反诉制度。

日本民诉理论没有像德国一样承认第三反诉制度,是因为在德国民诉理论上将当事人变更(包括当事人的增加或减少,下同)看作是诉

---

① 关于原告于诉讼上追加被告,旧本实务亦采否定见解,详见谷口安平:《主观的追加的并加》,有斐阁 1995 年版,第 531 页。

之变更的一种样态。日本民诉理论界,将变更(包括当事人的增加或减少,下同)当事人的诉讼行为不作诉之变更看待。① 日本虽然没有直接承认第三反诉的合法性,但是日本另辟蹊径依然将案外第三人引入到了反诉制度中。日本民诉理论上,为了实现纠纷解决效率的大幅提升,积极开展诉之主观的追加合并和第三人引进诉讼理论。换言之,在日本倘若被告认为案外第三人应当与原告一起成为权利义务共同承担者时,可以请求法院在同一诉讼程序中进行追加性合并。例如,在一起涉及共有财产的民事案件中,共有财产中部分当事人对被告提起诉讼的,该被告可以请求法院将该共有财产的其他共有人追加为原告之共同诉讼人②;被告可以通过追加当事人的方式将对其负有民事义务者引入到诉讼程序中来。例如,原告甲起诉被告乙,诉请法院判决诉讼标的物 A 为其所有并要求被告乙交还标的物 A,作为标的物 A 买受人乙,在面临标的物 A 真正所有人提起追回标的物 A 之诉。在该诉讼中,被告乙申请法院将标的物 A 出卖人丙纳入诉讼程序,请求丙承担出卖物之瑕疵担保责任③。日本民诉界普遍认可,被告可以将民事诉讼案外第三人纳入到业已开始的诉讼程序中。例如,原告甲请求被告乙返还其借款 10 万元,被告乙可以将不是本诉之案外第三人丙(在诉讼程序外自称其是该债权的合法受让者),纳入到诉讼程序中来,并请求法院审理该案外第三人丙对被告乙之请求。又例如,在一起两车相撞导致路人甲受伤的交通事故损害赔偿之案例中,在交通事故中受到损害的路人甲,将其中之一车辆的司机乙起诉,诉请司机乙赔偿其损

---

① 兼子一等:《条解民事诉讼法》,青林书院 1986 年版,第 889 页。
② 松本博之、上野泰男:《民事诉讼法》,弘文堂 1998 年版,第 221 页。
③ 井上治典:《多数当事者诉讼の法理》,有斐阁 1981 年版,第 153 页。

失,被告司机乙将与其对撞且负主要责任的司机丙引入到诉讼程序中,并请求法院审理司机丙与原告甲之诉讼请求。[1] 虽然上述之几种情形在日本国内亦有不同声音,但是支持者认为,上述几种情形实质是对反诉当事人之扩张,客观上是将第三反诉制度引入到了日本民事诉讼中,发挥了第三反诉之功能,使与本诉相关之民事纠纷能够纳入到业已开始的诉讼中,并促进纠纷的快速、统一解决,避免矛盾判决,客观上作为案外第三人之对方当事人,具备了被告反击原告的实质意义。[2]

三、美国第三反诉制度之立法及司法实践

美国民事反诉制度中,并没有第三反诉这一概念。美国民事反诉制度将反诉分为两大类:强制反诉和任意反诉。在美国倘若本诉请求或诉讼标的与反诉请求或诉讼标的源于相同的交易或事件(arose from the same transaction or occurrence),此时本诉被告的诉讼请求必须以反诉的形式提起,不能以其他形式提起,否则会产生失权之法律效果。强制反诉之外的本诉诉讼请求或诉讼标的与反诉的诉讼请求或诉讼标的不是源于相同的交易或事件的,本诉被告可以以反诉的方式提起,亦可以以另行起诉的方式提起,不会产生所谓的失权效果,对其民事权利不产生任何影响。美国任意反诉本质是本诉被告如果对本诉原告存在其他民事纠纷,不论其与本诉诉讼标的或诉讼请求是否存在联系,其均可以通过本诉已开启的诉讼程序以反诉的形式提起。这是一种极为积极的反诉观,在该积极反诉观的影响下,美国对反诉的主观范围亦采积极的扩张观点,不论是在强制反诉还是在任意反诉中,如果涉及案外第三

---

[1] 青山善充、伊藤真:《民事诉讼法の争点(第三版)》,弘文堂1998年版,第100页。
[2] 小室直人等:《新民事诉讼法(二)》,成文堂1998年版,第48页。

人的,美国反诉理论均认为,该案外第三人可以成为反诉的当事人。换言之,案外人可以成为反诉的原告或被告。

美国立法中虽然没有第三反诉的概念,但是其成文法对第三反诉制度在《美国联邦民事诉讼规则》中予以明确认可,这一点走在了大陆法系国家的前面。在美国涉及第三反诉的条款主要有两个:一是《美国联邦民事诉讼规则》第13条第h款以成文法的形式认可了第三反诉的合法性。该款规定:本诉当事人之外的案外第三人可以依照该规则第19条和第20条的规定成为反诉和交叉反诉的合法当事人[①];二是《美国联邦民事诉讼规则》第14条第b款之规定。该款规定:当本诉被告对本诉原告提起反诉时,本诉中的第三人亦可针对本诉原告依其诉讼请求对该本诉原告提起反诉。[②] 但是在美国的司法实践中,本诉被告在本诉程序引入第三人时,该第三人往往是本诉被告的被告,此时该第三人处于被告之诉讼地位,由于美国任意反诉不要求本诉请求或诉讼标的与反诉请求或诉讼标的存在牵连性,该第三人既可以对本诉被告也可以对本诉原告提反诉。该第三人对本诉原告提起反诉的前提条件是本诉原告对该第三人提出了诉讼请求,否则该第三人只能对本诉原告提起交叉请求,不能提起反诉。以上涉及第三反诉的两个条款几乎将所有的情况都纳入了第三反诉的范围内,这在传统的大陆法系国家很难实现。

---

① （h）Joinder of Additional Parties. Persons other than those made parties to the original action may be made parties to a counterclaim or cross-claim in accordance with the provisions of Rules 19 and 20.

② （b）When Plaintiff May Bring in Third Party. When a counterclaim is asserted against a plaintiff, the plaintiff may cause a third party to be brought in under circumstances which under this rule would entitle a defendant to do so.

在美国,还有诉讼形式与我国的第三人制度类似——介入诉讼。美国的介入诉讼主要体现在《美国联邦民事诉讼规则》第24条。介入诉讼是允许非本案当事人为了保护自己的合法权益而加入到业已开始的诉讼程序中,以维护自己的合法权益。[①] 介入诉讼源于罗马法,后被英国法律制度所采纳,最后传入美国,该制度的目的在于赋予非本诉当事人之案外第三人一种途径,以维护自己的合法民事权益不受侵犯并防止被本诉当事人可能的侵害其合法民事权益情形的发生,即本诉中诉讼败诉方当事人决定就不利于该案外第三人权益的民事裁判不提起上诉。介入制度为该案外第三人提供了维护其合法权益的有效途径。依照美国的司法实践,介入诉讼中后加入诉讼的主体如果对本诉当事人提起诉讼请求的或对本诉诉讼标的有争议的,本诉当事人可以对其提反诉,以实现纠纷的一次性解决。[②] 这就使得第三反诉之适用范围更加宽泛,其实在美国民事诉讼中,对第三反诉并没有任何限制,只要有利于民事诉讼程序功能且符合提反诉基本要件的,均可以适用第三反诉制度。

四、有关国家和地区第三反诉制度之评析

通过对域外第三反诉制度相关立法和司法实践之分析,我们可以得知,在大陆法系国家民诉立法中对第三反诉制度均有不同程度的涉及。在司法实践中,法院均在不同的范围内对第三反诉制度予以认可,但是其适用范围各异。相较而言,德国在民事司法实践中对第三反诉制度较为认可,而日本相对而言较为保守。此外也有第三反诉的规定

---

① Pa.Rules Civ.,Rules2327,2328.

② 详见 Smuck v. Hobson 一案,载 408 F.2d 175(D. C. Cir.1969)。

和法理是建立在"诉讼标的合一确定之人"的基础之上。英美法系的主要代表——美国高度认可第三反诉制度,该制度在美国适用范围最为宽泛。下面针对域外第三反诉制度之立法和司法实践进行评析,以期能对我国第三反诉制度之建立提供借鉴。

德国第三反诉制度得到了民诉学者和司法实务之法官的认可,认为将案外第三人作为反诉之适格主体具有合理性。德国第三反诉制度的一个重要特点就是,当本诉当事人欲将案外第三人纳入到反诉程序中,须取得案外第三人之同意,得到案外第三人的同意后,方可将其纳入到民事反诉制度中来。其依据在于,将案外第三人引入到反诉制度中,通常会给该案外第三人带来负担,为了体现对案外第三人选择权之尊重,设置了该规定。但是该案外第三人之同意并非必要条件,在司法实践中,当案外第三人加入诉讼程序,并不会直接导致反诉诉讼资料增加时,无需取得该案外第三人同意即可直接将其纳入反诉程序中来。随着司法实践中的发展,关于第三反诉制度,理论界和司法实务界逐渐形成了统一的认识,即当案外第三人处于该反诉判决既判力有效射程范围之内时,皆可以直接将该案外第三人引入反诉程序中,而不需取得其同意。德国第三反诉制度另一个显著特征就是将第三反诉制度与民事诉讼当事人加入制度结合起来,将反诉制度看作一个新的独立制度,凡是符合当事人加入制度的即可以作为第三反诉之适格主体。这在大陆法系国家第三反诉制度中极具创新性,大大拓宽了第三反诉制度的适用范围,有助于反诉制度功能之发挥。

日本的第三反诉制度,不同于传统大陆法系国家的规定,在反诉制度尤其是第三反诉制度上持极其保守的态度,将反诉当事人的范围严格限定在本诉当事人之范围。但是近年来,日本民诉理论界和司法实务界,不断地对第三反诉制度进行积极探讨和尝试。其在第三反诉制度上并没有像德国一样将以诉之变更理论作为第三反诉制度之理论基石,而是将诉之主观追加合并作为第三反诉制度的理论基石。在该理论基础上建立了有自己特色的第三反诉制度,将案外第三人引入到反诉程序中来。具体而言,日本的第三反诉制度在司法实践中具有极强的操作性和较为坚实的法理基础。虽然日本第三反诉制度的理论基础与传统大陆法系国家不同,但是其一样发挥了第三反诉制度的功能。

美国积极的反诉制度理念决定了第三反诉制度在美国民事反诉中被广泛地认同和适用。美国的反诉制度是建立在诉因禁止分割理论和纠纷一次性解决理论基础之上的,第三反诉制度亦是以此为基础来构建起理论大厦的。作为强制反诉理论基础的诉因禁止分割理论要求反诉制度必须利用本诉已开启的诉讼程序,解决与本诉相关之全部纠纷,否则倘若无法定事由而没有在本诉程序中提起反诉将会导致该权利的丧失。基于该理论当本诉被告涉及案外第三人时,只要该案外第三人与本诉的诉讼请求符合提起强制反诉的条件就应当将其引入到反诉程序中来,以实现基于同一诉讼原因的相关纠纷一并予以解决。纠纷一次性解决理论更多是为任意反诉提供理论支撑,由于任意反诉不要求本诉与反诉之间存在任何牵连关系,只要本诉被告对本诉原告有独立于本诉的诉讼请求即可提起反诉。美国任意反诉的宽松适用条件,使得第三反诉制度的适用也具有较为广阔的空间。只要本诉被告对本诉原告有其他民事纠纷且本诉程序诉答程序尚未结束,本诉被告均可以提起反诉,如此宽泛的适用范围导致的必然结果就是涉及本诉当事人之外的案外第三人概率骤增。为了解决第三反诉问题需要对反诉当事人之范围进行扩张,为此美国在《民事诉讼规则》中明确予以规定,确立了第三反诉制度。美国的第三反诉制度对案外第三人几乎没有任何要求，只要其与本诉或反诉当事人之间存在关联性即可以成为第三反诉的第三人。美国第三反诉制度的规定极大地提升了民事诉讼程序解决纠纷的功能，为世界其他国家和我国完善或建构第三反诉制度提供了较为成功的范本。

司法实践中，第三反诉之当事人仅限定于其可以与本诉原告成为反诉之共同被告，当其与本诉被告一同对本诉原告提起反诉时则不符合该条规定的要求。这就使得在第三反诉中对双方当事人权利保护不平等，不利于对本诉被告及与之相关之案外第三人民事权利的保护，人为地造成了民事程序对双方当事人权利平等保护这一基本规则的扭曲。另外，从第三反诉之反诉被告范围来看，其仅仅将"就诉讼标的需合一确定之人"引入了诉讼程序，通过对"诉讼标的合一确定之人"范围的分析可知，该范围过于狭窄，尤其是在大陆法系国家的必要共同诉讼中"诉讼标的合一确定之人"大部分是固有必要共同之当事人，在司法实践中，部分法官亦如此解释"诉讼标的合一确定之人"的范围。如此规定不利于第三反诉制度功能的充分发挥，该规定无疑是让第三反诉制度在司法运行中"戴着脚镣跳舞"。

第五节　我国民事反诉制度之第三反诉之建构

一、我国民事反诉制度之第三反诉的理论基石

通过对我国第三反诉制度立法及司法实践中存在的不足和问题分

析,并借鉴域外第三反诉制度的立法和司法实践,可以发现我国的第三反诉制度尚未真正建立。一个民事诉讼制度建立的前提是有充分的理论基础,只有具备了充分的理论基础才可能建构起民事诉讼中某一个具体的诉讼制度。就第三反诉而言,其理论基础主要有以下三个方面:一是民事判决既判力主观范围扩张理论;二是民事诉讼第三人理论;三是诉讼标的合一确定之理论。

(一)民事判决既判力主观范围扩张理论

民事判决的既判力原则上作用范围限于参与到诉讼中来的处于对立方的双方当事人。民事判决之目的在于将双方当事人之间有关民事权利义务之纠纷作出判定,使双方当事人之间的民事纠纷得以解决,因此民事判决的效力范围限定于约束参与诉讼的双方当事人及法院即可。正如民事诉讼中的处分权和辩论权是赋予双方当事人的,民事诉讼程序中,对参与诉讼的双方当事人程序的保障也是赋予双方当事人的,其均具有相对性。由此可知,在民事纠纷发生后,民事纠纷双方当事人将该纠纷提交法院进行裁判予以解决,法院对该纠纷的解决应限定在民事纠纷主体之间,该纠纷之解决具有相对性,法院对于该纠纷的解决达到这种相对性即可。① 法院的民事判决是在民事诉讼程序赋予双方当事人周全的程序保障并在充分辩论之基础上形成的,未参加民事诉讼程序之案外人,既没有赋予其程序保障也没有机会参与辩论,如果将该民事判决的既判力强行加在该案外第三人身上就会造成对其民事权益的不当干涉,也剥夺了该案外第三人"接受裁判的权利"。综上,一般而言民事判决的既判力限于诉讼双方当事人之间,案外第三

---

① 关于相对解决原则的德国法系学说史,可参见水谷畅:《判决效的相对性理论序说》,《立命馆大学法学》1996 年版,第 111—112 页。

人、代理人甚至共同诉讼中处于相同法律地位的一方之间均不产生既判力。

民事判决的既判力具有相对性,但是该相对性不是绝对的,其具有相对性,在特定情形下,民事判决的既判力会进行扩张,否则无法解决司法实践中遇到的问题,该特定情形主要包括以下两种:一是必要的共同诉讼之情形;二是既判力或判决效力之承受人的范围发生扩张。例如,倘若与民事纠纷双方当事人所争议的民事权利义务关系存在权利或义务的第三人,其与纠纷双方当事人的一方当事人不产生既判力,那么此时法院就该纠纷所做裁判之实际效力就不能得到保证。同时在有些情形下为了保证民事裁判在民事纠纷所涉及的所有主体之间作出统一的处理,此时必须将民事裁判的既判力扩张到案外第三人。在民事反诉制度之第三反诉中,由于涉及案外第三人,倘若反诉中该案外第三人没有参加到反诉中来,但是基于民事裁判既判力扩张理论,其属于反诉民事裁判既判力之射程内,该第三人不参与到反诉中来就剥夺了该案外第三人"接受裁判的权利"。该案外第三人可以据此提起上诉,并且必然会得到胜诉之结果,因此不如在我国建立第三反诉制度以消除既判力扩张给反诉制度带来的难题。在德国第三反诉制度中就将既判力射程范围之内的第三人作为第三反诉的当然适格主体。

(二)民事诉讼第三人理论

民事诉讼第三人理论是民事诉讼程序中十分重要的基础理论之一。在民事诉讼中,一般而言是民事纠纷双方就某一民事诉讼权利义务产生争议,并请求法院对该民事纠纷进行裁判。但是民事纠纷的复杂性,决定了在诉讼开启后,可能存在其他民事主体对双方当事人争议民事权利义务存在权利主张或引导一方当事人败诉而间接影响到其民事权利行使或承担相应民事义务。基于此,民事诉讼程序为了保障非民事纠纷当事人的利益,产生了民事诉讼案外第三人参加到已开始的诉讼中之第三人理论。第三人加入到已开启的民事诉讼程序以保护自己民事权益的行为称为第三人参加,其参加诉讼的行为称为诉讼参加。第三人理论为案外第三人维护自己的合法权益提供了有效路径。我国将第三人以是否对诉讼双方当事人所争议的诉讼标的有独立的请求为标准将其分为有独立请求权第三人和无独立请求权第三人。在德国、日本、韩国等国家以案外第三人独立参加和辅助参加两种方式与我国有独立请求权第三人和无独立请求权第三人相对应。

在反诉制度中,反诉的性质决定了反诉与本诉在本质上是相同的,本诉与反诉均为独立之诉。既然反诉作为独立之诉与本诉相同,当本诉中涉及案外第三人时,该案外第三人应当可以主动申请加入到诉讼程序,也可以依照法院告知加入到业已开始的本诉程序中。通过相应诉讼权利义务的行使,使其得到相应的程序保障,以实现民事诉讼公正、效率之目标追求。第三反诉制度其本质是将反诉制度与案外第三人制度结合起来,将案外第三人引入到反诉程序中来,使得案外第三人制度在反诉中依然能够发挥其作用,也使反诉作为独立之诉的本质属性得以凸显。

(三)就诉讼标的需合一确定当事人理论

就诉讼标的需合一确定当事人理论是源于德、日的民诉理论,其是在必要共同诉讼中所出现。诉讼标的需合一确定当事人是指在必要共同诉讼中,将参与诉讼之一方或双方多数当事人看作一个整体,法院对其所争议的民事法律关系对该多数当事人之裁判,必须同时作出而不能分别作出裁判,且法院对该多数当事人作出之裁判内容必须一致。①简单来说,就是法院对双方当事人所争议之民事权利义务关系必须对多数一方当事人或双方当事人作出同时胜诉或同时败诉的一致裁判。就诉讼标的需合一确定之当事人之适用范围一般限定在必要共同诉讼中,此处的必要共同诉讼包括固有的必要共同诉讼和类似的必要共同诉讼。在德国、韩国的民诉理论中,固有必要共同诉讼之当事人当然属于合一确定之当事人。但是类似的必要共同诉讼由于其并不要求必须一同起诉或被诉,而是可以单独起诉或应诉,倘若该多数当事人一同起诉或应诉的则将其当作固有必要共同诉讼来对待,此时法院应对该多数当事人一并作出胜诉或败诉判决。

我国的民事诉讼理论,只是将共同诉讼分为必要共同诉讼和普通共同诉讼,并没有像大陆法系国家普遍将必要共同诉讼分为固有必要共同诉讼和类似必要共同诉讼。就诉讼标的合一确定之人而言,固有必要共同诉讼之多数当事人必须同时起诉或被诉,否则会被法院以当事人不适格为由驳回诉讼。而类似必要共同诉讼则不要求民事权利义务主体同时参与诉讼,其可以单独起诉。在德国、日本的民事诉讼理论中,就诉讼标的需合一确定之人的适用范围不应限定在必要共同诉讼和类似必要共同诉讼。有学者认为,从民事诉讼过程中观之,倘若诉讼双方当事人所争议之诉讼标的在民事实体法应当合一确定,理论上对该诉讼标的有争议之当事人为合一确定之人,参照日本民诉学说之准必要共同诉讼理论,可以适用我国有关必要共同诉

---

① 陈计男:《民事诉讼法论》(上),三民书局2011年版,第180页。

讼的法律规定。①

具体到第三反诉制度中,就诉讼标的需合一确定之当事人既可以是本诉的原告亦可以是本诉的被告,但是受限于"合一确定"之范围,其在我国适用范围较为狭窄。为了扩大"合一确定之人"适用范围,笔者建议采用我国民诉学者段文波教授对"合一确定"的界定,即将合一确定之人的范围从"诉讼标的不可分"为标准转向以"诉讼标的应合一确定"为标准,并以此为契机将必要共同诉讼分为固有必要共同诉讼和类似的必要共同诉讼,从而使"需就诉讼标的合一确定之人"的范围得到扩充,使我国第三反诉制度得以完善。

二、有独立请求权第三人提起第三反诉之分析

有独立请求权第三人参与的诉讼中,其当事人内部关系是一个三角型的诉讼关系(如图所示)。即原告起诉被告,而有独立请求权第三人对原被告所争议的诉讼标的有独立的民事权益,为了保护自己的合法民事权益依法院通知或主动申请参与到已开始的诉讼程序中来,通过参与诉讼,行使相关的诉讼权利,以维护自己的合法民事权益。有独立请求权第三人的参加使得本来简单的民事法律关系变得复杂化,此时在此民事法律关系中提起反诉的主体可能已经发生了变化。被告对原告提起反诉应无疑义,被告作为对抗法律关系的一方,是对原告提起反诉的适格当事人。在有独立请求权第三人参加的诉讼中,有独立请求权第三人其法律地位如何? 被告对有独立请求权之第三人可否提起反诉? 原告对有独立请求权之第三人可否提起反诉? 下面我们通过一

① 王嘎利:《民事共同诉讼制度研究》,中国人民公安大学出版社 2008 年版,第 110 页。

个案例予以详细分析。

有独立请求权
第三人

原告 ——————————→ 被告

独立请求权第三人参与的诉讼时当事人内部关系

喻某某诉李某、郑某某(夫妻关系)房屋买卖合同纠纷案①中,原告与被告签订了房屋买卖合同,合同约定了买卖标的之房屋和付款方式,并约定在一定客观条件成熟的情况下,二被告协助原告办理有关绿本转红本及过户的有关手续。待涉案房屋已具备办理过户手续的全部条件之时,二被告又将该房屋卖给了田某(田某为有独立请求权第三人)并办理了过户手续。原告诉请被告与田某签订房屋买卖合同无效,并要求被告协助原告办理房屋过户手续。被告李某、郑某某提起反诉称其与原告签订的买卖合同,涉案房屋的属性是政策性安居房,依据深圳市政府对安居房管理的规定《深圳经济特区房地产转让条例》,该买卖协议无效。原告明知该房屋是夫妻共有财产且未取得房产证,其存在过错,反诉请求法院判令其与原告的买卖合同无效。田某称对原被告之间房屋买卖合同不知情,其与被告之间的房屋买卖合同真实有效,遵循了平等自愿、等价有偿原则。请法院判决原告搬离涉案房屋,并支付返还房屋之日起租金。此处有三个问题:一是有独立请求权第三人田某处于何种法律地位? 二是倘若法院判决原告败诉,其是否可以对田

——————————

① 参见(2007)深南法民三初字第 997 号民事判决书。

某提起反诉,要求田某支付其装修房屋的款项? 三是被告李某、郑某某可否对田某提起反诉,诉请与田某签订的合同因存在胁迫而无效?

德国的权利主张参加类似于中国有独立请求权第三人,其将权利主张参加界定为一个独立之诉,认为权利主张参加是第三人针对已经开始之诉讼程序的双方当事人提起的独立之诉,通过该诉第三人主张占有全部或部分主诉讼之诉讼标的。[1] 法国第三人诉讼的主参加以第三人提出对其有利的独立请求为条件,主参加之诉有利于第三人享有诉讼权利时,方可被法院受理。[2] 日本民事诉讼法有关第三人的规定与中国类似,《日本民事诉讼法》第47条第一款亦将第三人分为受诉讼结果影响的第三人和对诉讼标的有独立请求权的第三人,并且将诉讼一方或双方当事人作为当事人参与到开始的诉讼程序中来。德国的权利主张参加和法国主参加必须以原诉讼的双方当事人为对方当事人,即有独立请求权第三人既反对原告也反对被告之诉讼请求,将原诉讼之原被告作为被告方可参与诉讼。日本的独立当事人参加以一方当事人作为对方当事人亦可以参加诉讼。但是无论是德国、法国还是日本均将有独立请求权第三人参加作为一个独立之诉看待,有独立请求权第三人可以提起不同于原诉讼请求的独立诉讼请求。中国《民事诉讼法》第51条第一款也规定有独立请求权第三人参与诉讼,有权以提起诉讼的方式参加。可见我国立法者将有独立请求权第三人参加的诉讼作为两面的诉讼关系来看待,即有独立请求权第三人为原告与原诉讼之原被告为被告,形成相对抗型的民事诉讼关系,有独立请求权第三

---

[1] 参见汉斯－约阿希姆·穆泽拉克:《德国民事诉讼法基础教程》,周翠译,中国政法大学出版社2005年版,第220页。

[2] 《法国新民事诉讼法典》,罗结珍译,中国法制出版社2000年版,第67页。

人需以原诉讼之双方当事人为被告提起独立的诉讼请求,这点与德国、法国相同。

　　德国的主参加诉讼中,主参加人之法律地位相当于原告,其享有法律上赋予原告的所有诉讼权利和义务。在主参加人参与诉讼的情形下,其本质是两个诉即原诉讼和主参加人针对原诉讼之双方当事人提起的诉讼,在审理上适用合并审理的诉讼规则。法国的独立参加人之法律地位与德国的主参加人相同,亦处于原告之诉讼地位。① 独立参加人以原诉讼之双方当事人为被告针对其争议的诉讼标的提起有利于己的独立诉讼请求,法院将独立参加人诉讼与原诉讼一并审理并作出判决。但根据《法国民事诉讼法》第 326 条之规定,独立参加之诉与原诉讼可以分开审理,但前提是独立参加之诉与原诉讼一起审理会过度延迟诉讼程序的进行,基于"迟来的正义非正义"即对诉讼效率的追求,可以在法院对原诉讼审理完毕后,再对独立参加之诉进行审理。日本的独立当事人参加之诉,允许独立参加人以原诉讼双方当事人或一方当事人为被告提起诉讼,其将独立当事人参加之诉看作是三面的诉讼结构关系,即原诉讼当事人的诉讼关系,独立参加人与原诉讼双方当事人或一方当事人的诉讼法律关系也即所谓的片面参加。通过民诉法的规定将独立当事人确定为当事人即原告,而德国和法国仅是具有原告的诉讼地位,但并非是案件的当事人。

　　根据我国《民诉解释》第 237 条的规定,有独立请求权第三人对原诉讼争议的诉讼标的有独立的请求权,其以原告的身份参与到原诉讼原告开启的诉讼程序中,其诉讼地位是原告,其享有民诉法赋予原告的

---

① Wieser, Zur Widerklageeines Drittengegeneinen Dritten, Zeitschrift für Rechtspolitik, v. 41. 1. 1971. Rn.437.

全部诉讼权利和义务。由于有独立请求权第三人的参与形成了两个单纯诉之合并,其实质是诉之主观合并。[1] 由此可以看出,我国将有独立请求权第三人参加之诉看作是一个独立之诉,有独立请求权第三人是该诉的原告,原诉讼的双方当事人是该诉的被告。在此意义上,原诉讼之原告或被告可以对有独立请求权第三人提起反诉。

就上述案例而言,有独立请求权第三人田某提起了独立的诉讼请求,即原诉讼双方当事人争议的房屋属于其所有,其以原诉讼双方当事人为被告提起了一个独立之诉,是处于原告之诉讼地位。倘若法院判决原诉讼之原告喻某某败诉,涉案房屋归有独立请求权第三人所有时,喻某某在有独立请求权第三人参与的诉讼中处于被告地位且其反诉请求与本诉有牵连关系,因此喻某某可以提起反诉要求田某支付房屋装修的款项。原诉讼被告李某、郑某某和喻某某一样均在有独立请求权第三人参加之诉中处于被告地位,作为独立被告其有权就买卖合同关系不成立提起反诉。

三、无独立请求权第三人提起反诉之分析——以本诉被告保证人为一般保证人为例

在保证人为一般保证时,如果债务人没有依约定履行债务,反诉启动主体之确定与债权人起诉时被告的范围有很大关系。我们以赵某某诉XX公司借款一案[2]为例进行分析:2012年经刘某某介绍XX公司向赵某某借款100万元,约定借款期限3个月到期偿还122万元,借款合

---

[1] 《最高人民法院民事诉讼法司法解释理解与适用(上)》,人民法院出版社2015年版,第615—616页。

[2] 参见(2016)吉0112民再1号判决书。

同金额为 122 万元,借款人为 XX 公司,刘某某为保证人,借款到期后 XX 公司和刘某某均未偿还该款项。2013 年赵某某与 XX 公司就该借款重新签订了借款合同,约定借款金额为 230 万,期限为 70 天,该协议还约定刘某某对上述借款为 XX 公司提供担保,如 XX 公司无法按时还款,将由担保人刘某某代替 XX 公司向借款人支付全额借款。此时的问题在于保证人刘某某的诉讼地位如何? 依照《担保法》第 17 条第一款之规定①可知刘某某的保证为一般保证。为了维护一般保证人的利益,担保法在第 17 条第二款②中赋予了一般保证人的先诉抗辩权使其处于第二顺位责任的位置。该条款的规定使得债权人在对债务人之间的债权关系没有进行诉讼或仲裁前、对诉讼判决或仲裁裁决强制执行前,无法对一般保证人提出承担责任的请求。只有当债权人对债务人之权利行使完毕后仍无法完全履行债务时,债权人方可要求一般保证人承担保证责任。

在上述案件中,如果原告赵某某同时对被告 XX 公司和一般保证人刘某某提起诉讼,基于《担保法司法解释》第 125 条和民事诉讼法《民诉解释》第 66 条的规定,法院应当将债务人 XX 公司和一般保证人刘某某一并作为共同被告进行诉讼。债务人与一般保证人作为共同被告参与诉讼,那么一般保证人之法律地位应当是被告,此时一般保证理应享有法律赋予被告所有的诉讼权利和义务,因此,一般保证人应当是提起反诉的适格主体。但是由于一般保证人具有先诉抗辩权,当债权人提起诉讼时债务人是否具有清偿能力尚未确定,依照《民法总则》第

---

① 《担保法》第 17 条第一款:当事人在保证合同中约定,债务人不能履行债务时,由保证人承担保证责任的,为一般保证。

② 《担保法》第 17 条第二款:一般保证的保证人在主合同纠纷未经审判或者仲裁,并就债务人财产依法强制执行仍不能履行债务前,对债权人可以拒绝承担保证责任。

62 条的规定,此时一般保证之保证合同尚未具备生效条件,即一般保证人仍可以以先诉抗辩权对抗债权人要求主债务人先行履行债务。此时,保证人虽与债务人同为被告,但由于其先诉抗辩权的存在,其并不是真正意义上的被告,无法享有与普通被告相同的诉讼权利和诉讼义务。但是如果法院判决债务人败诉,经过强制执行后仍无法清偿全部债务时,一般保证人应当在保证范围内就该债务承担保证责任。依此,我们认为即使法院将保证人和债务人一同列为被告,但是由于一般保证人的先诉抗辩权的存在致使其并不是真正意义上的被告,此时其诉讼地位亦确定为无独立请求权第三人,由于其并不享有诉讼法赋予被告的权利和义务,一般保证人不能作为提起反诉的适格主体。因此,上述案件中刘某某不能单独提起反诉。

如果原告赵某某单独起诉 XX 公司,由于原告与被告之间的诉讼结果与一般保证人有利害关系,即如果被告败诉且被告无法全部履行债务的,一般保证人需要在保证的范围内承担保证责任。此时,债权人没有起诉一般保证人,所以其无法与债务人一并列为被告。原告与被告之间所争议的法律关系为债权债务之法律关系,一般保证人对其并没有独立之利益,无法作为有独立请求权第三人参与诉讼。此时其诉讼法律地位以无独立请求权第三人为宜,其可以以诉讼结果对其有利害关系为缘由申请主动参与到诉讼中来,也可以由被告向法院提出申请要求一般保证人作为无独立请求权第三人参与诉讼,此时其不能作为提起反诉的主体。

如果原告赵某某仅起诉一般保证人刘某某,如果原告起诉之目的在于确认一般保证人刘某某之保证合同有效,作为一般保证人其当然是处于被告之法律地位,此时其当然可以作为提起反诉的适格主体。但是如果原告起诉之目的在于要求一般保证人承担保证责任,由于先诉抗辩权的存在,一般保证人只能是处于第二顺位的责任人,此时其并不是真正意义上的适格被告。诉讼结果与一般保证人存在利益关系使得此时应当追加债务人作为共同被告,但是一般保证人之法律地位应当与债权人同时起诉一般保证人和债务人是相同,处于无独立请求权第三人之地位,其不能作为启动反诉程序的适格主体。

经上述分析,可知一般保证人之法律地位属于无独立请求权第三人,其无法作为提起反诉的适格主体。一般保证人之所以处于无独立请求权第三人之法律地位是因为法律赋予了其先诉抗辩权,使其处于第二顺位责任人之地位,当先诉抗辩权消失时其只能处于第一顺位责任人之地位,此时其法律地位就成为了真正的被告,享有法律赋予被告所有的权利和义务,此时其就成为反诉之适格主体。依照《担保法》第17条第三款的规定,在下列情形下一般保证人无法行使先诉抗辩权:一是当债务人住址变更等原因,致使债权人无法找到或很难找到债务人并要求其履行债务时,一般保证人之先诉抗辩权无法行使,债权人可以直接起诉该一般保证人;二是有管辖权的法院已经受理了关于债务人的案件,且裁定对债务人中止执行的,此时一般保证人处于第一顺位责任人之地位,应在保证责任范围内履行保证责任;三是如果一般保证人以书面形式放弃先诉抗辩权的①,其当然失去了先诉抗辩权的保护,与债务人一样属于第一顺位责任人。

---

① 对先诉抗辩权的放弃属于要式民事行为,只能以书面形式放弃,以口头形式放弃的不被法律所认可。

四、本诉被告与诉讼标的合一确定之第三人提起第三反诉之分析——以本诉被告保证人为连带责任保证时为例

当债务履行期限届满债务人不履行债务时,保证人与债务人对该债务负连带清偿责任的为连带保证。在保证人负连带责任保证时,只要债务履行期限届满,债务人未履行债务,不论债务人是否有清偿能力,债权人即可以要求债务人或连带责任保证人履行该债务,两者对履行债权人的债务不分主次责任和先后顺序。在连带责任保证人参与诉讼时其法律地位如何?提起反诉的适格主体有哪些?通过下面的案例我们分析之。在黄河租赁公司起诉新鸿陶瓷公司欠付融资租赁合同租金①一案中,黄河租赁公司依新鸿公司要求为其融资租赁一套意大利设备,洛阳卫陶厂和新安电力公司为新鸿陶瓷公司连带保证人。合同签订后黄河租赁公司依约为新鸿陶瓷公司购买约定设备,进行验收,但黄河租赁公司并未对设备进行商检,洛阳商检局以该设备未商检为由作出行政处罚罚款4万元。原告诉请被告依约支付租金及延迟利息,保证人承担连带保证责任,被告以合同显失公平和原告未对设备进行商检为由提起反诉,诉请撤销租赁合同并返还其支付的租金及其他费用。在该案件中,债权人将债务人与连带责任保证人一起作为被告进行起诉,此时连带责任保证人的诉讼地位如何?其是否有权提起反诉?如果债权人仅起诉债务人,连带责任保证人的法律地位如何,其可否提起反诉?如果债权人仅起诉连带责任保证人,债务人法律地位如何,其可否提起反诉?带着这些问题我们逐一分析之。

---

① 中国司法案例网,https://anli.court.gov.cn/static/web/index.html#index,访问日期,2023年9月26日。

　　债权人以债务人和连带责任保证人为被告提起诉讼,也是多数债权人选择的起诉方式。连带责任保证人与债务人对该债务承担连带责任,当债务人于债务履行期限届满未履行债务时,基于该债权债务发生纠纷时,连带责任债务人与连带责任保证人应为必要共同诉讼人。① 此时,连带保证责任人与债务人和债权之间有着共同的诉讼标的,即对该债务承担连带履行责任。在此种情形下,连带责任保证人与债务人为必要共同诉讼人,其法律地位与债务人一样,具有完全的被告资格。当债权人以债务人和连带责任保证人为被告提起诉讼时,连带责任保证人是提起反诉的适格主体,即在该案连带责任保证人可以提起反诉。依照该理论,债务人与连带责任保证人为必要共同诉讼当事人,那么就不应当将其分开起诉,否则就会发生被告不是适格主体,需要追加未被起诉的债权人和债务人为共同被告的情形,诉讼程序方可继续进行。相关民诉法理论与实践中,必要共同诉讼可以分为固有必要性共同诉讼和类似必要共同诉讼。必要共同诉讼系指依照法律规定,人数为两人以上的一方或双方当事人必须同时起诉或同时被诉方为当事人适格,为固有必要共同诉讼;人数为两人以上的一方或双方当事人,其分别在法律上有单独行使诉讼权利的资格,他们中一人起诉或被诉时,该当事人所受法院判决依照法律规定对本方其他人有约束力的,就是类似必要共同诉讼。② 依照此规定,在债权人对债务人和连带责任保证人同时提起诉讼时,其应当为类似的必要共同诉讼,而非固有的必要诉讼。但这不影响连带责任保证人作为独立的被告,其依然有权提起

---

① 田平安:《民事诉讼法原理》,厦门大学出版社 2015 年版,第 120 页。

② 参见杨淑文:《固有必有共同诉讼与类似必要共同诉讼》,《月旦法学教室》2013 年第 126 期。

反诉。

当债权人仅起诉债务人而没有对连带保证人提起诉讼时,债务人作为债权承担的主体,无论在何种情形下均为承担该债务的合法主体,法律允许债权人对债务人单独提起诉讼。债权人单独起诉债务人,形成一个合法的民事债务之诉,其争议的民事法律关系是债权债务是否存在、是否到履行期间届满、是否存在其他抗辩事由。连带责任保证人对债权人与债务人之间发生争议的债权债务关系没有独立的请求权,仅在被告败诉时其需要与被告就该债务之履行承担连带责任,因此,连带责任保证人此时不是案件的当事人,不享有当事人的诉讼权利和义务,其参加诉讼时处于无独立请求权第三人之地位,不能单独提起反诉。

当债权人仅起诉连带责任保证人时,作为对债务人之债务进行连带保证的主体,连带责任保证人与债权人的保证契约使得在债务人履行期限届满后,债务没有履行的,债权人可以选择向连带责任保证人或债务人抑或向两者同时主张权利。如果债权人仅向连带责任保证人主张权利的,其之间争议的法律关系是保证契约是否存在及是否存在阻却理由。工行某县支行诉保证人王某钊承担信用卡限额透支保证下申领人实际透支额的偿还责任案[①]就是该情形的典型案例之一,该案中工行某支行仅将保证人作为被告进行诉讼,并未起诉债务人,债务人亦没有参与诉讼,法院最后判决连带责任保证人在保证责任范围内履行保证义务。债务人之法律地位及所处法律地位的理由与债权人仅向债务人主张权利相似,债务人参加诉讼时其法律地位仅是无独立请求权

---

① 中国司法案例:http://anli.court.gov.cn/static/web/index.html#/altx/detail/1A97B12 E5307B1AC9B67DF1FC49E2DC8,访问日期,2023 年 9 月 27 日。

第三人。但是当连带责任保证人向债权人履行完毕后可以向债务人追偿。因此,当债权人仅起诉连带责任保证人时,债务人处于无独立请求权第三人之法律地位,其不是提起反诉的适格当事人。

与之相反,当存在与本诉原告需就诉讼标的需合一确定之第三人时,反诉被告当然亦可以对该本诉原告及就诉讼标的需合一确定之第三人提起反诉。

第五章　民事反诉制度之再反诉

第一节　问题之提出

再反诉问题是民事反诉制度中一个争议不休的话题,但也是民事反诉制度中一个不能回避的重要问题。再反诉又称反诉之反诉,是指在本诉讼程序中,处于被告地位的当事人提起反诉后,反诉之被告对反诉之原告提出的与反诉有牵连关系的独立的诉讼请求。简言之,再反诉就是对反诉提起的反诉,也即反诉被告将反诉原告作为再反诉之被告的反诉,如图所示。目前,无论理论界还是实务界对是否引入再反诉制度均莫衷一是,当前来说主要有三个观点,引入再反诉制度说;否定再反诉制度说;中间确认之诉说。① 我国该如何对待再反诉制度? 目前尚无定论,亟须学理界对是否引入再反诉制度进行理论分析。

在学理界为建立再反诉制度提供理论基础后,尚面临一个司法实践中的难题——当反诉原告提起反诉后,反诉的被告应当如何应对反诉原告所提起之反诉,这成为一个难题。一般而言,面对反诉原告提起的反

---

① 参见廖中洪:《反诉立法完善若干问题研究》,《西南政法大学学报》2008 年第 6 期。

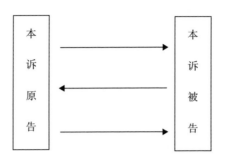

再反诉当事人之间关系图

诉,倘若反诉被告对反诉原告没有其他独立的诉讼请求,进行一般抗辩即可。但是倘若反诉之被告对反诉之原告有独立的区别于本诉和反诉的诉讼请求,此时反诉被告应当如何处理? 在域外及我国的司法实践中主要的做法有以下几种:一是在大陆法系,若反诉与反诉被告存在牵连关系,反诉被告可以对反诉原告提起再反诉,在英美法系国家,无论反诉被告之请求与反诉是否有牵连关系均可提起再反诉,使得当事人之间的纠纷通过一次诉讼程序全部解决;二是不论反诉被告之独立诉讼请求是否与反诉请求存在牵连关系,均要求反诉被告以诉之变更的方式来应对反诉原告之请求;三是当反诉被告对反诉原告有独立诉讼请求时,其可以对反诉原告另行提起诉讼以应对反诉原告之诉讼请求;四是当反诉被告对反诉原告有独立的诉讼请求时,虽然反诉被告不能提起再反诉,但是若反诉被告认为反诉原告提起反诉请求的前提法律关系或根据不存在或有争议时,可以将诉讼请求进行适当扩张进而提起中间确认之诉。①但是究竟如何选择更有利于维护反诉被告的利益,目前尚未有定论。本书在分析上述几种应对程序的基础上将给出合理答案。

---

① 王锡三:《民事诉讼法研究》,重庆大学出版社 1996 年版,第 201—202 页。

对上述问题,笔者认为以再反诉制度作为反诉被告对抗反诉原告的方式较为妥当。但是在我国现行民事诉讼制度中,建立再反诉制度的可行性仍需具体分析,因为反对建立再反诉制度的声音无论是在域外还是在我国都一直存在。我国建立再反诉制度可行性基础需要从哪些方面考虑? 对此我国目前尚未有定论。

在解决了我国再反诉制度的法理基础和可行性等基础理论问题后,我国再反诉制度具体应当如何建构? 尤其是再反诉之请求应当与本诉请求相牵连还是与反诉请求相牵连? 再反诉当事人的范围应当如何确定? 其一审和二审的审理是否有特殊之处? 均亟待予以回答。马克思主义基本理论认为,事物是普遍联系的,没有任何事物是可以孤立存在的,具体到再反诉制度中,再反诉制度亦是建立在这个民事诉讼制度之上的,因此其不能孤立地存在,需要相关制度与其相结合才能为其功能充分发挥提供支撑。这些与反诉制度相结合的制度具体包括哪些? 为了使再反诉功能充分发挥,应当如何健全这些民事诉讼制度? 均是建立再反诉制度需面临的难题。

面对上述问题,笔者将在本书中逐一作出分析并给出合理答案。在分析这些问题的过程中,笔者将以我国的再反诉制度建构为中心,结合域外再反诉制度的理论、立法和司法实践较为成熟的经验,以期为我国建立再反诉制度提供一条崭新的路径。

第二节　我国建立再反诉制度的理论基石

在大陆法系国家,法学理论既是立法和司法实践的基础,又为完善立法和司法实践提供方向。作为传统的大陆法系国家,法学理论在我国司法制度中依然发挥着作用。民事再反诉制度之建立亦离不开民事诉讼理论为其提供理论基石,只有将理论基石分析透彻方能为建构再反诉制度的大厦提供坚实的基础。就民事再反诉制度法理基础而言,其主要包括以下几个方面:一是诉之客观合并理论;二是当事人诉讼权利义务平等原则;三是纠纷一次性解决理论;四是矛盾判决之避免。下面针对再反诉之诉讼法理基础进行详细分析。

一、诉之合并理论

诉之合并是民事诉讼程序中极为重要的理论,诉之合并指在民事诉讼程序进行中将两个或者两个以上的诉合并到一个诉讼程序中一并进行审理,由法院一并作出判决。① 简言之,诉之合并是将两个或两个以上的诉在同一诉讼程序中审理并判决,使民事纠纷得以解决。诉之合并是随着社会经济快速发展,民事权利义务纠纷迅速增加而司法资源并没有相应予以增长之情形下,为了解决诉讼爆炸这一社会难题而逐步得到重视并予以完善的理论。诉之合并最基本的目的在于扩张民事诉讼程序解决纠纷能力,使诉讼请求或诉讼标的之间有法定牵连关系的诉能够在一个诉讼程序中解决,进而实现提高诉讼效率,避免矛盾判决之效果,并实现提升司法公信力、实现案件公正审理之终极效果。② 诉之合并一般而言分为狭义的诉之合并和广义的诉之合并两种。狭义的诉之合并是指诉讼标的、诉讼请求的合并,即诉之客体的合

---

① 参见姜世明:《民事诉讼法》(上),新学林出版股份有限公司 2012 年版,第 317 页。

② 张晋红:《诉的合并有关问题的思考——兼论提高民事诉讼效率的有效途径》,《广东商学院学报》2002 年第 4 期。

并;广义的诉之合并不仅包括诉之客体的合并,还包括诉之主体的合并以及诉之客体和诉之主体的混合合并。本章节我们讨论的狭义的诉之合并即诉之客体合并。诉之客体合并一般满足以下几个基本要件:一是诉之客体合并的最基本前提,是存在两个或两个以上的有法定牵连关系的诉讼请求或诉讼标的;二是审理案件的法院至少对其中一个案件有合法管辖权;三是进行合并审理的两个或两个以上的诉讼适用相同的诉讼程序,即均使用普通诉讼程序或简易程序抑或小额诉讼程序审理;四是诉之合并的时间应当在诉讼程序开始后、结束前进行,在该时间段之外不能进行诉之合并,只能分开审理;五是不存在法律规定禁止合并的情形,否则不能进行诉之合并。

通过对上述诉之合并的介绍,我们可以看出,诉之合并无论是外在形式还是合并条件上均与反诉制度有极大的相似。在此可以得出诉之合并理论是反诉制度的理论前提。无论是反诉制度还是再反诉制度,其本质就是诉讼主体之间相互存在独立的诉讼请求,无论是两个还是两个以上独立的诉讼请求,其最终要通过本诉开启的诉讼程序进行审理。就再反诉而言,反诉被告对反诉原告之独立的诉讼请求,就是诉之合并理论中的两个以上独立诉讼请求之一。在性质上反诉与再反诉相同,均为独立之诉,将本诉、反诉、再反诉三个存在牵连关系的独立之诉合并到一个诉讼中正是诉讼合并理论的范例。基于以上分析可知,诉之合并理论是建构再反诉制度的理论前提和基石。

二、当事人诉讼权利义务平等原则

当事人诉讼权利义务平等原则是整个民事诉讼制度的基石。我国《宪法》第 33 条第二款规定,我国公民在法律面前一律平等,任何人不能凌驾于宪法和法律之上，其平等享有宪法和法律赋予的权利和义务，体现在民事诉讼制度中就是诉讼双方当事人权利义务平等。民事诉讼中权利义务平等包括两个方面：一方面是在进入诉讼程序前，双方当事人平等拥有走进法院的机会，让法院对其争议的民事权利义务关系进行审理，即双方当事人有平等地提起诉讼的权利；另一方面是进入诉讼程序后，民事诉讼法保障双方当事人拥有平等的攻击防御手段，即双方当事人有平等的搜集和提供证据的机会，以实现双方当事人可以平等地影响法院作出本案的民事判决。作为民事诉讼最基本的原则，其贯穿于整个民事诉讼程序全部过程，从起诉前一直到判决执行完毕。

再反诉制度作为民事诉讼制度的重要诉讼组成部分，当然亦不能例外。当事人诉讼权利义务平等原则在再反诉制度中，主要体现为起诉前当事人拥有平等的启动诉讼权利的机会，再反诉程序启动后，双方当事人在诉讼中所用的攻击防御手段平等一般而言相对更容易实现。在再反诉制度中，提起再反诉前，本诉诉讼程序已经启动，作为本诉程序的被告或处于被告地位的人，可以作为反诉的原告提起反诉。但是当反诉程序启动后，作为反诉之被告倘若对反诉原告有独立的诉讼请求且该诉讼请求与反诉之诉讼请求存在法律上的牵连性时，反诉被告此时如果不能对反诉原告提起再反诉，将会造成对反诉被告起诉权之损害。对反诉被告而言，其虽然符合提起针对反诉原告提起再反诉之条件，却强行剥夺了其提起再反诉以利用民事诉讼程序解决其与反诉原告之间的民事纠纷的权利。就这方面而言，不允许反诉被告提起再反诉，侵犯了反诉被告行使诉权的权利，因为对反诉原告拥有的是独立于本诉请求的新请求。就平等地行使诉权这一角度而言，基于当事人民事诉讼权利义务平等原则，应当允许反诉被告在符合法定条件的前提下提起再反诉。因为只有允许反诉被告提起再反诉,进入再反诉诉讼程序后,才能有机会实现民事诉讼双方当事人在诉讼中平等地行使法律赋予其的攻击防御手段,进而实现对双方当事人平等的程序保障,为实现判决结果的公正提供坚实的程序保障和前提。

三、纠纷一次性解决理论

纠纷一次性解决理论是源于英美法系的民事诉讼理论,但是随着社会经济的发展,要求扩大民事诉讼程序解决纠纷和统合处理纠纷之功能不断凸显,且纠纷一次性解决理论之本质是提高诉讼效率、节约有限的司法资源。基于此,大陆法系国家逐步地开始接受该理论。该理论要求民事纠纷主体尽可能地扩大民事诉讼程序解决纠纷之功能,在民事诉讼程序开启后,民事纠纷主体应当将与之相关的所有纠纷尽可能地纳入到该民事程序中,使法院能够对其一并作出判决裁判,以定分止争,避免相关之纠纷另行开启诉讼程序,进而达到节约宝贵的司法资源,节约纠纷主体的劳力和诉讼成本,使诉讼程序解决纠纷的功能得以最大化的发挥。① 纠纷一次性解决理论要求立法者和诉讼程序参与者在遵守民事诉讼程序更为优先性原则的基础上,尽可能地实现相关纠纷的一次性解决。

纠纷一次性解决理论,在民事反诉制度中体现为与本诉或反诉存在牵连性之纠纷允许对方当事人提起反诉或再反诉。在英美法系国家反诉制度中体现得更为彻底,甚至要求与本诉出于同一事件或相同交易之纠纷必须提起反诉,否则就是失去了提起请求之机会。不仅如此,

---

① 邱联恭、许士宦:《口述民事诉讼法讲义(一)》,元照出版有限公司 2012 年版,第129—131 页。

与本诉请求不存在任何关系的独立诉讼请求,本诉的对方当事人亦可以提起反诉。当反诉原告提起反诉后,反诉被告如果对反诉原告有其他相关之诉讼请求依然可提起再反诉,并不受是否与本诉或反诉请求存在牵连性之限制。由于传统的大陆法系国家在反诉制度上采保守之态度,只有与本诉诉讼请求存在法定的牵连性关系,方可提起反诉。对反诉原告提起的再反诉直到近年来才在部分大陆法系国家予以承认,我国目前仍不承认再反诉制度。笔者在最高人民法院裁判文书网进行查询,目前尚没有查到关于再反诉之判决。① 我国司法实践中对再反诉之拒绝,使得反诉被告对反诉原告提起的反诉请求存在法定牵连关系时仍不得提起再反诉。我国司法实践中的做法,使得纠纷一次性解决理论不能得到很好的贯彻执行,无形中增加了司法机关审理案件的负担,加重了民事纠纷主体解决纠纷投入的劳力和时间,降低了纠纷解决效率。为了扭转该现象,我们应当引入再反诉制度,使得与本诉或反诉请求符合法定牵连性之情形的民事纠纷通过一个诉讼程序予以全部解决,使纠纷一次性解决理论在我国得到彻底的贯彻。

第三节　反诉原告对再反诉之应对

在性质上反诉与本诉相同均为独立之诉,那么作为反诉之被告,其面对反诉原告提的与本诉请求不同之独立诉讼请求时,反诉之被告应当如何处理? 当前无论是我国大陆还是域外民事诉讼制度,反诉被告

---

① 查询截至日期为 2023 年 1 月 11 日。

针对反诉是否可以提起再反诉均有不同的声音。但是其做法无外乎以下四种：一是允许反诉被告针对反诉请求提起再反诉；二是不允许反诉被告提起再反诉，反诉原告可以变更本诉诉讼请求以应对反诉被告之反诉请求；三是既不允许提起再反诉亦不允许进行诉之变更，而是要求反诉被告另行提起诉讼；四是允许反诉被告对反诉请求存在疑问时提起中间确认之诉，以对抗反诉原告的诉讼请求。下面我们详细分析以下四种情形，并对我国如何选择反诉原告的应对方式进行分析。

一、德国、韩国、美国：提起再反诉

针对反诉原告提起的反诉请求，大陆法系国家的韩国、德国等允许反诉被告提起再反诉。英美法系的代表国家英国和美国亦允许反诉被告针对反诉原告的诉讼请求提起再反诉。下面我们以选取的较有代表性的几个国家或地区进行逐一分析。

在韩国民事诉讼相关立法中，没有明确规定是否允许反诉被告针对反诉原告的诉讼请求提起再反诉。换言之，在再反诉问题上韩国立法采取不禁止不鼓励的做法。韩国民诉理论界少数学者认为，倘若允许反诉被告提起再反诉可能会违背反诉制度设计的初衷：一方面，同一诉讼程序中存在三个独立的诉讼请求，致使诉讼过于复杂，不利于诉讼程序的快速推进，会造成诉讼程序的不当迟延；另一方面，不引入再反诉时诉讼程序会稳步按阶段依次推进，但是反诉、再反诉的引入，每次都将会引入新的诉讼请求，都会导致本来已经进行的程序重新进行，造成诉讼程序的部分重复进行，使得本来可以快速解决的民事纠纷，因反诉、再反诉的引入而久拖不决，不利于使受到损害的民事法律关系快速恢复常态。因此不应当引入再反诉制度。韩国的通说认为应当在司法

实践中积极践行再反诉制度。① 同时,就反诉性质而言,反诉与本诉一样均为独立之诉。本诉中允许本诉被告针对本诉原告提起反诉请求,倘若不允许反诉被告对反诉原告提起再反诉,对反诉被告而言是违背了当事人诉讼权利义务平等这一基本原则,因此应当建立再反诉制度,以确保民事诉讼基本原则的贯彻执行。

德国民事诉讼法并没有明确规定再反诉制度,依照德国民事诉讼理论,法不禁止即可为允许这一基本原则,可以说在德国是允许反诉被告针对反诉原告提起再反诉。在德国,其将再反诉称为反诉之反诉(Wider-Widerklage)。德国的反诉之反诉分为两种情形:第一种情形是本诉被告提起反诉后,本诉原告向法院申请撤回本诉并得到法院准许的,抑或针对本诉的诉讼请求,受理案件的法院已经对本诉请求作出部分裁判的,此时作为本诉原告的当事人可以针对反诉原告的诉讼请求提起反诉即反诉之反诉。② 该种情形下的反诉之反诉准确地说是普通反诉,因为当本诉已经撤回或部分得到判决则意味着本诉程序已经不复存在,反诉此时已经变为主诉,即诉讼程序中只有一个诉——原来的反诉。因此,在此种情形下反诉之反诉应当遵守普通反诉的规定。换言之,应当将该种反诉之反诉当作普通反诉对待。第二种情形是本诉诉讼请求正在审理过程中,本诉被告针对本诉原告提起诉讼请求,此时本诉与反诉均在诉讼程序进行中,倘若反诉被告对反诉原告主张的民事权利存在符合法定牵连性的独立权利主张,在本诉已开启的诉讼程序中,反诉被告可以提起反诉之反诉。此时,反诉之反诉请求虽然与反

---

① 参见李时润:《民事诉讼法》,博英社 2009 年版,第 634 页。
② 汉斯-约阿希姆·沐泽拉穆:《德国民事诉讼法基础教程》,周翠译,中国政法大学出版社 2005 年版,第 208 页。

诉请求甚至与本诉请求存在牵连性关系,德国民事诉讼法认为,对反诉之反诉请求不应当适用诉之变更的相关规定,应当适用反诉之相关的规定即符合提起反诉之条件,反诉被告方可提反诉之反诉。德国民事诉讼法认为,如此做方可真正体现民事纠纷主体之间所享有的攻防武器平等,进而实现对双方当事人提供平等程序保障。①

在以美国为代表的英美法系国家,对待再反诉问题上与大陆法系不同,《美国联邦民事诉讼规则》明确对此作出了规定。在美国民事诉讼制度中,只要处于被告地位之当事人对原告之诉讼请求有独立的民事诉讼权益,其可向对方当事人提起再反诉。在司法实践中,美国法官也积极地推进再反诉制度的提起,当再反诉是任意反诉时,审理案件的法官会积极行使释明义务,促使反诉当事人积极地针对反诉原告提起再反诉。美国再反诉制度的一个特色就是将再反诉制度与强制反诉结合起来形成的强制再反诉制度。强制再反诉制度是建立在强制反诉制度法理基础之上的,针对反诉原告提的反诉请求,反诉被告若存在基于反诉请求之相同事件、交易或法律关系的独立诉讼请求,应当依照强制反诉之规定提起强制性反诉,否则将会产生失权之严重后果。而作为反诉基础的本诉是强制反诉还是任意反诉并不影响再反诉作为强制反诉之性质,只要反诉请求与再反诉请求基于同一交易、事件或法律关系且符合其他强制反诉要件即可。而对于任意反诉,由于美国积极的反诉观念,对再反诉制度予以承认,尤其属于强制反诉时。倘若反诉属于强制反诉,反诉被告提起的再反诉依然属于强制反诉之范畴,此时反诉原告提起再反诉无疑毫无问题。但是有人提出质疑,倘若反诉属于任

---

① 参见 BGH NJW - RR 1996, 65. Maihold JA 1996, 534); Stein/Jonas/Schumann § 33Rn.25。

意反诉,且反诉原告提出的反诉亦属于任意反诉,此时在没有案外第三人引入反诉和再反诉的情形下,本诉原告采用诉之追加,而不是让其提起再反诉,是不是更有利于简化诉讼程序? 当然,如果反诉或再反诉中当事人进行扩张引入还是以再反诉之方式较为妥当。

二、法国:另行提起诉讼

作为大陆法系国家的代表法国对反诉持极为保守的态度,其在《法国民事诉讼法典》第 64 条第四款中明确规定,"反诉之上的反诉没有意义"(reconvention sur reconvention ne vaut)。换言之,就是针对反诉请求提起的再反诉没有意义,也即禁止对反诉之请求提起再反诉。在法国倘若反诉被告对反诉请求有独立之民事权益,其为了维护自己的合法权益,可以另行开启一个新的诉讼程序,以实现自己合法民事权益之维护。那么在法国民事诉讼法中是否任何情况下都不允许反诉被告提起反诉之上的反诉呢? 答案是否定的。随着大陆法系国家逐渐认识到再反诉制度的优越性,即使在对反诉制度持极为保守观念的法国也逐渐放松了对再反诉制度的限制。在特殊情形下,法国司法实践中亦允许反诉原告(本诉原告因为在法国禁止当事人进行扩张,将反诉之当事人严格限制在本诉当事人之范围)针对反诉被告之诉讼请求提起反诉之上的反诉即再反诉。在法国司法实践中,如果反诉被告针对反诉原告提起的反诉之上的反诉与反诉原告提出的反诉基于相同的诉讼名义时,法院应当受理反诉被告提起的反诉之上的反诉,并将其与反诉、本诉一并审理一并作出判决。[1] 例如,原告 A 基于分期买卖合同要

---

① 参见让·文森、塞尔日·金沙尔:《法国民事诉讼法要义》(下),罗结珍译,中国法制出版社 2001 年版,第 1022 页。

求被告 B 交付货物,本诉被告 B 提起反诉,要求本诉原告支付拖欠的前两期货物之货款,此时反诉原告 A 对反诉被告 B 有基于该分期买卖合同的独立诉求,即反诉原告 B 交付的货物不合格,导致其经济受到损失,要求反诉原告 B 予以赔偿,此时反诉被告可以对反诉原告提起再反诉,因为反诉与再反诉之诉讼请求均基于相同的诉讼名义——分期买卖合同。通过上述分析可知,在法国禁止再反诉也不是绝对的,但是允许再反诉的范围极为狭窄,司法实践中亦严格依照法律之规定进行,没有进行扩张。因此,在法国,多数情形下,反诉被告若想维护自己的合法权益,不能以再反诉的形式进行,而应当以另行起诉的方式进行。

三、中国:提起中间确认之诉

在我国民诉理论中,中间确认之诉本质是确认之诉,当事人提起中间确认之诉的目的在于确认民事纠纷主体之间存在争议的民事法律关系之前提法律关系是否存在。由此可知,中间确认之诉是指在已经开启的诉讼程序中,对原诉讼民事法律关系具有先决性且当事人之间对该先决性法律关系存在争议时,在原诉讼中予以追加并由法院予以优先判决的确认之诉。中间确认之诉其实是一个独立的确认之诉,之所以称其为中间确认之诉,是因为该确认之诉发生在已开始的诉讼程序中,并且该确认之诉的裁判结果直接影响原诉讼程序是否继续进行。如果作为原诉讼法律关系之前提的法律关系被确认为不存在,则会导致原诉讼请求不存在而被法院驳回起诉;反之,则原诉讼程序继续进行直至对原诉讼作出最终判决。提起中间确认之诉一般应当符合以下几个要件:一是原诉讼程序已经开始且尚未结束即法庭辩论尚未终结;二是对原诉讼是否成立之前提法律关系是否存在有争议,即对原诉讼成立与否存在先决性的法律关系是否存在有争议;三是该诉讼请求是在原诉讼中进行的一种追加行为,法院以此为基础取得对中间确认之诉的管辖权。符合以上三个要件的方可为中间确认之诉。通过上述分析我们可以看到,中间确认之诉具有避免矛盾判决、提升诉讼效率之功能,在此意义上其与反诉制度有较强的相似性。

由于中间确认之诉与反诉功能的相似性,当涉及再反诉时,有学者提出应可以以中间确认之诉来代替再反诉。换言之,虽然反诉原告不能直接再反诉,但是当反诉被告认为反诉原告提起的反诉作为反诉请求前提的民事法律关系或民事权利不存在或有争议时,可以提起中间确认之诉以对抗反诉原告之诉讼请求。[①] 从再反诉功能上来讲,再反诉制度与反诉之功能是相同的,即反诉被告用以对抗反诉原告的诉讼请求。中间确认之诉的提出可以从反诉请求存在之前提上予以否认或动摇,对反诉被告而言完全可以达到提起再反诉之效果,正是在此意义上,王锡三教授认为,在民事诉讼相关法律法规没有明确是否可以针对反诉提起再反诉时,可以以中间确认之诉来作为再反诉制度的缓冲,以赋予反诉被告对抗反诉请求的手段。

在我国澳门特别行政区,《澳门特别行政区民事诉讼法》第420条第二款明确规定禁止反诉被告针对反诉原告之反诉请求提再次提起反诉。[②] 换言之,在我国澳门特别行政区民事诉讼制度中不承认再反诉制度。该条款的禁止性规定,将再反诉制度之大门完全关闭,无法通过司法解释的办法予以认可,虽然大陆法系的法国亦在《民诉讼法典》中

① 参见王锡三:《民事诉讼法研究》,重庆大学出版社1996年版,第201—202页。
② 《澳门特别行政区民事诉讼法》第420条第二款:原告不得提起再反诉。

规定了"反诉之上的反诉无意义",但其从文义上仍不及我国澳门特别行政区之规定严格。因此,在法国当反诉与再反诉基于相同的名义即相同的书证时,其仍然认可再反诉制度。而在我国澳门特别行政区,无论是在民诉理论界还是在司法实务中均没有探讨再反诉制度的余地。面对反诉被告对反诉原告之反诉请求,倘若有独立之诉讼请求时,应当如何处理? 成为我国澳门特别行政区民事诉讼制度中不可回避的难题。

我国澳门特别行政区民事诉讼制度受大陆法系葡萄牙司法制度的影响,对反诉制度采极为保守之态度。在面对再反诉问题时,为了保障对反诉请求有独立请求权之人的利益(一般为原告,我国澳门特别行政区对第三反诉制度也持保守态度),我国澳门特别行政区民事诉讼制度另辟蹊径给出了自己的答案——诉之变更或追加。其集中体现在我国《澳门特别行政区民事诉讼法》第 217 条之规定,该条规定指出,倘若法律允许本诉原告对本诉被告反诉进行反驳,则本诉的起诉基础可以在本诉原告反驳时进行追加或变更。据此可知,在我国澳门特别行政区对再反诉制度是禁止的,不允许司法实践中有所突破,当反诉被告对反诉原告具有独立诉讼请求,需要提起再反诉时,应当通过变更诉讼或追加诉讼请求的方式来维护自己的合法权益。当然,在反诉被告欲变更或追加诉讼请求的其应当符合诉之变更或追加的要件,否则其不能以诉之追加或变更的形式来维护自己的合法权益。

我国澳门特别行政区之所以采取诉之变更或追加方式来维护反诉原告的合法权益,主要有两个原因:一是外部原因。我国澳门特别行政区其民事诉讼制度受葡萄牙民事诉讼制度影响较深。澳门回归祖国后,我国设立了澳门特别行政区,奉行"高度自治,澳人治澳"的政策,在司法制度等方面尊重澳门特别行政区人民的选择,虽然 1999 年对其民事诉讼法进行了修改,但是其基本架构仍尊重了澳门特区人民的选择。因此其在反诉制度上,澳门特别行政区深受葡萄牙民诉制度的影响,不承认再反诉制度。二是内部原因。受外部原因的影响,我国澳门特别行政区民事反诉理论过于强调反诉内部关系中本诉与反诉牵连性,将本诉与反诉的牵连性范围进行扩张,要求再反诉之诉讼请求与本诉之诉讼请求之关系与本诉与反诉之关系相同,即符合法定的牵连性要求。该理论使得反诉与再反诉请求关系密切,加之严格的执行限缩当事人范围之规定,使得再反诉与诉之变更或追加几乎是重叠的。基于此,我国澳门特别行政区不承认所谓的再反诉制度,以诉之追加或变更作为再反诉制度的代替制度。

四、对应对方法之评析

当反诉被告对反诉原告有独立于反诉请求的民事权利义务纠纷之新的独立民事请求时,不同的国家或地区有不同的应对模式。前面对不同国家和地区的主要应对模式进行了分析。本部分对不同国家和地区的主要应对模式进行评析,以期能为我国再反诉制度之建构提供宝贵经验。

(一)对允许提起再反诉之模式评析

大陆法系的德国、日本、韩国以及英美法系的美国和英国均允许反诉被告对反诉原告提起再反诉。在大陆法系的代表国家中,德、日、韩均没有明确规定禁止再反诉即允许反诉被告提起再反诉。但是这些国家在具体做法上却各不相同。例如在韩国,虽然其允许反诉被告针对反诉原告之反诉请求提起再反诉,但是在司法实践中即民诉理论界对再反诉制度并不持十分积极的态度。民诉理论界中时至今日依然存在应当禁止提起再反诉之学术观点。在司法实践中,韩国法官对反诉被告提起的再反诉亦持十分谨慎之态度,对其审查亦格外严格,以便于使真正的再反诉请求进入法院进行审理,同时亦为了将非真正的再反诉阻挡在外,因为再反诉确实在一定程度上会延迟诉讼程序进程,造成诉讼复杂。但是在韩国司法实践中,倘若经审理案件之法官审查符合再反诉规定的,该再反诉即进入已开始的诉讼程序中来,法官将对其与本诉、反诉一并进行审理一并作出判决;法官经审查认为该再反诉虽然符合再反诉之规定,但合并审理并判决会显著拖延诉讼程序进程的,可以裁定分开审理并分开判决。德国在再反诉制度上的特殊之处是将再反诉(在德国称为反诉之反诉)分为两种情形,即形式上的反诉之反诉与真正意义上的反诉之反诉。正是这两种情形的区分使得我们可以更好地了解再反诉制度,再反诉实质是对反诉这个独立之诉提出的反诉,既然普通的独立之诉我们可以提起反诉,反诉作为独立之诉,反诉之被告当然亦可以提起再反诉。德国民事诉讼上形式上的再反诉,作为反诉之实质为德国建立实质上的再反诉提供了理论和司法依据,亦为大陆法系国家接受再反诉制度提供了宝贵经验。

英美法系国家对再反诉制度持积极支持的态度,这与英美法系国家所奉行的诉因禁止分割理论和纠纷一次性解决原则密不可分,尤其是纠纷一次性解决原则直接决定了英美法系国家对再反诉制度之认可。在英国经过沃尔夫勋爵的司法改革和美国经过以《司法改革法》为标志的民事诉讼制度改革后,依然面临着诉讼成本高、诉讼程序拖延的问题。[①] 再反诉制度具有促使纠纷一次性解决、避免矛盾判决、提升

---

①　参见常怡主编:《外国民事诉讼法新发展》,中国政法大学出版社 2009 年版,第55 页。

诉讼程序解决纠纷之功能,进一步促使英美法系国家积极地予以推广,并在司法实践中予以大量运用。英美法系国家再反诉制度的一个显著特点就是只要反诉当事人之间存在民事纠纷,反诉被告就可以针对反诉原告乃至反诉原告之外的人提起再反诉,使得反诉当事人间所有的民事纠纷能够通过一个诉讼程序全部予以解决。此处,反诉原告提起之再反诉请求不要求与反诉或本诉之间存在牵连性,只要存在民事纠纷或民事权利义务争议即可。当该民事纠纷或民事权利义务争议与反诉处于相同的事件或交易的,则该反诉被告必须提起再反诉,否则将产生于强制反诉相同的法律后果,我们称之为强制再反诉。

通过上述分析,我国在对待再反诉制度之态度应当向英美法系国家学习,积极地支持再反诉制度,使民事诉讼程序解决纠纷之功能得以最大限度发挥,并有效避免矛盾判决、提升诉讼效率、降低诉讼成本、提升司法公信力。但是英美法系国家将再反诉之范围"无限"之扩张,明显与我国现有的司法制度不能很好地契合,应当予以谨慎借鉴。但是大陆法系国家,对再反诉以法律不予禁止的默认方式值得我们深思,对再反诉之谨慎态度和司法实践中对再反诉之范围应当予以借鉴,以指导我国再反诉制度之建构。

(二)对诉之追加或变更模式评析

当民事诉讼法明确禁止对反诉提起再反诉时,反诉被告为了维护自己的合法民事权益而选择的变通方法,该模式在我国澳门特别行政区及大陆法系的葡萄牙所采用。也有学者认为,对反诉请求有独立的民事权利义务的,可以通过诉之追加或变更得以主张。由此可见,在民事诉讼法律明确禁止对反诉提起再反诉的情形下,司法实践中通常会选择将诉之追加或变更作为一种变通措施,以维护反诉被告之合法民事权益。

以我国澳门特别行政区等为例,其之所以禁止对反诉提起再反诉主要基于其民事诉讼理论中对反诉牵连性之规定及实行严格的反诉当事人扩张制度。就牵连性而言,我国澳门特别行政区等反诉之牵连性均作出了较为严格的规定,这主要体现在对反诉可受理性之相关规定中。对牵连性的严格限定必然结果就是反诉之范围变得更加狭窄,加上再反诉之牵连性就使得再反诉几乎没有适用范围。在对反诉牵连性进行严格限制的同时,在反诉当事人扩张上我国澳门特别行政区等立法及司法实践中也严格进行限制,甚至不允许将案外第三人引入到业已开始的诉讼程序中来。严格的牵连性规定加之对反诉当事人扩张的限制使得再反诉几乎没有适用范围。同时如果允许提起再反诉,还要辅以相关的配套制度,基于此,我国澳门特别行政区等以现有的比较成熟的诉之变更或追加制度来代替再反诉制度,已达到对反诉被告独立民事权益维护之目的。

（三）对另行提起诉讼之模式评析

大陆法系部分国家和地区民事诉讼法律亦禁止反诉被告对反诉原告之反诉提起再反诉,但是其并没有像我国澳门特别行政区那样,以诉之追加或变更来代替再反诉制度,而是简单直白地让反诉被告以另行提起诉讼的方式维护自己的合法权益。一般而言,反诉与再反诉均为独立之诉,如果反诉被告不愿意在反诉程序中提起再反诉,其完全可以在反诉程序结束之后或进行过程中另行提起诉讼。如果是在诉讼进行过程中提起诉讼且属于同一法院管辖的,法院可以根据实际情况决定是否合并审理。但是,从民事诉讼法理而言,反诉与本诉一样均为独立之诉,法律允许本诉被告对本诉原告有独立的民事权益时可以提起反诉,那么在反诉被告对反诉原告有独立的民事权益时,亦应允许反诉被告针对反诉原告提起再反诉,再反诉之本质是对反诉这个独立之诉提起的反诉,从这个角度而言,法律允许提起反诉的就应当允许提起再反诉,否则会造成反诉制度人为的割裂,使反诉制度不能依照诉讼法理基础运行。大陆法系国家重要代表——法国明确地以"反诉之上的反诉没有法律意义"之方式将再反诉制度排除在民事诉讼程序之外。在法国,如果反诉被告对反诉原告有独立之诉讼请求的,依照法律规定应当另行提起诉讼,以维护自己的合法权益。但是近年来,法国逐渐认识到禁止反诉被告提起再反诉,会造成诉讼程序拖延甚至会产生认定案件事实不一致,产生矛盾判决等弊端。为了避免该情形的出现,在法国这么极端重视书证的国家,开始允许对基于相同书证产生的独立的诉讼请求允许提起再反诉,即再反诉需与本诉基于相同的书证。法国对此规定主要是基于法国民事诉讼制度对书证的重视,同时基于证据力较强之书证可以更好地把握再反诉的牵连性,使真正的再反诉请求能够进入到民事诉讼程序中来,以实现再反诉之功能。随着再反诉的理论发展,法国这个相对保守的大陆法系国家,再反诉之适用范围也必将进一步放宽。

(四)对以中间确认之诉应对再反诉之模式评析

对于以中间确认之诉的方式来替代再反诉制度,是对禁止再反诉模式的一种折中模式,通过反诉被告针对反诉请求之前提法律存在与否提起中间确认之诉,以从根本上否定反诉请求的提起之基础,进而达到维护反诉被告合法民事权益之目的。反诉被告提起中间确认之诉作为对禁止再反诉的折中选择,由王锡三教授首先提出,在民事理论界部分学者对其持支持态度。该理论认为在当前我国司法实践中并不认可再反诉制度,法院对于再反诉往往不予受理,而要求其另行提起诉讼,为了实现在已开启的诉讼程序中尽可能多地解决民事纠纷、提高诉讼效率、避免矛盾判决,司法实践中可以让反诉被告提起中间确认之诉,进而实现对抗反诉原告之目的。对于为对抗反诉而提起的中间确认之诉。有学者认为,如果反诉原告是以反诉的方式提起中间确认之诉的,应当将其视为中间确认之反诉,但其性质上依然属于中间确认之诉。[①]就我国而言,目前并没有中间确认之反诉,仅是在提出方式上,中间确认之反诉需以反诉的方式提起,而中间确认之诉以普通之诉方式提起,但是功能则是完全相同。从这个角度而言,以中间确认之诉来对抗反诉原告之诉讼请求,其实质亦是允许提起再反诉之变通,其本质上是对再反诉之认可。

第四节　建立再反诉之可行性

一、民事诉讼目的实现之推进

所谓目的是指通过意识、观念的中介被自觉地意识到了的活动或行为所指向的对象和结果。[②] 关于民事诉讼之目的自民事诉讼制度产生以来就争执不休,不同的学者基于各自所处的时代不同而给予其不同的解释,但总的来说主要有权利保护说、程序保障说、纠纷解决说、司

---

① 陈启垂:《中间确认之反诉》,《月旦法学教室》2014 年第 138 期。
② 夏甄陶:《关于目的的哲学》,上海人民出版社 1982 年版,第 22 页。

法秩序维护说、利益保护说等几种学说①。民事诉讼目的简言之就是国家组织相关司法机关进行民事诉讼活动所追求的结果。民事诉讼目的体现在我国法律规定上就是《民事诉讼法》第 2 条对民事诉讼法任务之描述。② 从我国民事诉讼法对民事诉讼目的的规定可以看出,其与李祖军教授提出的利益保障说较为接近。③ 不论何种学说,从各种学说的本质来看,民事诉讼之目的在于解决民事交往产生的民事纠纷,使受到损害的民事法律关系恢复到正常状态,进而实现对民事权益受到损害方合法利益之保护。简言之,民事诉讼目的就是解决民事纠纷,实现对民事主体和国家社会利益之保护。

为了更好地实现民事诉讼之目的,需要有运行高效且能对当事人提供充分程序保障之诉讼程序,进而实现程序公正和实体公正的完美结合。为此民事诉讼程序不断完善和发展,旨在提高诉讼效率、避免矛盾判决之反诉制度逐渐地发展并在世界范围内民事诉讼制度中得以确立。但是基于反诉理论而产生的再反诉制度到目前为止并没有得到世界范围内民事诉讼制度的认可,当前再反诉制度在英美法系国家已普遍得到承认并逐渐完善了与之相关的配套制度。但是在对反诉制度本身持较为保守的大陆法系至今仍有部分国家和地区在民事诉讼法中明确规定禁止对反诉提起再反诉,例如法国、葡萄牙等。有些大陆法系国家即使在司法实践中允许针对反诉提起再反诉,但将其限制在极

---

① 李祖军:《民事诉讼目的论评述》,《现代法学》1999 年第 1 期。

② 详见我国民事诉讼法第 2 条之规定:中华人民共和国民事诉讼法的任务,是保护当事人行使诉讼权利,保证人民法院查明事实,分清是非,正确适用法律,及时审理民事案件,确认民事权利义务关系,制裁民事违法行为,保护当事人的合法权益,教育公民自觉遵守法律,维护社会秩序、经济秩序,保障社会主义建设事业顺利进行。

③ 李祖军:《利益保障目的论解说——论民事诉讼制度的目的》,《现代法学》2000 年第 2 期。

为狭窄的范围内，法官在司法实践中对再反诉之审查亦是十分之严格，使再反诉制度不能充分地发挥作用，例如韩国等。当前对反诉制度持较为宽松且理论体系较为完整的代表性国家有德国和日本，其中德国将再反诉区分为两种情形，亦为再反诉制度理论之完善提供了较为坚实的基础。从再反诉之本质角度分析，再反诉与反诉、本诉一样均为独立之诉，再反诉作为对反诉提起的反诉，其本质上是对反诉这个独立之诉提起的反诉，从这个角度而言，再反诉就是反诉。因此，再反诉与反诉一样具有提升诉讼程序解决民事纠纷效率、避免认定案件事实和作出判决矛盾之功能，进而实现对民事纠纷主体合法权益之保护，提升司法公信力。再反诉制度的这些功能无疑对实现民事诉讼目的提供强大的助推力和制度保障，因此，在我国建立起再反诉制度对于顺利实现民事诉讼法之任务，实现民事诉讼之目的有极大的促进作用。

二、反诉自身内在属性的要求

欲探究反诉自身的内在属性需求，就不能忽略反诉制度的历史渊源。民事诉讼中现行的反诉制度源自古罗马法时代抵销抗辩制度，当时其并不能称之为反诉。直到欧洲文艺复兴中后期的 16 世纪，伴随着意大利理学的兴起，欧洲各国法学理论掀起了对古罗马法研究的热潮，根据古罗马法的规定逐渐演变成了现代意义上的反诉理论，要求反诉与本诉之间具有牵连性，将反诉与抵销制度区别开来。法国大革命为反诉制度真正纳入民事诉讼法典起到了极为重要的推动作用。随着社会经济的发展，民事纠纷不断增多且越来越复杂，整个社会对诉讼经济之要求不断增强。法国大革命时期的临时制宪委员会颁布命令要求应当提高诉讼效率,简化诉讼程序,便于民众接近诉讼。① 法国大革命时期的特殊历史阶段,决定了当权者顺应民众对诉讼经济的追求,其自然就体现在立法之中,其表现形式就是在同一诉讼程序中尽可能将与之相关的纠纷一并解决,反诉制度就成为了对诉讼经济追求的承担者。虽然在当时囿于反诉理论和整个时代的限制,其在《法国民事诉讼法典》中并没有作出具有普遍指导意义的规定,但是法典第 171 条和第 377 条对反诉制度进行了明确规定,其具有划时代的重大意义,意味着反诉制度与抵销制度成为了民事诉讼制度中并存的以追求诉讼经济为目的的两个各自独立的民事诉讼制度。

通过上述对反诉制度产生的历史分析,我们可以得知反诉制度自产生之日起就与提高诉讼效率这一民事诉讼制度永恒追求的目标之一密不可分,正是基于对诉讼效率之追求,反诉制度才初步从抵销制度中分离出来。再反诉作为对反诉这一独立之诉提起的反诉,其与反诉一样属于独立之诉,再反诉与反诉的不同之处在于再反诉是针对反诉请求提起的反诉,而反诉是针对本诉请求提起的反诉,其本质均是反诉且均为独立之诉。再反诉与反诉相同的本质属性决定了其与反诉之功能相同,均可以将多个独立的诉讼请求在同一诉讼程序中进行审理一并作出判决。正是基于再反诉制度能够有效提升诉讼效率,实现相关民事纠纷一次性解决并能有效避免矛盾判决,有效提升司法公信力之功能,无论是英美法系国家还是大陆法系国家均十分重视再反诉制度之理论和司法实践。反诉制度内在的对诉讼效率之追求,进一步促使再反诉制度在司法实践中逐步产生并完善。因此,反诉制度之内在属性

---

① 张卫平、陈刚:《法国民事诉讼法导论》,中国政法大学出版社 1997 年版,第 3 页。

需求是我国建立再反诉制度的内生性动力,为我国再反诉制度在司法实践中的运行提供了理论基础。

三、民事反诉理论及立法发展之大势

反诉制度在世界范围内得到认可,随之而来的必然是更多的学者对反诉制度的关注。司法实践的复杂性必然会出现一些新情况,这些新情况为学界进行理论研究提供了实践基础,亦需要学界发展新理论以更好地指导实践,实现反诉理论和司法实践中的相互促进。由于各国的司法文化和民事诉讼制度的差异,反诉理论的发展在不同国家和地区呈现不同的样态,但其总的发展趋势是相同的——各国民事理论界和司法实务界一致认为反诉的适用范围应当越来越广,对反诉与本诉的牵连性之要求越来越宽松,对再反诉制度认可度越来越高。纵观世界范围内,英美法系国家几乎对反诉没有任何限制,只要其是独立之诉均可以在已开启的诉讼程序中提起反诉,同时基于再反诉是独立之诉——反诉之反诉,因此在英美法系国家对再反诉没有任何限制,甚至在美国等国家基于反诉理论衍生了强制再反诉与任意再反诉理论,将反诉理论推向了新的高地,以更好地指导司法实践中出现的新问题。大陆法系国家近年来一个非常明显的趋势就是在反诉理论上不断向英美法系国家靠拢,以更好地让反诉制度发挥作用。以再反诉制度的规定为例:对反诉持十分谨慎态度的法国,其民诉法典中明确规定"反诉之上的反诉没有意义",将再反诉制度排斥在民事诉讼范围之外,但是近年来的司法实践中再反诉案例出现并形成了一个不成文的惯例——当再反诉与反诉均产生于同一文书时,审理案件的法官应当受理该再反诉,并将本诉与反诉、再反诉一并审理一并判决。司法实践中,也存

在允许反诉被告针对反诉原告提起独立的再反诉请求,将提起再反诉合法化,扩大了反诉在民事诉讼中的适用范围。

从立法趋势上来看,基于反诉制度的再反诉制度越来越得到立法的认可。其实无论立法还是司法实践中对再反诉制度的认可主要是基于反诉理论的发展,其体现在立法上就是修法前禁止对反诉提起再反诉,立法修正将该禁止性条款予以删除或立法明确规定可以对反诉提起再反诉。在司法实践中,再反诉亦越来越多地得到法官的认可。大陆法系国家成文法的传统以"法不禁止即可为"为基本原则,凡是法律没有明确禁止对反诉提起再反诉的均可以提起再反诉。当前大陆法系仅有少数国家和地区明确规定禁止对反诉提起再反诉,而且近年来禁止对反诉提起再反诉的国家和地区,有的通过修法将该禁止性条款删除抑或在司法实践中对现有立法进行突破在特殊情形下认可再反诉。总之,无论是反诉理论的发展还是立法和司法实践的需要,再反诉制度越来越得到认同。我国的民事诉讼法目前并没有明确禁止对反诉提起再反诉,这就为我国建立再反诉制度提供了立法上的基础。

第五节　中国再反诉制度之具体建构

经过前面几个部分的分析,我们已经了解我国民事诉讼制度中已经具备了建立再反诉制度的理论基石和可行性。通过对应对再反诉制度模式的分析比较,我们发现其各种模式,要么将再反诉制度的优势全部予以否定,该种做法简单粗暴不亦采纳;要么以变通的方式来实现再反诉制度之功能,其实质上是认可了再反诉制度,但是对再反诉的范围进行了限制。因此,建立再反诉制度在我国具备了内在和外在的各种条件,但是在建构再反诉制度的过程中应当注意以下几个问题。

一、再反诉之当事人

再反诉当事人问题主要是指当反诉提起后,何种范围的诉讼主体能够成为再反诉之适格当事人? 再反诉作为对反诉提起的反诉,其当事人范围理论上应当与反诉之当事人范围相同,基于此再反诉之适格当事人应当包括反诉当事人之外的人即再反诉中应当认可对再反诉当事人之扩张,即应当承认对反诉的第三反诉。但是在民诉理论界部分学者认为,再反诉之范围应当严格限制在反诉的当事人范围内,不得对其进行扩张。下面我们对再反诉当事人范围有关学说进行分析以更好地确定我国再反诉当事人的界限。

(一)再反诉中应当认可第三反诉允许进行当事人扩张

该观点认为,在再反诉中应当认可第三反诉,允许再反诉中对再反诉之原告和被告进行扩张,最大限度地将与反诉相关联的民事权益纠纷纳入到再反诉中来,实现民事权益纠纷高效、公平的解决。该观点之所以认为应当在再反诉中承认第三反诉进行当事人扩张,主要是基于反诉作为独立之诉的特殊性质,反诉与本诉一样属于独立之诉,既然在针对本诉提起的反诉中认可第三反诉,允许对反诉之适格当事人范围进行扩张而不是局限于本诉当事人范围之内。① 基于此,反诉作为与本诉相同的独立之诉,对反诉提起再反诉时,理论上应当认可第三反

---

① 对第三反诉当事人扩张理由及范围在本书第四部分进行了详细的阐述,本部分不再赘述。

诉,允许对再反诉之适格当事人范围进行扩张,而不是将其限制在反诉当事人之范围。

在允许对再反诉适格当事人范围进行扩张的观点上,又分为保守派和激进派。激进派认为,针对反诉的第三反诉不应当对其进行任何限制,应当与针对本诉的第三反诉一样,应尽可能地将与反诉相关联的民事权益纠纷和纠纷主体纳入到再反诉程序中,实现再反诉程序解决纠纷能力的扩张,进而提升诉讼效率、避免认定事实和判决出现矛盾。持激进派的观点多受英美法系民事诉讼理论的影响,其在坚持反诉、再反诉牵连性理论的基础上,努力将英美法系民事理论中的纠纷一次性解决理论和诉因禁止分割原则理论与我国的反诉、再反诉制度相结合,以期最大限度地提升诉讼程序解决民事权益纠纷的能力。保守派虽然亦认为应当依照反诉作为独立之诉这一性质,认可针对反诉的第三反诉,但是在第三反诉适格当事人范围问题上,保守派认为针对反诉的第三反诉,其当事人进行扩张的范围应当限定于"须与反诉原告必须合一确定之人",以限缩第三反诉适格当事人之范围。其持此观点,主要基于在本诉程序中已经有了反诉两个诉讼,且该反诉很可能是将第三人纳入到反诉程序中的第三反诉。第三反诉已经对反诉的适格当事人进行了扩张,无形中增加了法院审理该案件的难度,再反诉的提起再一次在本诉开启的诉讼程序中增加了一个独立的诉讼请求,倘若对反诉之第三反诉的主体不加限制,无疑会大大增加案件的复杂性,亦会大大增加法院审理案件的难度。最终可能会因为案件过于复杂而严重延迟诉讼程序的进程,无法达到提升诉讼效率之目的。基于此,持保守观点的学者主张应当对反诉之第三反诉的主体予以适当限制,以更好地实现再反诉制度之目的。

（二）禁止对再反诉之主体进行扩张

该观点主张,再反诉应当严格限制其主体范围,应当将再反诉适格当事人之范围限定在反诉适格当事人之范围内。持该观点的学者亦分为两种观点:极端保守的观点和折中的观点。持极端保守观点的学者认为,无论反诉与再反诉均不允许对当事人进行扩张,将反诉与再反诉的当事人严格限制在本诉当事人的范围内,即再反诉之原告为本诉之原告,再反诉之被告为本诉之被告,即将反诉之原被告互换法律地位。该观点主要受传统的大陆法系国家反诉理论影响,严格恪守反诉主体限于本诉当事人之规定,基于反诉之再反诉必然继受该观点,而将再反诉之当事人严格限制在反诉当事人之范围,即再反诉之原告被告与本诉之原告被告相同,仅是诉讼请求不同于本诉而已。持折中观点的学者认为,针对本诉而提起的反诉应当允许反诉之当事人进行扩张,充分发挥反诉制度解决诉讼纠纷的能力,提高诉讼效率,但是在再反诉中应当将再反诉之当事人范围限定在反诉当事人范围内,不允许再反诉进行当事人扩张。该观点认为,无论反诉还是本诉其均为独立之诉,理论上对本诉提起的反诉中认可第三反诉允许对其当事人进行扩张,针对反诉提起的再反诉亦应当认可第三反诉允许进行当事人扩张。但考虑到允许提起再反诉已经使本诉开启的程序中拥有三个独立之诉,反诉中第三反诉将案外人引入到反诉程序中,这就使得本来已经十分复杂的诉讼程序变得更加复杂,倘若在再反诉中亦认可第三反诉,再将案外人引入到再反诉程序中,无疑令本已十分复杂的诉讼程序更加复杂。这不仅极大地增加了法院审理案件的难度,加上我国现有的审前准备程序不完善,很可能会使诉讼程序过度迟延,不利于实现诉讼程序迅速推进,甚至会影响实体公正。基于上述考虑,应当在再反诉中对第三反诉进行人为的限制,将再反诉之当事人范围限定在反诉当事人之范围内。

(三)我国再反诉中第三人范围之选择

在对我国再反诉中当事人范围是否进行扩张的几种观点进行详细分析后,笔者认为,上述几种观点均有一定合理性。主张在再反诉中认可第三反诉但须将第三反诉人限制在"须与诉讼标的合一确定之人"的范围内。该观点人为地割裂了反诉与再反诉之关系,既然在再反诉中认可第三反诉且本诉与反诉均为独立之诉,就不应当对其进行区别对待,应当在再反诉中认可完整的第三反诉。对于禁止在再反诉中进行扩张的观点,笔者并不认同。笔者在第四部分详细分析了我国是否应当引入第三反诉制度,认为我国应当积极建构起第三反诉制度,对反诉之当事人进行扩张。反诉与本诉均为独立制度的性质决定了如果针对本诉的反诉认可第三反诉,那么针对反诉的再反诉亦应当认可第三反诉允许对再反诉之当事人进行扩张。

综上所述,笔者认为应当在再反诉中认可第三反诉并允许当事人在再反诉中进行扩张,只要该当事人在第三反诉当事人范围之内均应当将其作为适格当事人纳入再反诉程序中来。通过在再反诉中认可第三反诉,尽可能地将与反诉存在牵连关系的当事人纳入到业已开始的诉讼程序中来。至于支持其他观点之学者所担心的在再反诉中认可第三反诉对再反诉当事人不加限制地予以扩张会迟延诉讼程序,进而降低诉讼效率,影响当事人实体公正。笔者认为,该担心是多余的,我国作为大陆法系国家,在反诉、再反诉之牵连性方面奉行十分严格的标准,这就使得可以提起反诉并针对反诉提起再反诉的诉讼数量绝对不会过多。因此,即便在再反诉认可第三反诉对再反诉当事人范围不加限制地扩张亦不会导致再反诉审理的难度过于增加。相反,在再反诉程序中认可第三反诉,允许再反诉当事人进行毫不限制的扩张,可以极大地增加再反诉解决民事纠纷的能力,提升再反诉程序解决民事纠纷的效率,将与反诉相关的民事纠纷一并予以解决,实现了纠纷一次性解决之目的并有效避免了不同法院或同一法院不同法官审理案件时认定案件事实或作出的民事判决相互矛盾之弊端。

二、再反诉之牵连性认定

(一)我国反诉牵连性认定之反思

在大陆法系国家或地区均要求反诉与本诉需具有法律上的牵连性,否则法院不受理该反诉。在我国反诉与本诉的牵连性认定上,学界和司法实务界均以《民诉解释》第 233 条第二款之规定为标准。[①] 即反诉与本诉的牵连性分为三种情形:一是反诉与本诉请求基于相同的事实;二是反诉与本诉请求基于相同的法律关系;三是反诉与本诉请求之间具有因果关系。但是在学理上,一般将本诉与反诉的牵连性分为广义的牵连性和狭义的牵连性。广义的牵连性不仅包括狭义的牵连性,还包括当事人主观上所认为的民事权益存在的牵连性。例如,A 起诉 B 诉请 B 支付其所拖欠的货款,但是 B 提起反诉,诉请因 A 之过错造成车祸所应对其进行的赔偿。A 之诉讼请求是基于合同关系所产生的债务债权之关系,而 B 之反诉请求则是因侵权行为所产生的赔偿责任。从狭义观点观之,本诉与反诉请求是基于各自独立的缘由,不能认

---

① 《民诉解释》第 233 条第二款规定:反诉与本诉的诉讼请求基于相同法律关系、诉讼请求之间具有因果关系,或者反诉与本诉的诉讼请求基于相同事实的,人民法院应当合并审理。

为反诉与本诉之间存在牵连关系。狭义牵连性认为反诉与本诉应当基于相同的民事法律关系、事实关系、因果关系或在防御方法上存在关联性。大陆法系国家在反诉与本诉之牵连性问题上基本采纳狭义的牵连性,但越来越多的学者主张,应当将反诉与本诉之牵连性界定为广义的牵连性,以便将与本诉相关联之民事纠纷尽可能地纳入到反诉程序中来,充分发挥反诉制度提高诉讼效率,避免矛盾判决之功能。[①] 本部分无意讨论我国现行反诉与本诉牵连性之规定是否合适,但依照当前理论界和我国关于反诉制度司法实践之运行情况,多数学者和司法实务者主张实行积极的牵连性认定,对反诉与本诉牵连关系应当放宽要求。我国《民诉解释》虽然涉及了反诉与本诉的牵连性规定,但是仔细分析就会发现该规定意在确定反诉与本诉符合第 233 条第二款时法院应当合并审理,并不是说该三种情形之外的情形不属于牵连性之范围,因为反诉并不以本诉合并审理为必要条件,这也为我国放宽反诉与本诉牵连性提供了契机。

在对我国反诉牵连性进行分析的基础上,我们来探讨在再反诉中再反诉与反诉之牵连性关系如何确定这个问题。针对反诉提起的再反诉与本诉、反诉之间的牵连性问题是再反诉中的核心问题。当前主流观点主要有两种:一是再反诉仅需与反诉存在法定牵连关系即可;二是再反诉需与本诉和反诉均存在法定的牵连性关系。针对这两种情形,下面我们分别详细分析之。

(二)再反诉仅需与反诉存在法定的牵连性关系

该观点认为,当反诉被告针对反诉请求提起再反诉时,再反诉与反

---

① 毛立华、吴正金:《反诉制度之管见——谈反诉"牵连性"与再反诉》,《研究生法学》2001 年第 4 期。

诉只要符合法定的反诉与本诉的牵连性即可,无需附加其他任何条件。支持该观点的学者认为,反诉与本诉均为独立之诉,在提起反诉时要求反诉与本诉需具备法定的牵连性,当提起再反诉时应当要求反诉与再反诉之间存在法定牵连性。反诉作为独立之诉的性质决定了反诉与再反诉之关系与本诉与反诉之关系本质上相同的。因此,再反诉与反诉之牵连性应当适用反诉与本诉牵连性之标准,以体现反诉和本诉相同法律性质之特性。同时,采取该标准还可以在民诉法理上与再反诉当事人范围问题进行有效衔接,实现再反诉制度理论上的体系化和制度化。

关于再反诉与反诉牵连性之确定,世界上诸多国家很少给出明确答案,即使在对反诉制度采极为宽松态度的英美法系国家,亦没有对反诉与再反诉之牵连性关系作出明确规定。以美国为例,其仅明确规定倘若反诉被告对反诉请求有独立的诉讼请求,不论其是否基于"同一交易、事件或法律关系"均可提起再反诉。从该规定来看,其并没有说明反诉与再反诉之间需要具备何种牵连性,这与美国将反诉划分为任意反诉与强制反诉的方式有关。但是从该规定来看,在对待再反诉问题上,其依然将再反诉分为强制的再反诉与任意的再反诉,当再反诉请求与反诉请求出于"同一交易、事件或法律关系"时,必须针对反诉请求提起再反诉否则会产生失权之法律后果,该强制再反诉对反诉是任意反诉还是强制反诉在所不问①。从该规定来看,在美国司法实践中美国与大陆法系国家普遍做法相同,即将反诉与本诉同等看待,才有了在反诉中适用的规则在再反诉中依然适用。在德国,虽然其民诉法没有明确规定应当如何看待再反诉的牵连性问题,但是德国司法实践中

---

① 参见蔡彦敏、洪浩:《正当程序分析》,中国政法大学出版社 2000 年版,第 253 页。

认可对反诉请求提起的再反诉,但是再反诉与反诉之间应当符合德国民诉法所规定的关联性,在德国不符合关联性的反诉不能称之为反诉。德国司法实践中,再反诉与反诉之间的关联性准用反诉与本诉之间的关联性标准,其不要求在反诉与本诉之间存在任何关联,仅要求再反诉与反诉之间存在法定的牵连性即可。

综上所述,无论是基于民事诉讼法理即本诉与反诉独立之诉的性质,还是基于再反诉与反诉当事人范围之衔接,抑或域外对再反诉与反诉牵连性之运行经验,均将再反诉之牵连性限定在与反诉存在即可,并不要求再反诉与本诉之间存在任何牵连性关系,笔者亦赞同此观点。

(三)再反诉应当与本诉和反诉均存在法定的牵连性

该观点认为,再反诉作为针对反诉提起的诉讼请求,其应当与反诉一样与本诉存在法定的牵连关系,就我国现行法律而言,就是要求再反诉与本诉之间亦应当符合《民诉解释》第 233 条第二款所规定的三种情形。该观点认为,反诉虽然与本诉一样属于独立之诉,但是反诉之独立性并不能否定其是建立在本诉成立的前提下,没有本诉就不会有反诉,反诉提出后法院裁定本诉不成立的,反诉就不能称之为反诉,而只能是一个普通的独立之诉。再反诉是针对反诉的反诉,其亦为独立之诉,但其与反诉类似是建立在反诉成立的前提之上。由此可知,反诉与再反诉有一个共同的前提——本诉。基于此,在牵连性方面,反诉与本诉应当符合法定的牵连性自不待言,再反诉亦应当与本诉存在法定的牵连性,以回应本诉是再反诉前提之法理逻辑。就再反诉与反诉的关系而言,本书已经进行了详细的论证,再反诉与反诉之间应当符合法定的牵连关系,否则再反诉不成立。通过上述分析,该观点认为,再反诉不仅应当与反诉存在法定的牵连性,而且亦应当与本诉存在法定的牵连性。

在本诉与再反诉之间是否需要存在法定的牵连性,世界各国对此规定得并不一致。以法国为例,法国原则上不承认再反诉制度,《法国民事诉讼法典》明确规定,针对"反诉之上的反诉没有意义"。但是随着社会的发展,法国民事诉讼中面临着诉讼案件剧增,诉讼迟延加剧,诉讼成本增加,司法资源有限等困扰。① 为此,法国进行了一系列的改革,旨在提升诉讼效率、降低诉讼成本、实现相关纠纷的一次性解决。而再反诉制度正契合这一要求,法国在司法实践中逐步认可了再反诉制度,但是其仍然对再反诉持比较保守之态度,将再反诉的范围限定在反诉与再反诉基于"相同的书证"这一基础之上,这就要求再反诉需与本诉和反诉均具备法国法所规定的牵连性,否则该再反诉不能成立。

通过上述分析,我们可以得知要求再反诉与本诉具有牵连性关系的观点,是较为保守的观点,该观点会将部分符合再反诉要求的诉讼请求阻挡在再反诉程序之外,使再反诉制度的功能不能充分发挥。要求再反诉与本诉存在牵连性关系,司法实践中类似的案例或情形会少之又少,为此建立再反诉制度有"杀鸡用宰牛刀"之嫌,同时在一定程度上将本诉与反诉的关系强加于再反诉之上,在民事诉讼理论上存在缺陷。但该观点下的再反诉往往与本诉和反诉存在比较密切的联系,法院审理案件在事实认定、证据审查等方面会节省很多时间,进而提高诉讼效率。在尚未建立再反诉制度时,将其作为一个过渡性手段未尝不可,例如法国,但是建立起再反诉制度后,笔者认为应当仅要求反诉与再反诉之间存在法定的牵连性即可。

---

① 参见常怡主编:《外国民事诉讼法新发展》,中国政法大学出版社 2009 年版,第136—139 页。

三、对再反诉是否可以提起反诉问题之分析

在允许对反诉提起再反诉后,无论是民诉理论界还是司法实务界均面临着一个难题——当再反诉被告对再反诉有独立的诉讼请求时,是否允许再反诉被告针对再反诉再次提起反诉? 对此问题民诉理论界和司法实践界均有各自的支持者。不同国家和地区对此亦有不同的做法。下面我们针对这个问题结合域外国家和地区的不同做法予以分析,进而为我国再反诉中如何处理该问题提供崭新的理论和路径。

(一)否定说

否定说认为,当反诉被告针对反诉提起再反诉后,如果再反诉被告对再反诉有独立的诉讼请求时,应当禁止再反诉被告提起对再反诉请求提起反诉。否定说认为,再反诉从性质上看与反诉一样均属于独立之诉,从反诉理论上讲,对独立之诉而言,其被告倘若对其有独立的诉讼请求,该独立之诉的被告有权针对其提起反诉。具体到再反诉中,如果再反诉被告对再反诉有独立之诉讼请求,在法理上应当允许再反诉之被告对再反诉提起反诉。如果不对再反诉之反诉进行限制,而准许再反诉被告针对再反诉之诉讼请求提起反诉,这样就会出现这样一种景象——再反诉之被告对再反诉亦有权提起反诉。如此民事诉讼程序就会陷入无限的反诉循环之中,进而使本诉原告开启的诉讼程序纳入无限多的独立之诉,使本来简单的诉讼程序变得无限复杂,导致案件变得十分复杂,使法院投入到该案件的精力巨大,不但不能实现诉讼效率的有效提高,还会造成诉讼程序迟延,降低诉讼效率,进而影响诉讼公正的实现——"迟来的正义非正义"。正是基于此,持否定观点的学

者、司法实务者极力反对允许对再反诉之诉讼请求提起反诉。

大陆法系国家普遍对反诉制度持保守的态度,在再反诉问题上目前仍有许多国家都不予承认,例如,葡萄牙等禁止针对反诉提起再反诉,更不允许对再反诉提起反诉。即使承认再反诉制度的国家和地区,针对再反诉提起反诉这一问题,大部分持比较谨慎的态度。例如,大陆法系国家的法国,虽然在司法实践中允许就反诉提起再反诉,但其对提起再反诉之条件进行了严格的限制,只有在反诉与再反诉均基于"相同的书证"时方可提起再反诉。鉴于对再反诉的严格限制,在法国司法实践中和民事诉讼理论中很难认可针对再反诉请求提起的反诉。

(二)肯定说

关于针对再反诉之诉讼请求可否提起反诉的问题上,另一个观点就是肯定说。该观点认为,再反诉本质上是对反诉这一独立制度提起的反诉,从这角度而言再反诉与反诉其本质都是独立之诉。首先,再反诉属于独立之诉。基于这一性质,再反诉被告在对再反诉请求有独立的诉讼请求且其符合反诉法定的关联性时,应当允许该被告提起反诉,以实现再反诉被告诉讼权利平等这一民事诉讼法上的基本原则。禁止再反诉被告提起反诉无疑剥夺了再反诉被告合法之反诉权,对再反诉被告而言,当事人诉讼权利义务平等、攻击防御手段平等之规定无法兑现。其次,反诉与再反诉之法理基础是相同的。再反诉与反诉的法理基础均是诉之合并,再反诉被告针对再反诉提起的反诉其法理基础亦为诉之合并,从这个角度而言,没有拒绝针对再反诉提起反诉的理由。再次,允许针对再反诉提起反诉有助于提升诉讼效率、避免矛盾判决。基于本诉与反诉,反诉与再反诉,再反诉与针对其的反诉之间存在法定的牵连性,且我国对反诉牵连性有极为严格的限定,即使将牵连性要求放宽,该牵连性本诉、反诉、再反诉与针对再反诉提起的反诉,其在案件事实及证据方面依然会有诸多相同之处。通过一个诉讼程序将其多个存在牵连性的民事纠纷一并进行审理,案件事实认定和证据的相通性不仅可以使法院在审理案件时节省大量时间并避免认定事实出现矛盾,还可以避免诉讼主体就同一证据重复举证。如不允许对再反诉提起反诉,再反诉之被告为了维护自己的权益必然会向法院另行提起诉讼,这无疑会增加法院审理案件的负担,可能在认定案件事实上会出现矛盾,进而产生矛盾判决,亦会导致双方当事人在举证方面出现重复举证,增加双方当事人解决民事纠纷的成本。为了避免上述情形的出现,应当允许再反诉被告针对再反诉请求提起反诉。

否定论中一个重要的理论支撑就是反诉的无限循环论,即如果允许再反诉被告针对再反诉请求提起反诉,依照反诉理论每一个反诉都是独立之诉,只要针对反诉请求有独立的诉讼请求反诉就有可能无限地循环下去。反诉的无限循环确实会导致一个诉讼程序容纳多个独立之诉,不但会致使诉讼程序过于复杂,还会致使法院审理案件的难度增加,这无形中会延迟诉讼程序的进程,严重者还会造成实体的不公正。但是我们需要注意的是,在大陆法系国家尤其是我国对反诉之牵连性有着较为严格的规定,只有提起的反诉符合法定的牵连性,反诉才是合法的反诉,否则法院不会受理该反诉,对反诉牵连性严格的限制使得对再反诉提起的反诉必定与再反诉之关系十分密切。因此,允许再反诉被告提起针对再反诉诉讼请求提起反诉,有利于相关民事纠纷的解决,有利于反诉制度功能的顺利实现。对于否定论所担心的反诉无限循环问题,反诉之牵连性要求决定了再反诉和针对再反诉的反诉数量不会过多,因此,反诉无限循环理论在大陆法系国家客观上不会出现。① 退一步讲,假如真的出现了所谓的多个反诉使得诉讼程序极为复杂,而延迟了诉讼程序进程,此时法院有权决定将反诉与再反诉、针对再反诉的反诉分开审理,以简化诉讼程序,实现诉讼程序顺利进行之目的。

以英美法系的代表美国为例,其允许再反诉被告对再反诉提起反诉,倘若再反诉之反诉与再反诉基于"相同的事件或交易",应当强制性地要求再反诉被告提起强制性反诉,否则会产生失权的法律效果。倘若说美国的强制性反诉与大陆法系反诉的牵连性相类似的话,那么美国的任意性反诉则不要求反诉与本诉之间存在任何牵连性关系,只要本诉被告对本诉原告有独立诉讼请求,本诉被告就可提起反诉,以此类推直至当事人间无独立请求为止。在美国的司法实践中,虽然对任意反诉的牵连性没有任何规定,但亦没有出现我国否定论所担忧的对任意反诉提起再反诉的无限循环。

综上所述,笔者认为我国在建构再反诉制度时,针对再反诉请求能否提起反诉的问题,应当采纳肯定论之观点,允许再反诉被告针对再反诉提起反诉。在立法上,我国《民事诉讼法》《民诉解释》及相关法律法规并没有禁止对再反诉提起反诉,依照"法不禁止即可为"原则可以推断出我们在法律上亦准许针对再反诉提起反诉。但是截至目前,司法实践中并没有相关案例,为了更好地实现反诉制度扩大解决民事纠纷能力,提升诉讼效率,避免矛盾判决之功能,我们应当积极鼓励当事人针对再反诉提起反诉,法院在审查后对符合反诉牵连性规定的亦应当

———————————

① 参见常怡主编:《新中国民事诉讼法学研究综述(1949—1989)》,长春出版社 1991 年版,第 189 页。

予以受理。对于当事人因个人原因没有针对再反诉提反诉的,法院应当积极行使释明义务,促使当事人提出反诉,并根据案件的实际情况决定是否一并审理并作出判决。

参考文献

（一）著作类

1．唐力：《民事诉讼构造研究——以当事人与法院作用分担为中心》，法律出版社 2006 年版。

2．廖中洪：《民事诉讼体制比较研究》，中国检察出版社 2008 年版。

3．廖中洪：《中国民事诉讼程序制度研究》，中国检察出版社 2004 年版。

4．马登科：《民事诉讼改革热点问题研究综述》，中国检察出版社 2006 年版。

5．段文波：《规范出发型民事判决构造论》，法律出版社 2012 年版。

6．肖建华：《民事诉讼当事人研究》，中国政法大学出版社 2002 年版。

7．章武生等：《司法现代化与民事诉讼制度的建构》，法律出版社 2000 年版。

8．李祖军：《民事诉讼目的论》，法律出版社 2001 年版。

9．常怡:《比较民事诉讼法》,中国政法大学出版社 2002 年版。

10．刘荣军:《程序保障的理论视角》,法律出版社 1999 年版。

11．沈冠伶:《诉讼权保障与裁判外纷争处理》,北京大学出版社 2008 年版。

12．李浩:《民事诉讼制度改革研究》,中国法制出版社 2001 年版。

13．陈计男:《民事诉讼法论》(上),三民书局 2000 年版。

14．陈荣宗、林庆苗:《民事诉讼法》(中),三民书局 2014 年版。

15．崔建远:《物权法》,中国人民大学出版社 2011 年版。

16．陈荣宗、林庆苗:《民事诉讼法》(上),三民书局 2010 年版。

17．曹伟修:《最新民事诉讼法释论》,金山图书公司 1978 年版。

18．黄国昌:《民事诉讼法教室(一)》,元照出版有限公司 2010 年版。

19．杜万华、胡云腾:《最高人民法院民事诉讼法司法解释逐条适用解析》,法律出版社 2015 年版。

20．陈刚:《比较民事诉讼法》,中国法制出版社 2012 年版。

21．吴明轩:《民事诉讼法》(上),三民书局 2014 年版。

22．王泽鉴:《侵权行为法》,中国政法大学出版社 2001 年版。

23．黄国昌:《民事诉讼理论之新开展》,元照出版有限公司 2005 年版。

24．常怡:《外国民事法新发展》,中国政法大学出版社 2009 年版。

25．杨淑文:《民事实体法与程序法争议问题》,元照出版有限公司 2009 年版。

26．田平安:《民事诉讼原理》,厦门大学出版社 2015 年版。

27．吴明轩:《民事诉讼法》(上),五南图书出版公司 2011 年版。

28．王泽鉴：《民法总则》，北京大学出版社 2009 年版。

29．王利明：《物权法研究》（上），中国人民大学出版社 2013 年版。

30．王亚新等：《中国民事诉讼法重点讲义》，高等教育出版社 2017 年版。

31．张卫平：《民事诉讼法》，法律出版社 2013 年版。

32．张卫平：《最高人民法院民事诉讼法司法解释要点解读》，中国法制出版社 2015 年版。

33．张卫平、陈刚：《法国民事诉讼法导论》，中国政法大学出版社 1997 年版。

34．常怡：《比较民事诉讼法》，中国政法大学出版社 2002 年版。

35．程燎原、王人博：《权利及其救济》，山东人民出版社 2002 年版。

36．最高人民法院民事审判第一庭：《民事审判指导与参考》，人民法院出版社 2012 年版。

37．姚瑞光：《民事诉讼法论》，中国政法大学出版社 2011 年版。

38．杨建华：《民事诉讼法要论》，北京大学出版社 2012 年版。

39．张晋红：《民事之诉研究》，法律出版社 1996 年版。

40．江平、米健：《罗马法基础》，中国政法大学出版社 2004 年版。

41．张永泉：《民事之诉合并研究》，北京大学出版社 2009 年版。

42．沈达明：《比较民事诉讼法初论》（上），中信出版社 1991 年版。

43．沈达明：《比较民事诉讼法初论》（下），中信出版社 1991 年版。

44．周相:《罗马法原论》,商务印书馆 2001 年版。

45．新堂幸司:《新民事诉讼法》,林剑锋译,法律出版社 2008 年版。

46．高桥宏志:《民事诉讼法制度与理论的深层分析》,林剑锋译,法律出版社 2003 年版。

47．中村英郎:《新民事诉讼法讲义》,陈刚、林剑锋译,法律出版社 2001 年版。

48．小岛武司:《诉讼制度改革的法理与实证》,陈刚等译,法律出版社 2001 年版。

49．谷口安平:《程序的正义与诉讼(增补版)》,王亚新、刘荣军译,中国政法大学出版社 2002 年版。

50．罗森贝克等:《德国民事诉讼法》,李大雪译,中国法制出版社 2007 年版。

51．汉斯-约阿希姆·穆泽拉克:《德国民事诉讼基础教程》,周翠译,中国政法大学出版社 2005 年版。

52．狄特·克罗林庚:《德国民事诉讼法律与实务》,法律出版社 2000 年版。

53．孙汉琦:《民事诉讼法导论》,陈刚审译,法律出版社 2010 年版。

54．理查德·D.弗里尔:《美国民事诉讼法》,张利民等译,商务印书馆 2013 年版。

55．杰克·H.弗兰德泰尔等:《民事诉讼法》,夏登峻等译,中国政法大学出版社 2003 年版。

56．约翰·亨利·梅利曼:《大陆法系(第二版)》,顾培东、禄正平译,法律出版社 2004 年版。

57．史蒂文·苏本、玛格瑞特·伍:《美国民事诉讼的真谛》,蔡彦敏、徐卉译,法律出版社 2002 年版。

58．杰弗里·C.哈泽德、米歇尔·塔鲁伊:《美国民事诉讼法导论》,张茂译,中国政法大学出版社 1998 年版。

59．让·文森、塞尔日·金沙尔:《法国民事诉讼法要义》(上),罗结珍译,中国法制出版社 2001 年版。

60．莫诺·卡佩莱蒂:《比较法视野中的司法程序》,徐昕、王奕译,清华大学出版社 2005 年版。

61．三月章:《民事诉讼法》,有斐阁 1980 年版。

62．小山升:《民事诉讼法》,青林书院 1984 年版。

63．远藤贤治:《事例演习民事诉讼法》,有斐阁 2008 年版。

64．兼子一:《新修民事诉讼法体系》,酒井书店 1965 年版。

65．兼子一:《判例民事诉讼法》,酒井书店 1973 年版。

66．新堂幸司、福永有利:《注释民事诉讼法(5)》,有斐阁 1991年版。

67．尹藤真:《民事诉讼法》,有斐阁 2006 年版。

68．兼子一、竹下守夫:《裁判法》,有斐阁 2002 年版。

69．松冈正义:《注解民事诉讼法》,青林书院 2000 年版。

70．川井健:《注释民法(7)》,有斐阁 1968 年版。

71．中田淳一:《民事诉讼法概说》,有斐阁 1976 年版。

（二）论文类

72．唐力:《民事诉讼立审程序结构再认识——基于立案登记制改革下的思考》,《法学评论》2017 年第 3 期。

73．段文波：《诉讼资料提出失权制度之德日比较与启示》,《浙江社会科学》2010 年第 7 期。

74．廖中洪：《反诉立法完善若干问题研究》,《西南政法大学学报》2008 年第 6 期。

75．吴英姿：《论诉权的人权属性——以历史演进为视角》,《中国社会科学》2015 年第 6 期。

76．马登科：《民事特别程序基本问题比较研究》,《求索》2004 年第 12 期。

77．赵泽君：《试析民事诉讼拖延的成因与对策》,《兰州学刊》2011 年第 2 期。

78．周世新、聂明根：《反诉制度相关问题探究》,《江西社会科学》2003 年第 8 期。

79．林玉棠：《规范和完善法官释明权的思考——兼评最高人民法院〈关于民事诉讼证据的若干规定〉第 35 条》,《法律适用》2003 年第 9 期。

80．邱新华：《诉讼上抵销:抗辩抑或反诉》,《山东审判》2007 年第 5 期。

81．刘学在：《美国民事诉讼中的反诉、交叉诉讼与引入诉讼介评》,《华东政法学院学报》2003 年第 6 期。

82．唐力：《"法官释法":陪审员认定事实的制度保障》,《比较法研究》2017 年第 6 期。

83．乔欣、王克楠：《强制反诉与我国反诉制度之完善》,《法律科学》2003 年第 4 期。

84．刘东：《论反诉在刑事附带民事诉讼中的适用》,《昆明学院学报》2012 年第 4 期。

85．庞小菊:《论抗辩与反诉的界定》,《南京师大学报》2009 年第 1 期。

86．张晋红:《反诉制度适用之反思——兼论民事诉讼公正与效率的最大化融合之途径》,《法律科学》2002 年第 5 期。

87．廖军、解春:《抵销与反诉——历史与价值的探讨》,《比较法研究》2005 年第 1 期。

88．蒋为群、蓝光喜:《反诉制度的反思与重构》,《时代法学》2005 年第 5 期。

89．向忠诚:《论反诉》,《中央政法管理干部学院学报》1999 年第 3 期。

90．陈卫东:《诉讼爆炸与法院应对》,《暨南学报(哲学社会科学版)》2019 年第 3 期。

91．陈桂明、吴如巧:《美国民事诉讼中的诉讼合并制度评介及对我国的启示》,《政治与法律》2010 年第 5 期。

92．丁鹏:《反诉在二审中提出与审级利益的保护》,《湖南医科大学学报(社会科学版)》2010 年第 2 期。

93．张国桥:《民事反诉制度完善刍议》,《吕梁学院学报》2012 年第 3 期。

94．曹红冰:《浅论我国民事反诉制度的完善》,《湖南商学院学报》2007 年第 6 期。

95．朱碧波:《论我国社会治理共同体的生成逻辑与建构方略》,《西南民族大学学报(人文社科版)》2020 年第 10 期。

96．毕玉谦:《试论反诉制度的基本议题与调整思路》,《法律科学》2006 年第 2 期。

97．房保国：《论反诉》，《比较法研究》2002 年第 4 期。

98．庄淑珍、刘乃忠：《民事诉讼反诉制度若干问题的比较研究》，《法学评论》1996 年第 1 期。

99．杜睿哲：《诉讼系属中债权转让时的抗辩与反诉》，《甘肃政法学院学报》2004 年第 4 期。

100．程政举：《反诉制度之重构》，《河南社会科学》2005 年第 2 期。

101．魏斌：《反诉不牵连理论及其应用》，《中央政法管理干部学院学报》1999 年第 4 期。

102．肖建华：《论判决效力主观范围的扩张》，《比较法研究》2002 年第 1 期。

103．李伟民：《关于反诉问题的几个思考》，《山东师范大学学报》2005 年第 2 期。

104．兰仁迅：《论反诉的不牵连性》，《法学评论》2007 年第 5 期。

105．张少会：《反诉制度若干问题研究》，《四川理工学院学报》2006 年第 3 期。

106．张敬博：《浅议我国反诉制度界限的扩大》，《北方法学》2008 年第 1 期。

107．杨立新、刘宗胜：《论抗辩与抗辩权》，《河北法学》2004 年第 10 期。

108．陈桂明、李仕春：《论诉讼上的抵销》，《法学研究》2005 年第 5 期。

109．杜承秀：《反诉类型化研究》，《广西政法管理干部学院学报》

2006 年第 5 期。

110．占善刚:《关于二审程序中反诉问题的一点思考》,《河北法学》2000 年第 6 期。

111．张嘉军:《扩张与限制:试析两大法系两种不同反诉观——兼论我国反诉制度的未来走势》,《安徽大学学报》2005 年第 2 期。

112．吴明轩:《原告起诉应如何为应受判决事项之声明(下)》,《月旦法学杂志》2010 年第 186 期。

113．刘明生:《诉讼参加与第三人撤销诉讼程序之研究》,《辅仁法学》2013 年第 46 期。

114．黄国昌:《案件分配、司法中立与正当法律程序——以美国联邦地方法院之规范为中心》,《东吴法律学报》2009 年第 4 期。

115．吕太郎:《再审之形式与实质》,《月旦法学杂志》2009 年第 175 期。

116．沈冠伶:《反诉之被告》,《月旦法学教室》2006 年第 43 期。

117．沈冠伶:《论民事诉讼法修正条文中法官之阐明义务与当事人之事案解明义务》,《万国法律》2000 年第 111 期。

118．林腾鹞:《新世纪日本司法制度大改革》,《东海大学法学研究》2012 年第 21 期。

119．李银英:《日本民事诉讼法上之诚信原则》,《法学新论》2008 年第 4 期。

120．林洲富:《提起反诉或确认之诉及诉之追加要件》,《月旦法学教室》2014 年第 145 期。

121．姜世明:《诉讼契约之研究》,《东吴法律学报》2008 年第 1 期。

122．李木贵:《返还租赁物诉讼被告为同时履行抗辩,并提起反诉》,《月旦法学教室》2011 年第 110 期。

123．姜世明:《民事诉讼法基本制度:第一讲——诉讼客体论》,《月旦法学教室》2010 年第 96 期。

124．姜世明:《失权程序与程序保障》,《月旦裁判时报》2014 年第 25 期。

125．姜世明:《第三反诉》,《月旦法学教室》2009 年第 81 期。

126．张文郁:《民事诉讼之反诉》,《月旦法学教室》2006 年第 42 期。

127．李浩:《民事程选择权:法理分析与制度完善》,《中国法学》2007 年第 6 期。

128．张文郁:《婚姻事件之诉之合并、追加、变更、反诉与别诉禁止》,《月旦法学教室》2011 年第 103 期。

129．许士宦:《反诉之扩张》,《台大法学论丛》2002 年第 5 期。

130．许士宦:《重复起诉禁止原则与既判力之客观范围》,《台大法学论丛》2003 年第 6 期。

131．刘明生:《论补充处分权主义之法院释明义务》,《台大法学论丛》2011 年第 76 期。

132．刘玉中:《第三人作为当事人主动加入诉讼之探讨》,《台大法学论丛》2013 年第 89 期。

133．姜世明:《失权程序与程序保障》,《月旦裁判时报》2014 年第 2 期。

134．王兆鹏:《论共同被告之合并及分离审判》,《台大法学论丛》2005 年第 6 期。

135．陈启垂：《中间确认之反诉》，《月旦法学教室》2014 年第 138 期。

136．陈启垂：《从参加的效力》，《月旦法学教室》2017 年第 182 期。

137．陈启垂：《简易程序因诉讼变更、追加或反诉而改用》，《月旦法学教室》2007 年第 58 期。

138．黄国昌：《客体面之复杂诉讼型态：第三讲——反诉》，《月旦法学教室》2009 年第 84 期。

139．黄国昌：《简易诉讼程序第二审之诉之变更、追加或反诉》，《月旦法学教室》2006 年第 47 期。

140．杨崇森：《美国民事诉讼制度之特色与对我国之启示》，《军法专刊》2010 年第 5 期。

141．刘哲玮：《论诉讼抵销在中国法上的实现路径》，《现代法学》2019 年第 1 期。

142．任重：《我国新诉讼资料释明的反思与重构——以〈九民会议纪要〉与〈新证据规定〉为中心的解读》，《当代法学》2020 年第 5 期。

143．刘建宏：《行政诉讼法案例系列（17）——行政诉讼法上之反诉》，《法学讲座》2003 年第 24 期。

144．骆永家：《重复起诉之禁止》，《月旦法学杂志》2000 年第 57 期。

145．魏大喨：《诉讼基本权在民事诉讼法之实现》，《月旦法学杂志》2004 年第 105 期。

146．菊池定信：《占有の本诉に对する本権の反诉》，《国士馆法学》1996 年第 28 期。

后　记

　　能够在西南政法大学这所法学界的"黄埔军校"学习生活,实乃我幸!

　　四年来山城与石门间无数次的往返,对山城的人与事,岂是一个"谢"而已?遥想入学当年,有幸被李祖军老师收入门下,其严谨细致儒雅的风格,如太极般轻柔与虚幻之间,受教于无形。懒散粗放的我每每欲放纵偷懒时,李老师总是会督促、点醒。没有老师的教诲与提点,论文或许至今依旧半成。

　　感谢导师组田平安教授、唐力教授、廖中洪教授、马登科教授、段文波教授、汪祖兴研究员、赵泽君教授、李龙教授等在论文选题及写作过程中的指点,正是各位老师毫无保留地传道、授业、解惑,论文架构才得以完善,内容才得以充实,对各位老师的恩泽,吾铭记于心,感恩于心。

　　感谢中国政法大学的谭秋桂教授、肖建华教授提供的国内最新成果,并进行多次的交流探讨。感谢王慧、王晓玲、高翔、朱刚、蒋玮、鄢焱、陈磊、蒋晓亮、张霄霄等博士同学的鼓励,与大家一起 high 的日子总令人留恋!感谢刘海洋博士、毋爱斌博士、谷佳杰博士、孙伟峰博士等师兄给予的无私帮助,感谢单位领导对我读博期间无私的支持和关爱,感谢各位同事在论文期间给予生活上与精神上的关怀。祝福你们万事如意!

成家后依然能够有机会静心学习,离不开家人的理解与支持。特别感谢我的妻子梁烨,是她每次在我心生动摇时给我鼓励,家庭的琐事都由她一人承担,从不抱怨,让我能够专心论文写作。感谢我可爱的儿子张世瑾,每次疲惫不堪时,是他的一声"爸爸"和可爱的笑容让我再次充满能量。感谢父母兄弟在我困惑时给我安慰和鼓励,是你们默默的付出与奉献,无私的爱和无限的包容,让我奋力前行。

漫漫人生路,吾上下而求索。犹记得初入校园的欣喜与傲娇,临近毕业的紧张与焦灼;从入学时"竹杖芒鞋轻胜马,谁怕?"到"谁伴明窗独坐,我共影儿俩个",想来是每个博士生所要经历的吧。在校时喜欢一个人在夜色下慢跑,操场的夜空,星光若隐若现。人生之路亦如奔跑,有人追求速度与激情,有人享受跑步过程本身,无论快慢,终点就在那里,始终朝着目标,前进、前进、前进——

有一句话我想送给自己:既然选择了攀登,就不要留恋身后的小山,既然路的前面依然是绵延的路,我就没有理由停下坚定的脚步!

最后,祝所有关爱我和我关爱的人幸福!